Manual prático de cozinha Senac

SÉRIE SENAC
GASTRONOMIA

Administração Regional do Senac no Estado de São Paulo

Presidente do Conselho Regional
Abram Szajman

Diretor do Departamento Regional
Luiz Francisco de A. Salgado

Superintendente Universitário e de Desenvolvimento
Luiz Carlos Dourado

Editora Senac São Paulo

Conselho Editorial
Luiz Francisco de A. Salgado
Luiz Carlos Dourado
Darcio Sayad Maia
Lucila Mara Sbrana Sciotti
Luís Américo Tousi Botelho

Gerente/Publisher
Luís Américo Tousi Botelho

Coordenação Editorial
Ricardo Diana

Prospecção
Dolores Crisci Manzano

Administrativo
Verônica Pirani de Oliveira

Comercial
Aldair Novais Pereira

Edição e Preparação de Texto
Vanessa Rodrigues
Gabriela Lopes Adami

Coordenação de Revisão de Texto
Janaina Lira

Revisão de Texto
Sandra Fernandes

Colaboração
Manoel Divino da Matta Junior

Produção Fotográfica
Estúdio Gastronômico; exceto página 29 (boleador; foto Thays Bertacini Melchior), página 32 (termocirculador; foto Emilson Laurindo Albuquerque) e páginas 4, 5, 11, 15, 19, 25, 26, 27, 28, 29, 30, 31, 32, 33, 35, 37, 38, 39, 41, 53, 66, 71, 103, 107, 112, 115, 119, 122, 123, 124, 125, 129, 139, 144, 153, 155, 156, 159, 171, 172, 176, 177, 179, 181, 188, 189, 197, 198, 199, 202, 209, 215, 217, 223, 231, 234, 236, 237, 242, 248, 249, 251, 253, 257, 259, 261, 267, 269, 271, 273, 275, 279, 281, 283, 285, 287, 289, 291, 293, 295, 301, 303, 305, 306, 310, 315, 318, 322, 325, 326, 328, 332, 335, 340, 344, 349, 361 (iStock)

Coordenação de Arte, Projeto Gráfico, Capa e Editoração Eletrônica
Antonio Carlos De Angelis

Coordenação de E-books
Rodolfo Santana

Impressão e Acabamento
Gráfica Maistype

Proibida a reprodução sem autorização expressa.
Todos os direitos desta edição reservados à

Editora Senac São Paulo
Av. Engenheiro Eusébio Stevaux, 823 – Prédio Editora
Jurubatuba – CEP 04696-000 – São Paulo – SP
Tel. (11) 2187-4450
editora@sp.senac.br
https://www.editorasenacsp.com.br

© Editora Senac São Paulo, 2018

Dados Internacionais de Catalogação na Publicação (CIP)
(Jeane Passos de Souza – CRB 8ª/6189)

Vianna, Felipe Soave Viegas
  Manual prático de cozinha Senac / Felipe Soave Viegas Vianna, Gabriel Bratfich Penteado, Júlia Delellis Lopes, Vinicius Camoezi Cassarotti. – São Paulo : Editora Senac São Paulo, 2018. (Série Senac Gastronomia)

  ISBN 978-85-396-2417-1 (impresso/2018)
  e-ISBN 978-85-396-2418-8 (ePub/2018)
  e-ISBN 978-85-396-2419-5 (PDF/2018)

  1. Gastronomia 2. Culinária profissional (técnicas e receitas) I. Vianna, Felipe Soave Viegas. II. Penteado, Gabriel Bratfich. III. Lopes, Júlia Delellis. IV. Cassarotti, Vinicius Camoezi. V. Título. VI. Série.

18-009u
CDD-641.013
BISAC CKB000000
CKB023000

Índice para catálogo sistemático
1. Gastronomia : Culinária profissional (técnicas e receitas)   641.013

FELIPE SOAVE VIEGAS VIANNA • GABRIEL BRATFICH PENTEADO
JÚLIA DELELLIS LOPES • VINICIUS CAMOEZI CASSAROTTI

Manual prático de cozinha Senac

Editora Senac São Paulo – São Paulo – 2018

Sumário

Nota do editor, 7
Prefácio – David Hertz, 9

Breve histórico da gastronomia, 11

A evolução da alimentação e seus aspectos sociais, 12
Alimentação e industrialização, 12
Do surgimento dos restaurantes à gastronomia nos dias de hoje, 13

Profissionais da cozinha, 15

Chef de cozinha, 16
Tecnólogo em gastronomia, 16
Cozinheiro, 16
Padeiro e confeiteiro, 16
Churrasqueiro, pizzaiolo e sushiman, 16
Auxiliar em serviços de alimentação, 16
Maître e chefe de fila, 17
Trabalhadores no atendimento em estabelecimentos de serviços de alimentação, bebidas e hotelaria, 17

Boas práticas de higiene e segurança, 19

Manual de boas práticas, 20
Normas e apresentação pessoal dos manipuladores, 20
Normas para a utilização de equipamentos e utensílios, 21
Normas para a manipulação e conservação de alimentos, 22

PARTE I – ORGANIZAÇÃO DO TRABALHO E PRÉ-PREPAROS, 23

Utensílios e equipamentos, 25

Utensílios e equipamentos de corte, 26
Equipamentos para processamento de alimentos, 30
Utensílios e equipamentos para cocção, 31
Outros utensílios e equipamentos, 36

Organização do ambiente de trabalho, 41

Mise en place, 42
Plano de ataque, 44
Ficha técnica e receituário, 45

Pré-preparo de vegetais, 53

Higienização, 56
Cortes, 57
Pré-preparo de cogumelos comestíveis, 67

Pré-preparo de proteínas de origem animal, 71

Limpeza da proteína animal, 72
Bovinos, 72
Suínos, 80
Pescados, 82
Aves, 96
Ovo, 102

Outros pré-preparos, 105

Aromáticos, 106
Dessalgue, 111
Reidratação, 112
Empanamento, 113

PARTE II – MÉTODOS E TÉCNICAS DE COCÇÃO, 117

Conceitos gerais de cocção de alimentos, 119

Sobre o escurecimento dos alimentos, 121
Sobre as gorduras, 122

7 Método de cocção por condução: definição e técnicas associadas, 129

Saltear, 130
Chapear ou grelhar, 134
Refogar, 134
Fritar, 136

8 Método de cocção por convecção: definição e técnicas associadas, 139

Estufar, 141
Escalfar, 142
Vapor, 143
Sous vide, 145
Guisar, 146
Brasear, 147
Assar, 150

9 Método de cocção por radiação: definição e técnicas associadas, 153

Técnicas de cocção por micro-ondas, 154
Técnicas de cocção por ondas largas (infravermelhas), 154

10 Técnicas auxiliares de cocção, 159

Para agregar sabor, cor e textura, 160
Para espessar, 167
Para aromatizar líquidos, 172
Para conservar alimentos, 173
Para controlar a temperatura, 178

11 Cocção de ovos, leguminosas e cereais, 181

Leguminosas e cereais, 182
Ovos, 189

PARTE III – PRODUÇÃO E APLICAÇÃO DE BASES CULINÁRIAS, 195

12 Líquidos aromatizados, 197

Fundos, 199
Caldos, 207
Vinagres, azeites e óleos aromatizados, 208

13 Espessantes, 211

Roux, 212
Slurry (pasta de amido), 214
Beurre manié (manteiga com farinha de trigo), 214
Singer (farinha de trigo polvilhada), 214

14 Molhos, 217

Vinagrete, 218
Molho pesto genovês, 219
Maionese, 220
Molho holandês, 221
Beurre blanc/beurre rouge, 222
Molho béchamel, 223
Velouté, 224
Molho espanhol, 225
Molho de tomate, 228

15 Elaboração de massas, 231

Os ingredientes das massas e suas funções, 232
Técnicas de preparo, 235

PARTE IV – RECEITUÁRIO, 255

16 Composição de pratos e cardápios, 257

17 Entradas e saladas, 259

18 Sopas, cremes e purês, 279

19 Massas, 301

20 Acompanhamentos, 325

21 Pratos principais, 335

Glossário, 365
Bibliografia, 367
Sobre os autores, 369
Índice de receitas, 371
Índice geral, 373

Nota do editor

A gastronomia constitui uma das diversas áreas em que o Senac é reconhecido pela excelência de sua prática educativa: é preciso executar perfeitamente a técnica, atender em alto nível às necessidades do cliente/consumidor e mobilizar conhecimentos culturais. Esse compromisso se reflete, também, em suas publicações sobre o tema.

Como instituição alinhada com as demandas do mundo profissional, o Senac participa da disseminação das artes culinárias no país e contribui para o aperfeiçoamento contínuo não apenas de quem trabalha com cozinha como também de um público amplo que vai para o fogão como hobby.

O presente manual reafirma essa posição ao trazer uma consolidação clara e didática do mais importante conhecimento que os interessados em culinária precisam construir: a técnica irrepreensível, seja nos pré-preparos, seja na cocção dos ingredientes, com a compreensão do porquê de cada etapa e da influência delas no resultado da comida. Essa proposta se reflete na organização dos temas (que ao longo do livro se retroalimentam), na seleção das receitas apresentadas e até na forma como são explicadas. O objetivo é proporcionar ao leitor uma base consistente e temperada na medida certa com teoria e prática, para que a partir do essencial ele crie suas variações das preparações clássicas e pratos totalmente autorais.

Com esta publicação, o Senac São Paulo deseja contribuir para a formação de estudantes e cozinheiros iniciantes e aprimorar a atuação de profissionais já inseridos no mercado.

Prefácio

Há uma célebre narrativa dinamarquesa que conta a história de um simples jantar e demonstra de forma literária como vidas podem ser modificadas ao redor de uma mesa. Karen Blixen publicou sua obra *A festa de Babette* na década de 1950, posteriormente transformada em filme. A história é um constante memorial do poder transformador que a comida pode exercer na vida humana. Ao longo da minha trajetória pessoal, tenho experimentado essa máxima como uma realidade muito próxima e cotidiana; a verdade literária anunciada por Blixen há mais de sessenta anos se tornou cada vez mais real nas muitas experiências que se entrelaçaram na minha caminhada.

A comida é um elemento agregador importante. Na maneira como nos relacionamos com os alimentos, construímos identidades culturais, relações de sociabilidade e interações políticas. A comida tem um enorme potencial para mudar o mundo no qual estamos inseridos. Experimentei pessoalmente essa transformação no período em que estudei no Senac, instituição à qual sou grato pela formação que me proporcionou, e tenho promovido essa transformação atuando com jovens em situação de vulnerabilidade social que sonham com profissionalização em cozinha. Esse trabalho é feito por meio da Gastromotiva, organização sem fins lucrativos em atividade há mais de dez anos no Brasil.

A gastronomia se tornou, para mim, campo de criação de uma mudança positiva. Por meio dela, luto por práticas e políticas mais inclusivas, nas quais a educação permeia áreas que formam o que chamo de "gastronomia social": o combate ao desperdício de alimentos, à fome e à desnutrição. O movimento da gastronomia social, encabeçado pela Gastromotiva e apoiado por diversas instituições ao redor do mundo, tem sido um espaço de transformação prática da sociedade e da mentalidade em diversos contextos culturais.

O livro que você tem nas mãos, **Manual prático de cozinha Senac**, combina conhecimento refinado de alta gastronomia, técnicas de preparo e prática profissional – habilidades e ciências necessárias para uma boa atuação em cozinha. Ao longo de sua trajetória, o Senac tem sido um elemento importante no cenário nacional para que mais e mais pessoas possam acessar o mercado da gastronomia, e por isso fico feliz em apresentar este excelente conteúdo. Ao estudar os métodos de preparo e as particularidades da gastronomia, é fácil se encantar com esse maravilhoso mundo. Todavia, na trincheira sabemos que existe pouco romantismo nessa área: o que encontramos nas cozinhas é um mundo de muito trabalho, suor e excelência.

A maneira como nos relacionamos com a comida e com a gastronomia pode ser parte de um movimento de inclusão social centrada no ser humano globalmente, portanto, diante deste manual, penso no potencial que cada novo estudante de gastronomia tem ao se desenvolver. Não esquecer esse poder que é colocado em nossas mãos quando entramos em uma cozinha foi algo que aprendi no Senac e que penso ser imperativo para que mais luminescências de esperança se façam presentes na realidade por vezes tão escura com a qual nos deparamos e que, acredito, somos todos convidados a alterar.

David Hertz
Chef e empreendedor social, fundador da Gastromotiva

Breve histórico da gastronomia

A palavra gastronomia tem origem em dois vocábulos gregos: "gaster", que significa "estômago", e "nomos", que remete a normas e leis. O surgimento do conceito de gastronomia, portanto, esteve atrelado ao estudo da transformação dos alimentos e às maneiras de prepará-los.

A alimentação e o ato de cozinhar fazem parte da história da humanidade não apenas como forma de obter sustento mas também como um fenômeno cultural, como uma forma de expressão dos diferentes povos. A junção de vários fatores fez com que os hábitos alimentares desses povos surgissem, criando uma ampla diversidade de utilização dos produtos naturais disponíveis em cada região do planeta.

O antropólogo Lévi-Strauss afirma que "assim como não existe sociedade sem linguagem, não existe nenhuma que, de um modo ou de outro, não cozinhe pelo menos alguns de seus alimentos" (LÉVI-STRAUSS, 1979, p. 169). Em um de seus artigos, o autor trata do que ele intitula como "as leis do estômago" e faz uma brilhante observação sobre as características dos alimentos, independentemente da cultura, dividindo-os em três categorias: cru, cozido e podre.

A evolução da alimentação e seus aspectos sociais

Para falar sobre as primeiras manifestações da gastronomia, é preciso voltar mais de quinhentos mil anos na história, para o momento em que o homem dominou o fogo e passou a se diferenciar de seus ancestrais, tornando os alimentos mais digeríveis e transformando sua dieta. Outra invenção importante foram os utensílios, inicialmente feitos de barro e de pedras, que facilitaram o preparo desses alimentos.

Os primeiros registros que podemos chamar de "receitas culinárias" vêm da Mesopotâmia e datam de cerca de 2000 a.C. Esses registros surgiram da necessidade dos habitantes de guardar uma técnica ou um método de preparo para as gerações futuras. No antigo Egito, manifestações a respeito da produção alimentar estão evidenciadas em hieróglifos, em figuras e mesmo nas tumbas: os egípcios costumavam ser sepultados com alimentos e utensílios culinários, acreditando que estes teriam serventia na vida após a morte. A quantidade desses produtos encontrada na tumba é proporcional à importância que o indivíduo tinha na sociedade.

Nos livros datados do período clássico também é possível encontrar referências dos sistemas alimentares grego e romano, os quais abrangem valores como o da comensalidade, isto é, o ato de compartilhar o alimento entre comuns. A alimentação passa a ter, então, não somente o propósito de atingir a saciedade mas também o de contribuir com a socialização, estreitando a noção de comunidade.

Aos poucos, não só as refeições comunitárias como também os grandes banquetes tornam-se parte da cultura da época, e a ideia de seguir um comportamento à mesa passa a existir. As mudanças acabam por se refletir na esfera social, demarcando ainda mais a diferença entre as classes em uma sociedade.

Na Idade Média, muitos modelos culinários da Antiguidade foram mantidos, mas outros passaram a se desenvolver de maneiras diversas. Com o intercâmbio de alguns costumes entre os povos, religiões como o cristianismo, o judaísmo e o islamismo passaram a tentar se diferenciar, mantendo sua identidade e suas particularidades que eram representadas também por meio das restrições alimentares. Outros eventos, como a Revolução Francesa, levam a mudanças sociais que uma vez mais afetam a estrutura das refeições e da cultura alimentar: surgem os primeiros "restaurantes", bem como o refinamento dos costumes, das maneiras de cozinhar e das preparações gastronômicas. O aspecto social da alimentação continua a caracterizar as culturas e também a reproduzir as diferenças entre as camadas "altas" e "baixas" da sociedade. O aprimoramento do sabor dos alimentos também esteve ligado às crenças e aos hábitos regionais de cada povo.

Nos séculos XV e XVI, a partir do desbravamento dos mares e da colonização de novos continentes, os europeus entraram em contato com outros tipos de alimentos e ingredientes, como especiarias e frutos antes desconhecidos. As bebidas consumidas nas colônias e em lugares exóticos, como o chocolate, o café e os chás – produtos provenientes das Américas, da Etiópia e da China, respectivamente –, também se tornaram comuns na Europa. A disseminação dessas bebidas intensificou o consumo do açúcar, gerando o aumento do número de plantações de cana-de-açúcar nos países tropicais colonizados.

Nessa mesma época, a agricultura de subsistência deu lugar à agricultura de mercado, o que possibilitou a um número maior de pessoas ter acesso a uma variedade de alimentos antes acessível somente à aristocracia.

Nos séculos XIX e XX, grandes chefs começaram a despontar, especialmente na França, trazendo contribuições imprescindíveis para a gastronomia até os dias de hoje, com a criação de novas receitas e promovendo maior organização e melhor estruturação da cozinha profissional.

Alimentação e industrialização

No período da Revolução Industrial, o deslocamento das famílias do campo para os centros urbanos nos países da Europa Ocidental gerou novos hábitos alimentares e de consumo. Mas com a mudança veio também um problema: o abastecimento de alimentos para essas famílias não era suficiente.

Na época, embora a procura por alimentos fosse grande, a oferta era escassa e cara, o que impulsionou a busca por novas técnicas de armazenamento já no século XIX. Nesse período, o setor industrial alimentício também se fortaleceu, principalmente a partir do crescimento das empresas e fábricas de cereais, de alimentos em conserva e de proteína animal. Com o aperfeiçoamento das técnicas de conserva, surgiram também os refrigeradores. A sociedade urbana, portanto, passou a contar com novos itens para o abastecimento de comida, e o alimento conservado deixou de ser um privilégio somente dos mais abastados.

O século XX foi marcado pela acentuada industrialização e pelo ritmo de vida acelerado. A mulher ganhou espaço no mercado de trabalho, e a necessidade de consumir refeições rápidas ou praticamente prontas se tornou uma realidade para todos. Para atender a essa demanda, surgiram os restaurantes do estilo fast-food, marcados pela acessibilidade de preços e pela agilidade no serviço, e a indústria alimentícia cresceu ainda mais, já que as pessoas tinham cada vez menos tempo para o preparo de suas refeições. Os supermercados se transformaram em hipermercados, ofertando itens produzidos em maior escala para suprir a crescente demanda global.

Do surgimento dos restaurantes à gastronomia nos dias de hoje

A alimentação fora do lar foi ganhando mais espaço com o avanço da urbanização. Além da comida oferecida em feiras de rua, pequenas refeições já eram servidas em estabelecimentos como tabernas e estalagens, onde os viajantes paravam para repousar e recuperar as energias com refeições "restauradoras" (origem do termo "restaurant"). A partir do século XVIII, surgiu na França o conceito de restaurante mais próximo daquele que vemos nos dias atuais, uma vez que, após a Revolução, os membros da alta nobreza que haviam sido desbancados não tinham mais como pagar seus grandes cozinheiros. Obrigados a encontrar outra forma de continuar seu trabalho, esses chefs acabaram abrindo seus próprios negócios, tornando a gastronomia, antes só encontrada nas residências das classes altas, acessível ao grande público.

Paris se tornou, então, uma das capitais gastronômicas da Europa, justamente por abrigar uma grande quantidade de restaurantes cujos novos pratos, molhos e combinações começaram a ganhar fama internacional. Nessa época, duas vertentes disputavam espaço na mesa dos franceses: de um lado, a "Cuisine bourgeoise" (pronúncia: "cuisine burjuase"), dominada pelos burgueses, como era chamada a classe média da época – uma cozinha caseira, mais simples do que a alimentação da nobreza, mas já com alguns sinais de requinte e fartura. Do outro lado, a "Haute cuisine" (pronúncia: "ote cuisine"), liderada por nomes como Marie-Antoine ("Antonin") Carême e Auguste Escoffier, classificada como uma cozinha de luxo, que combinava ingredientes caros e sofisticados para a apreciação de uma clientela igualmente luxuosa.

Essa segunda vertente acabou perdendo espaço e força no início do século XX: depois da Primeira Guerra Mundial, a cozinha voltou a se tornar mais simples em todos os sentidos, e até mesmo o hábito de se alimentar passou a ter características mais modestas, condizentes com o momento pós-guerra.

Já no intervalo entre a Segunda Guerra Mundial e o início da década de 1960, observou-se o início de uma nova tendência na gastronomia, conhecida como "Nouvelle cuisine" (pronúncia: "nuvele cuisine"). Caracterizado por uma cozinha mais leve, que prioriza a sazonalidade e o frescor dos ingredientes da estação, esse movimento ganhou fama por estar alinhado com a realidade da época e, após se espalhar por toda a França, aos poucos passou a influenciar a gastronomia ocidental como um todo, trazendo uma nova visão para a alimentação. As particularidades dessa cozinha também estão associadas ao tempo de cozimento dos alimentos, que foi reduzido para enaltecer seu frescor, e a uma redução de itens no cardápio, o que diminuiu os gastos dos restaurantes, priorizando uma culinária mais criativa e menos carregada. A preocupação com a estética aliou-se à preocupação com a leveza dos pratos servidos.

No final do século XX e no início do XXI, a gastronomia vivencia uma pluralidade, na medida em que modelos passados se misturam aos contemporâneos, e novas tendências

OBSERVAÇÃO
As pronúncias de Carême e Escoffier, dois nomes muito conhecidos no universo da cozinha, são "carreme" e "escofiê".

surgem constantemente. Exemplo disso foi o surgimento da chamada gastronomia molecular e física, desenvolvida pelo químico francês Hervé This com um colega, o físico húngaro Nicholas Kurti, com o objetivo de explorar e compreender as transformações físico-químicas do universo culinário. O conceito surgiu em 1988, atraindo curiosos e adeptos pela maneira como explora texturas, ingredientes, sabores e métodos de preparo diferenciados.

Nas últimas décadas, a preocupação com o meio ambiente também se tornou um fator importante, gerando uma demanda cada vez maior por alimentos e ingredientes orgânicos. A economia e a conscientização contribuem para o crescimento desse mercado, que parece não ver saturação. As pessoas passaram a levar em consideração a procedência de seu alimento e voltaram a utilizar a comida como uma ferramenta para auxiliar no bem-estar, preferindo consumir produtos que proporcionem uma vida mais saudável, principalmente por estarem livres de contaminantes. Outro aspecto importante é a intenção de fomentar o comércio local, priorizando aquele alimento que representa também um valor cultural e típico da região.

Mais recentemente, a gastronomia se alia à nutrição na intenção de proporcionar um cardápio adequado a cada indivíduo ou grupo, respeitando intolerâncias e fatores regionais.

A tecnologia da informação e os aprimoramentos logísticos facilitam o acesso aos mais inusitados ingredientes e às tendências no mundo todo, contribuindo para que a culinária atual ganhe força e seja propagada para diferentes locais, minimizando os limites geográficos ou sazonais. A comunicação perde barreiras com essa facilidade de acesso à informação, trazendo para dentro da panela uma infinidade de possibilidades gastronômicas.

Para o futuro, podemos esperar ainda mais mudanças nos hábitos de consumo e, quem sabe um dia, a erradicação da fome, com o desenvolvimento de novas tecnologias aliadas a forças políticas.

Pensando na ampla trajetória da gastronomia, que começou com a descoberta do fogo por nossos antepassados pré-históricos e passou por tantas fases até chegar ao que conhecemos atualmente, é possível verificar que o mundo da cozinha reflete a sociedade e acompanha suas mudanças. É impressionante a variedade de técnicas, tendências e sabores que continuam a ser descobertos e inventados. Até cozinhar sem fogo já é uma realidade nos dias de hoje... Quem diria!

Profissionais da cozinha

Antes de conhecer os equipamentos, as técnicas e as receitas comumente utilizadas em uma cozinha profissional, é necessário compreender como a cozinha funciona, quais são suas divisões e quais são as funções de cada profissional no processo de preparação dos alimentos.

Para efeito didático, os cargos e as atribuições dos profissionais são listados a seguir de forma simplificada, mas é importante lembrar que podem existir particularidades em cada estabelecimento, nas diferentes regiões do país e até mesmo fora dele. O objetivo desta seção é ilustrar a organização de uma cozinha, trazendo um pouco da realidade do mercado atual.

De acordo com a Classificação Brasileira de Ocupações (CBO), temos as seguintes descrições para as funções em uma cozinha profissional.

Chef de cozinha

O chef de cozinha é responsável pela elaboração e pelo teste de receitas e cardápios, atuando direta e indiretamente na preparação dos alimentos. Ele gerencia a brigada de cozinha, definindo o perfil de pessoal, participando da seleção de funcionários e planejando as rotinas de trabalho. Deve capacitar os funcionários, identificando e desenvolvendo talentos. Pode, ainda, ser responsável por gerenciar os estoques, visitando fornecedores e pesquisando preços.

Tecnólogo em gastronomia

O tecnólogo em gastronomia também é responsável pela criação e pelo teste de receitas e cardápios, atuando diretamente na preparação dos alimentos. Diferentemente do chef de cozinha, ele não gerencia a brigada de cozinha nem capacita os funcionários, mas fornece suporte nas rotinas de trabalho e na gestão do estoque.

Cozinheiro

O cozinheiro pré-prepara, prepara e finaliza as produções culinárias, manipulando os alimentos de acordo com as necessidades específicas de cada preparação. Ele também organiza e supervisiona os serviços de cozinha no local de preparação de refeições e pode colaborar no planejamento dos cardápios, observando métodos de cocção e padrões de qualidade.

Padeiro e confeiteiro

O padeiro e o confeiteiro trabalham no planejamento e na produção de diferentes produções e tipos de operações de alimentação (buffet, à la carte, ambulante, catering). O padeiro precisa ter conhecimentos e habilidades na produção e na modelagem de massas fermentadas; o confeiteiro deve saber confeccionar e decorar doces, sobremesas, recheios, cremes, bolos e bombons.

Churrasqueiro, pizzaiolo e sushiman

Os profissionais desta categoria atuam no setor de serviços de alimentação, processando os alimentos, manipulando alimentos in natura e verificando sua qualidade com o objetivo de minimizar riscos de contaminação, bem como controlar desperdícios. Organizam o local de trabalho e planejam a produção de acordo com a demanda. Diferenciam-se dos cozinheiros por possuírem especialidades em produções culinárias específicas, como churrascos, pizza e culinária japonesa.

Auxiliar em serviços de alimentação

O auxiliar nos serviços de alimentação atua juntamente de outros profissionais da área nas etapas de pré-preparo, preparo e processamento de alimentos. Trabalha de acordo com as normas e os procedimentos técnicos de segurança, higiene e saúde, verificando a qualidade dos gêneros alimentícios e minimizando riscos de contaminação. Tem o foco na organização da mise en place (ver página 42) para apoio aos cozinheiros no momento de entrega das produções. É responsável por supervisionar a organização e a limpeza da cozinha durante todo o processo de produção.

Maître e chefe de fila

O maître (pronúncia: "métre") planeja as rotinas de trabalho, além de treinar e coordenar as equipes no atendimento ao cliente dos serviços de alimentação. Costuma avaliar o desempenho dos funcionários por meio de relatórios operacionais.

Trabalhadores no atendimento em estabelecimentos de serviços de alimentação, bebidas e hotelaria

Aqui estamos falando de garçom, commis (pronúncia: "comí"), atendente, barman (pronúncia: "barmén"), barista, hostess (pronúncia: "rostés"), caixa, entre outros. Esses profissionais atuam no ramo de atividades ligadas a alimentação e bebidas, atendendo clientes, servindo alimentos e apoiando a cozinha no serviço.

OBSERVAÇÃO

Todos os profissionais devem exercer o trabalho em conformidade com normas e procedimentos técnicos e de qualidade, segurança, higiene e saúde.

Boas práticas de higiene e segurança

Toda produção da área alimentícia exige certos cuidados que devem ser observados em todas as etapas, desde a escolha dos fornecedores até o preparo do alimento em si, incluindo também sua distribuição.

É imprescindível manter um controle higiênico e sanitário durante todo esse processo de transformação do alimento para assegurar que o consumidor final receba um produto seguro. É papel do manipulador de alimentos, portanto, adotar medidas que evitem qualquer tipo de contaminação, ou seja, que impeçam a incorporação de qualquer matéria estranha ao alimento ou à produção passível de causar danos à saúde do consumidor.

A contaminação pode ter diferentes origens, sendo de ordem:

- **química:** decorre do contato com produtos de limpeza, inseticidas, agrotóxicos, entre outros;
- **física:** causada pela presença de elementos como fios de cabelo ou barba, pelos, pedaços de unha ou esmalte, ou então de materiais como pedras, vidro, entre outros;
- **biológica:** causada pela presença de fungos, bactérias, vírus, vermes, protozoários e outros microrganismos ou toxinas por eles produzidas.

Algumas medidas simples, como lavar bem e descascar os alimentos, podem ser adotadas para reduzir o risco de contaminação por produtos químicos presentes na superfície dos alimentos. Também é importante observar as instruções dos rótulos de produtos usados na limpeza do local e tomar cuidado ao utilizar utensílios de cozinha que contenham metais pesados (como o chumbo), pois estes também podem causar intoxicação química.

Para evitar contaminações físicas e biológicas, outros cuidados devem ser seguidos, conforme apresentaremos nas páginas seguintes.

Manual de boas práticas

Uma ferramenta que facilita a manutenção da qualidade e da segurança higiênico-sanitária do produto final é o manual de boas práticas de manipulação de alimentos, o qual deve ser lido e seguido por todos os funcionários que entram em contato com esses alimentos.

Além dos documentos oficiais, como a cartilha da Agência Nacional de Vigilância Sanitária (Anvisa),[1] que podem ser aplicados em treinamentos e servir como um guia geral, é recomendado que cada estabelecimento elabore seu próprio manual, levando em conta suas características específicas e principalmente as legislações vigentes (federais, estaduais e municipais) de acordo com a localidade onde o ponto comercial se encontra e o tipo de operação, de procedimentos e de produtos que são confeccionados e distribuídos no local.

No manual de boas práticas devem ser descritos os procedimentos operacionais padronizados (POPs) para cada processo que necessite de instruções para os colaboradores seguirem. Dessa forma, é possível verificar quais são os pontos de risco para possíveis contaminações e quais são os métodos adequados para evitá-los.

Os POPs devem conter as seguintes informações:

- orientações para a higienização de instalações, equipamentos e móveis;
- instruções para o controle integrado de vetores e pragas urbanas;
- orientações para a higienização do reservatório;
- instruções de higiene e saúde dos manipuladores.

> **OBSERVAÇÃO**
> Para saber mais, acesse o site da Anvisa e verifique quais são as legislações e regulamentações vigentes para cada tipo de estabelecimento: http://portal.anvisa.gov.br.

Normas e apresentação pessoal dos manipuladores

No que diz respeito à apresentação e aos hábitos pessoais, de forma geral, os profissionais que estão envolvidos no processo de manipulação dos alimentos devem:

1. Sempre manter adequados os hábitos de higiene, como:
   - banhar-se diariamente;
   - lavar frequentemente e pentear os cabelos;
   - fazer a barba diariamente;
   - escovar os dentes após as refeições,
   - manter as unhas curtas, limpas e sem esmalte ou base.
2. Apresentar-se no setor de trabalho:
   - devidamente uniformizados. Os uniformes devem estar limpos e em boas condições de uso. Também devem ser trocados diariamente e utilizados somente dentro do estabelecimento;

---

[1] Anvisa, *Cartilha sobre Boas Práticas para Serviços de Alimentação*. Disponível em http://portal.anvisa.gov.br/documents/33916/389979/Cartilha+Boas+Pr%C3%A1ticas+para+Servi%C3%A7os+de+Alimenta%C3%A7%C3%A3o/d8671f20-2dfc-4071-b516-d59598701af0. Acesso em 5/5/2017.

- utilizando sapato fechado, antiderrapante e em bom estado de conservação. Também é necessário utilizar meias limpas e trocadas diariamente;
- sem adornos (por exemplo, brincos, piercings, crachás, colares, anéis ou alianças, relógio, etc.) e sem maquiagem;
- sem objetos nos bolsos (por exemplo, celular, maço de cigarro, isqueiro, batom, pinça, entre outros);
- com as mãos limpas (devem ser higienizadas antes de entrar na área produtiva e todas as vezes que for iniciada a preparação de alimentos, a cada mudança de atividade e depois de utilizar o banheiro);
- com proteção nos cabelos (por exemplo, touca, rede, entre outras).
3. Utilizar os equipamentos de proteção individual (EPIs) sempre que necessário. Em cozinhas profissionais, são comuns os seguintes EPIs:
  - luvas térmicas, de malha de aço, descartáveis e de borracha;
  - avental;
  - casaco de proteção para entrar nas câmaras frias.

No caso de apresentar alguma doença, recomenda-se que o profissional não prepare alimentos durante o período de tempo em que estiver doente e em até 48 horas depois que os sintomas desaparecerem. Os operadores da indústria alimentar devem informar seus superiores se apresentarem doenças e sintomas como hepatite A, diarreia, vômitos, febre, dores de garganta, lesões na pele, feridas (queimaduras, cortes) ou supurações nos ouvidos, nos olhos ou no nariz.[2]

Normas para a utilização de equipamentos e utensílios

Os equipamentos e utensílios usados no desenvolvimento das preparações também precisam de cuidados, tanto para garantir sua durabilidade como para evitar que eles sejam pontos de contaminação dos alimentos.

Copos, pratos e outros utensílios devem ser lavados de preferência com água quente e detergente. Utensílios (como as facas) e superfícies, principalmente se estiveram em contato com alimentos crus, também devem ser desinfetados em água fervente ou com o auxílio de desinfetantes.[3] Vale ressaltar que não devem ser utilizados panos nas áreas de preparo de alimentos, tanto para quem os prepara como pelos colaboradores da limpeza (estes colaboradores devem lavar o chão e retirar o excesso de água com rodo, deixando a área secar naturalmente). Vassouras também não devem ser usadas porque levantam pó. Mãos devem ser limpas com papel-toalha; no chão, deve-se usar o rodo, conforme já foi dito; nas bancadas, deve-se usar pano multiúso descartável (adquirido em rolos).

Também é necessário fazer a higienização e a manutenção preventiva de cada equipamento utilizado, seguindo os POPs e o manual de instruções do fabricante.

Os POPs referentes às operações de higienização de instalações, equipamentos e móveis devem conter as seguintes informações:
- natureza da superfície a ser higienizada;
- método de higienização;
- princípio ativo selecionado e sua concentração;
- tempo de contato dos agentes químicos e/ou físicos utilizados na operação de higienização;
- temperatura;
- outras informações que se fizerem necessárias.

Quando aplicável, os POPs também devem contemplar a operação de desmonte dos equipamentos.

---

[2] Organização Mundial da Saúde, *Cinco chaves para uma alimentação mais segura: manual.* Genebra, 2006, p. 10. Disponível em http://www.who.int/foodsafety/consumer/manual_keys_portuguese.pdf?ua=1. Acesso em 18/7/2017.

[3] *Ibid.*, p. 14.

Normas para a manipulação e conservação de alimentos

Alguns microrganismos causam alterações na aparência, no cheiro e no sabor dos alimentos; no entanto, também há casos em que as contaminações ocorrem de forma imperceptível. Por essa razão, durante a manipulação, o armazenamento e a conservação dos alimentos todos devem estar atentos, principalmente, aos cinco pontos-chave descritos pela Organização Mundial da Saúde (OMS) a fim de garantir a segurança alimentar. São eles: manter a limpeza; separar alimentos crus e cozidos; cozinhar completamente os alimentos; mantê-los armazenados a temperaturas adequadas; e usar água e matérias-primas seguras.[4]

CONTAMINAÇÃO CRUZADA

Chamamos de contaminação cruzada quando ocorre o contágio de uma área ou de um produto para outras áreas ou produtos que não estavam contaminados anteriormente. Essa transferência acontece principalmente por meio de superfícies de contato, das mãos, de utensílios e equipamentos, entre outros. Por isso, é muito importante evitar, por exemplo, que alimentos crus entrem em contato com outros que já tenham sido cozidos, seja no momento da preparação, seja no armazenamento.

DATA DE VALIDADE E QUALIDADE DO PRODUTO

É muito importante conferir as mercadorias assim que são recebidas, a fim de assegurar que os produtos estão prontos para serem manipulados e que foram entregues conforme a solicitação, respeitando as normas técnicas e a legislação.

Além disso, deve-se sempre observar a validade dos produtos, de acordo com a data especificada pelo fabricante. Após aberto, o produto possuirá um prazo menor de validade, portanto, deve-se sempre conferir se está dentro do tempo e se a forma de armazenamento é adequada.

ARMAZENAMENTO E CONSERVAÇÃO

Para evitar a contaminação durante o armazenamento dos alimentos, é preciso observar as temperaturas corretas, bem como algumas especificações. Por exemplo:

- alimentos congelados devem ser mantidos a temperatura igual ou inferior a -18 ºC e, uma vez submetidos ao processo de descongelamento, não devem ser congelados novamente;
- alimentos cozidos, perecíveis ou submetidos ao descongelamento que não serão preparados/consumidos imediatamente devem ser refrigerados, de preferência, abaixo de 5 ºC e não devem ficar expostos à temperatura ambiente por mais de 2 horas;
- para a conservação a quente, os alimentos cozidos devem ser submetidos a temperatura superior a 60 ºC por, no máximo, 6 horas.

Em todos os casos, devem-se sempre respeitar as normas municipais ou estaduais e, na ausência destas, seguir a legislação federal.[5]

Todos os produtos manipulados na cozinha devem conter uma identificação em sua embalagem ou no recipiente em que estão armazenados, com as seguintes informações: nome do produto/alimento, data do preparo/manipulação, prazo de validade (incluindo a validade para o produto após aberto ou após o descongelamento) e profissional responsável.

---

[4] *Ibid.*, p. 11.

[5] No caso, a Resolução de Diretoria Colegiada (RDC) nº 216, de 15 de setembro de 2004.

Parte I

Organização do trabalho e pré-preparos

CAPÍTULO 1
Utensílios e equipamentos

Os equipamentos e utensílios de cozinha são utilizados para apoiar todo o processo de manipulação dos alimentos.

- Leia o manual de instruções, caso o utensílio ou equipamento o tenha, para usar da maneira correta e informar-se sobre todas as possibilidades de uso.

- Organize-se com a manutenção preventiva, para que os equipamentos e utensílios estejam sempre com a melhor qualidade de utilização.

- Higienize o equipamento ou o utensílio após todas as utilizações, para evitar contaminação.

Com o desenvolvimento constante da gastronomia, há uma quantidade imensa de opções desses materiais. A seguir apresentamos os mais utilizados (alguns não foram fotografados por serem muito comuns).

Utensílios e equipamentos de corte

1. FACA

O utensílio principal de um cozinheiro é a faca. Existem diversos tipos, modelos e funções. As mais utilizadas são feitas de inox, porém é possível encontrar facas de cerâmica, de aço carbono com teflon, de plástico, de silicone. O importante é que o material não enferruje, para evitar a contaminação do alimento, e que o fio de corte não se perca com facilidade. Algumas cozinhas, como a japonesa, possuem formatos específicos para suas preparações, mas todas as facas têm em comum lâmina, fio de corte e base de apoio. A seguir, algumas bastante empregadas.

1.1. FACA DE COZINHA

Esta denominação abrange a faca de uso geral e que é a principal ferramenta dos profissionais de cozinha. É polivalente, utilizada para cortes diversos não só em cozinha como também em panificação e confeitaria. A ponta ligeiramente curvada permite que o utensílio deslize na tábua enquanto corta o alimento. A base de apoio pode ser de diferentes materiais (embora o mais recomendado, por facilitar a higienização, seja o inox). A lâmina possui diferentes larguras, informadas em polegadas. As mais utilizadas são a de 6", a de 8" e a de 10". As facas de 6" costumam ser mais utilizadas em cortes menores (por exemplo, carne na ponta da faca, alimentos menores como vagem, etc.); as de 8", para lidar com vegetais; e as de 10", mais pesadas, para o trato com carnes e fibras. Mas isso não é regra; o uso depende de como cada cozinheiro se adapta melhor. A faca de 10" é popularmente chamada de "faca do chef", mas ressaltamos que a classificação por tamanho (ou seja, por polegadas) é a mais técnica e que permite maior precisão. As diferentes marcas de facas de cozinha possuem diferentes espessuras. Quando muito fina, a faca tem durabilidade do corte menor.

1.2. FACA DE DESOSSAR

Faca de lâmina fina, utilizada para desossa de proteínas. Seu formato facilita o corte na separação do osso da carne, mesmo quando a estrutura de alguns alimentos não é linear.

1.3. FACA DE LEGUMES

De cabo e lâmina curtos, aparenta ser uma miniatura da faca de cozinha. É usada para retirar a pele e a casca de legumes. Seu tamanho permite que o corte seja realizado sem que o legume esteja na tábua (desde que não ofereça risco ao ser manipulado).

> **OBSERVAÇÃO**
> Existem outros tipos de facas, usadas para determinados tipos de alimentos. Esses alimentos acabam definindo o nome do utensílio. Por exemplo: faca de ostra, faca para sashimi, faca de fiambre (também chamada de "faca de fatiar" e utilizada para carnes cozidas ou assadas, bem como embutidos, patês e carnes prensadas). Elas são diferenciadas pelo formato da lâmina, que facilita os cortes específicos.

1.4. FACA SERRILHADA

De forma geral, a faca serrilhada (ou faca de serra) é ideal para corte de alimentos com superfície mais resistente, incluindo casca de alguns legumes ou frutas. As facas de serra com lâmina alongada (também chamada de "faca para pão") são utilizadas principalmente em produções de confeitaria e panificação, visto que sua lâmina, cheia de curvas, corta o alimento serrando-o, evitando que seja "amassado".

Facas serrilhadas não são adequadas para fatiar carnes assadas ou cozidas. A exceção são as elétricas (com duas lâminas de serras curtas), cuja velocidade de fatiamento não deixa as fibras proteicas se desmancharem.

1.5. FACA CUTELO

Tem função parecida com a de um machado e é utilizada para cortar ossos ou fazer a separação na estrutura de algumas proteínas. Possui lâmina grossa, que facilita a aplicação da força em cortes mais duros.

1.6. MEZZALUNA

Faca que possui dois cabos e uma lâmina em formato curvo, para picar alimentos em pedaços pequenos.

1.7. AFIAÇÃO

Manter a faca afiada é de suma importância, não apenas para facilitar o trabalho como também para evitar acidentes. O segredo de um resultado perfeito no uso desse utensílio não é a aplicação de força, mas a afiação em dia.

Para manter as facas em condições perfeitas são usadas a pedra de afiar e a chaira.

A pedra, como diz o nome, tem o objetivo de formar o fio. Ela é composta por dois lados (um mais áspero que o outro). O lado de maior aspereza é mais recomendado para lâminas mais grossas, principalmente quando a faca está sem fio ("cega"). Não é recomendado o uso em facas mais finas ou delicadas, pois pode deformar a lâmina. O ideal é manter o fio da lâmina na chaira ou, quando necessária maior abrasão, utilizar o lado mais fino da pedra.

A chaira, usada para alinhar o fio, é feita de aço ou de cerâmica e tem geralmente 30 cm de comprimento × 2 cm de largura.

Para afiar a faca, execute os passos a seguir.

1. Para um melhor desempenho da pedra, deixe-a em água por no mínimo 30 minutos, para umedecê-la e deixar a abrasão mais fácil e delicada. Pode-se colocar um pouco de detergente líquido, a fim de facilitar o deslizamento da faca na afiação.

2. Escolha o lado de acordo com a necessidade e o tipo de lâmina.

3. Passe o fio da faca pela pedra, aplicando uma pequena força para que haja atrito entre as partes. Mantenha uma inclinação de aproximadamente 45°.

4. Nesse processo, passe o fio todo por toda a extensão da pedra. Se isso não for executado, poderão ser criados defeitos tanto na faca como na pedra.

5. Dependendo do tipo e da polegada da faca, repita o processo nos dois lados da lâmina. Caso tenha iniciado pelo lado mais áspero, afie depois no lado menos áspero.

6. Após a utilização da pedra, deixe-a secar em local aberto. A faca deve ser higienizada para utilização da chaira, que vem depois do trabalho com a pedra.

7. Para usar a chaira, posicione-a com a ponta direcionada para baixo, por questão de segurança. Faça a faca deslizar com o cabo da chaira para baixo, aplicando força leve e inclinação de aproximadamente 30°.

8. Repita o processo nos dois lados da lâmina pela mesma quantidade de vezes.

A pedra de afiar deve ser usada toda vez que o corte se mostrar difícil de ser realizado. É a lâmina que corta, e não a força, caso contrário haverá o risco de o alimento ser despedaçado.

Quanto à chaira, ela deve ser empregada sempre que um trabalho for iniciado. Ao final do expediente, passe a faca novamente na chaira, para "assentar o fio", e guarde-a protegida em um local apropriado, para que se mantenha afiada e não fique exposta podendo machucar alguém.

2. DESCASCADOR DE LEGUMES

Auxilia na retirada de cascas dos vegetais. Como consegue retirar a casca de modo mais próximo ao alimento, evita desperdícios. Pode ser utilizado também para a obtenção de finas fatias de alguns alimentos, o que muitas vezes é difícil apenas pelo corte de faca. Para a decoração de frutas e legumes, facilita a precisão e os detalhes dos cortes.

3. ZESTER
Retira fatias finas e superficiais da casca de vegetais (zest).

4. MANDOLIM OU FATIADOR MANUAL
Originário da cozinha ocidental, é dotado de lâmina fixa e tem espessura de corte ajustável. O mandolim permite cortar alimentos pequenos (que caibam na espessura que foi ajustada) em lâminas, bastões e fios. Possui peça auxiliar de segurança para segurar o alimento quando este está perto da lâmina, no fim do corte.

5. RALADOR
Rala o alimento em diferentes espessuras, deixando-o em pedaços pequenos e padronizados. Mesmo alimentos mais "moles", como queijos, podem ser ralados. Este utensílio acelera o processo de corte, porém tem tamanhos limitados.

6. BOLEADOR
Utilizado para obter bolinhas dos alimentos. Geralmente possui, em uma ponta, boleador de 1 cm, para o corte noisette (ver página 59), e na outra ponta, boleador de 1,5 cm, para o corte parisienne (ver página 57).

7. TESOURA
Pode ser utilizada para auxiliar na desossa de aves (ver página 98) ou em diferentes cortes de ervas e folhas. Apoia o processo de abertura/corte de embalagens e facilita determinar o local em que será realizado um corte (por exemplo, no saco de confeitar). Alguns modelos possuem uma pequena fenda, utilizada para abertura da casca de oleaginosas (por exemplo, pistache).

8. FATIADORA
Utilizada para cortar peças grandes, como laticínios (por exemplo, queijo), embutidos (salame, presunto, mortadela, rosbife), carpaccio, permitindo obter fatias muito finas por meio de sua lâmina.

A lâmina da fatiadora tem um corte muito afiado; por essa razão, sem os devidos cuidados o equipamento pode oferecer riscos ao manipulador.

Para utilizar a fatiadora com segurança, execute os passos abaixo.
1. Observe se todas as peças estão encaixadas.
2. Ligue na tomada.
3. Selecione a espessura do corte.
4. Coloque a peça a ser cortada e certifique-se de que ela esteja bem fixa (geralmente, por pressão da peça).
5. Ligue o equipamento.
6. Lamine o alimento segurando nas peças de segurança.
7. Para higienizar, desmonte todas partes e tome cuidado ao limpar a lâmina. A higienização é feita com detergente e água, para retirar a gordura do alimento fatiado. Seque com papel.

UTENSÍLIOS E EQUIPAMENTOS

Equipamentos para processamento de alimentos

1. PROCESSADOR DE ALIMENTOS

Equipamento que geralmente vem acompanhado de quatro acessórios: a lâmina (para processar, misturar ou triturar), o ralador, a grade (para cortes em cubos) e o fatiador. Cada um deles pode possuir diferentes tamanhos dependendo do objetivo final esperado.

2. MOEDOR DE CARNE

Processador específico para esse produto, o moedor quebra a estrutura da carne, deixando-a em pedaços pequenos. Pode ser aplicado para diferentes carnes e sempre deve ser usado com o utensílio próprio para empurrar o alimento, chamado popularmente de "socador".

3. BATEDEIRA PLANETÁRIA

Diferentemente do que ocorre na batedeira comum, o batedor da planetária gira em torno do seu próprio eixo e ao redor da tigela ao mesmo tempo. Embora seja considerada equipamento de confeitaria, a batedeira exerce funções importantes na cozinha, como:
- aerar clara, gemas e ovos;
- bater massas à base de farinha (desde que não muito pesadas ou em grandes quantidades; neste caso, o trabalho é mais bem executado em masseiras de panificação);
- processar purês e cremes;
- desfiar carnes;
- incorporar e emulsificar ingredientes de molhos, pastas e patês.

A batedeira é acompanhada de três tipos de batedor: gancho (para sovar), globo (para aerar) e pá ou raquete (para incorporar, misturar, bater ou desfiar).

4. LIQUIDIFICADOR

Os liquidificadores têm como função principal processar alimentos por meio de suas lâminas em alta rotação. São recomendados para produções mais leves, como molhos, marinadas e sucos. Para utilização em purês, recomendamos liquidificadores de alta potência. É preciso tomar cuidado ao bater ingredientes quentes, pois a pressão do vapor pode fazer a tampa do copo se abrir, oferecendo riscos ao profissional de cozinha.

5. MIXER

Equipamento que, diferentemente do liquidificador, é portátil, permitindo que o alimento seja batido dentro do próprio recipiente em que está sendo preparado. Deve ser utilizado principalmente na finalização das produções, para deixá-las mais lisas e uniformes ou para tirar possíveis grumos que tenham ficado na cocção.

> **OBSERVAÇÕES**
> O processador é um equipamento que se consolidou no ambiente profissional na origem da chamada "Nouvelle cuisine", em que os chefes procuravam incorporar aos cardápios molhos mais leves e frescos, diferentemente daqueles utilizados na cozinha clássica.
>
> Existem moedores que vêm acoplados em batedeiras (ver página 78), porém são de menores dimensões e, portanto, não indicados para estabelecimentos em que há grande volume de produção com carne moída (por exemplo, hamburguerias).

Utensílios e equipamentos para cocção

1. FOGÃO

Principal equipamento da cozinha, o fogão tem a função de transformar insumos (gás, energia) em calor transmitido ao alimento. Ficam instalados abaixo de coifas, para que estas possam fazer a retenção de fumaça e gordura que se formam no ambiente.

O fogão convencional, mais utilizado domesticamente, em geral vem com forno acoplado. Seu controle de temperatura não é exato em razão das aberturas existentes em sua estrutura, as quais impedem a retenção adequada do calor.

O fogão industrial (ver foto 1.1 ao lado) ou de alta pressão possui a chama mais intensa. Seus queimadores liberam maior quantidade de calor, possibilitando cocções mais rápidas ou para panelas maiores.

O fogão por indução (ver foto 1.2 ao lado) faz a transmissão de calor através de um campo eletromagnético entre a superfície e a panela. Ele é mais seguro, pois não tem chama e só aquece a partir da superfície de contato.

O fogão elétrico é aquecido por resistência, da mesma maneira que os chuveiros.

O número de bocas varia de acordo com a necessidade de cada local. São encontrados fogões de uma a seis bocas. Alguns têm bocas maiores e menores no mesmo equipamento. É preferível utilizar as chamas da frente para panelas menores e das produções que serão mais rápidas. As chamas de trás ficam com panelas maiores, para segurança do profissional de cozinha e para manter a chama mais lenta.

2. CHURRASQUEIRA

As churrasqueiras não possuem um padrão; basicamente, elas consistem em um suporte para o carvão e as grelhas (em diferentes alturas em razão do processo de cocção dos alimentos). Devem suportar altas temperaturas. Em alguns locais, são fixas, feitas com tijolos; em outras situações, são móveis, com toda a base de ferro. É possível encontrar churrasqueiras dentro de buracos: o carvão fica abaixo do chão, e a grelha faz o suporte do alimento.

As churrasqueiras conhecidas como elétricas possuem resistência que imita a força de calor da brasa por meio de raios infravermelhos.

No Brasil e em alguns países da América do Sul, a churrasqueira tradicionalmente é aberta ou apresenta uma forma de saída da fumaça e do ar quente. Já as churrasqueiras norte-americanas possibilitam que o alimento fique em ambiente fechado, fazendo com que a ação da fumaça e do ar quente seja mais intensa sobre o produto. Esse tipo de cocção em ambiente fechado também é chamado de "ao bafo".

A higienização deve ser feita após o uso, com a retirada das sobras de carvão e a limpeza dos espetos e grelhas.

3. FORNO COMBINADO

Como diz o nome, funciona combinando ar quente seco (por meio da queima de gás) e umidade (por meio da liberação de vapor). Essa combinação é programada pelo profissional de cozinha de acordo com o resultado esperado da produção.

Os modelos mais modernos possuem painel digital que permite a associação de diversos tipos de calor. Assim, é possível executar variadas técnicas de cocção – como assar, grelhar, cozinhar por vapor, entre outras –, gratinar ou mesmo apenas manter aquecida uma produção pronta. Com essa diversidade de funções, é possível cozer alimentos com perda mínima de valor nutricional, preparar grandes peças sem que fiquem ressecadas e manter alimentos aquecidos sem que percam sua estrutura. É muito utilizado em eventos, pois possibilita que sejam servidas centenas de pratos à la carte ao mesmo tempo. Nenhum outro forno tem essa capacidade.

Por essas razões, apesar do alto custo de aquisição, o forno combinado é um dos equipamentos mais "desejados" do mundo da cozinha.

4. FRITADEIRA

É utilizada para a fritura de grandes quantidades de alimento. Uma resistência aquece a gordura, e o controle de temperatura é feito pelo termostato atrelado ao equipamento. A fritadeira vem com a cestinha utilizada para inserir o alimento na gordura, o que evita desperdícios e amplia a segurança do profissional de cozinha.

Existem fritadeiras que podem ser utilizadas com água e gordura. A água tem densidade menor que a gordura e fica embaixo desta. Os resíduos da fritura vão para o fundo, onde está a água, mantendo a gordura "limpa" por mais tempo e, assim, reduzindo os custos das cozinhas profissionais. A água é trocada de tempos em tempos.

5. TERMOCIRCULADOR

Consiste em um equipamento utilizado na cocção de alimentos como se estivessem em banho-maria. O termocirculador possibilita controlar e manter constante a temperatura de cozimento (inferior a 100 °C). A fonte de calor do próprio equipamento faz com que a água circule suavemente durante o processo (daí vem seu nome). É utilizado principalmente em alimentos e produções embaladas a vácuo pela técnica de sous vide (pronúncia: "su vide"; ver página 145). Esse ambiente permite que o item não sofra modificações, mantendo o formato e a aparência. Alguns chefs optam por utilizar o termocirculador para minimizar perdas ou dispersões, concentrando aromas e sabores do alimento.

Há basicamente dois tipos de termocirculador. O da foto abaixo (5.1 e 5.2), para ser usado, precisa ser acoplado em uma panela ou um recipiente, a fim de aquecer a água e mantê-la na temperatura baixa e constante. O outro tipo já traz o recipiente (ver página 145).

Essa e outras tecnologias possibilitaram o desenvolvimento da chamada cozinha molecular, que estuda processos químicos e físicos da cocção e que tem, entre seus mais conhecidos expoentes, o físico e químico francês Hervé This e o chef espanhol Ferran Adrià.

6. MÁQUINA DE VÁCUO

Este equipamento tem por objetivo retirar o ar das embalagens que armazenam os alimentos e vedá-las. Por isso, é bastante usado na cocção sous vide. É necessário utilizar um saco de máquina a vácuo (mais firme e que pode ser aquecido), para que não arrebente no momento em que o equipamento faz a vedação e suporte a imersão em água aquecida.

Para utilizar a máquina a vácuo, siga os passos abaixo.
1. Coloque o alimento no saquinho sem pressioná-lo e em quantidade que não ultrapasse a metade do plástico.
2. Regule a máquina de acordo com o resultado pretendido. Por exemplo, em folhas e massas o vácuo não deve ser completo, para manter a integridade dos alimentos.
3. Posicione o saquinho dentro da máquina, deixando um espaço de aproximadamente três dedos para fora do equipamento.
4. Feche a máquina. Em alguns equipamentos, a selagem ocorre automaticamente quando a tampa é fechada. Em outros, é necessário acionar a selagem.

7. CHAPA

Existem chapas fixas (como aquelas que vemos em lanchonetes, padarias ou integradas ao fogão industrial) ou móveis. A chapa é composta de ferro, inox ou alumínio de diferentes espessuras, podendo ser canelada ou lisa. Para facilitar o desprendimento do alimento, é comum passar gordura nele ou na chapa antes do uso. Para evitar que enferruje, recomendamos aplicar óleo em sua superfície após o equipamento ser higienizado.

8. CHAR BROILER

Muitas vezes chamado apenas de "broiler" no dia a dia profissional, é um equipamento utilizado para preparar alimentos (principalmente, proteínas animais) por meio de radiação. O char broiler (pronúncia: "tchair broiler") é composto de grelhas de ferro que são aquecidas por raios infravermelhos das pedras vulcânicas ou briquetes. Seu diferencial é "imitar" o churrasco sem a utilização de carvão. Confere sabor agradável e apresentação atraente ao alimento.

9. PANELA

Utensílio que mais acompanha as variadas técnicas de cocção, as panelas são encontradas em diferentes tamanhos, espessuras, cores e tipos.

Para compreender qual panela pode ser mais bem utilizada de acordo com cada tipo de produção, é importante entender que sua função é conduzir o calor do fogão ao alimento. Assim, nem sempre a mesma panela trará o mesmo resultado; isso dependerá também do fogão e da intensidade do calor produzido.

As panelas com melhor distribuição no aquecimento dos alimentos são as que possuem espessura grossa (principalmente no fundo), independentemente do material de que são feitas (cobre, ferro, aço, cerâmica). Quanto mais grossa for a espessura, mais uniforme será a distribuição de calor. Mas ressaltamos que seu aquecimento e seu resfriamento serão mais lentos, e esses aspectos podem alterar o resultado esperado da produção.

9.1. PANELA DE VAPOR

É uma panela com dois compartimentos que se encaixam. O menor tem o fundo vazado para facilitar a circulação de vapor e fica suspenso dentro do maior, evitando o contato direto do alimento com o líquido.

9.2. PANELA DE PRESSÃO

A panela de pressão acelera a cocção por meio da contenção dos vapores de água que se dissipariam em uma panela comum. Assim, com o aumento da pressão interna, a temperatura de cocção pode chegar a 120 °C, diferentemente da panela comum, com a qual chegaríamos apenas à temperatura de ebulição da água (aproximadamente, 100 °C).

Por exemplo, um braseado de lagarto que levaria 2 horas para ficar pronto em panela comum pode ser preparado em 30 minutos na pressão. O feijão em remolho, que precisaria de 45 minutos em panela comum para ficar pronto, demanda cerca de 20 minutos na pressão.

A panela de pressão também facilita preparações como, por exemplo, de polenta. Em panela comum, é preciso constantemente mexer o alimento para que não grude na panela. A pressão, além de cozinhar mais rapidamente, movimenta o alimento internamente, poupando trabalho do cozinheiro.

Este utensílio é composto por uma tampa com válvula, que veda a panela, controlando a pressão interna e liberando vapor. As panelas de pressão possuem travas de segurança: se a válvula entupir, ela será destravada automaticamente.

Para utilizar adequadamente esta panela, siga os passos abaixo.

1. Separe a panela de pressão e os alimentos a serem cozidos com seus acompanhamentos. Os ingredientes precisam estar sempre com algum líquido, nunca totalmente secos.
2. Coloque o alimento e os acompanhamentos respeitando a marca interna de limite de ingredientes. Essa marca demonstra o espaço entre a produção e a formação da pressão interna.
3. Feche corretamente a panela, girando conforme a seta da tampa indica.
4. Confira se o pino está colocado corretamente.
5. Após a pressão começar, abaixe o fogo.
6. Após desligar o fogo, espere a panela esfriar fechada, em temperatura ambiente. Abra somente se, ao tocar na válvula, perceber que não há mais pressão.

Orientações para a segurança

São comuns os casos de acidentes em cozinha envolvendo a panela de pressão. Por isso, siga as recomendações abaixo.

- Antes de usar a panela, confira se a válvula não está entupida. Para isso, passe água corrente por ela e verifique se todos os furos dão vazão. Existem lojas especializadas que conferem se o utensílio está em boas condições de uso. Para uma panela usada com frequência, recomendamos fazer essa verificação a cada três meses.
- Se, durante a utilização, a panela começar a vazar água ou emitir algum ruído não costumeiro, desligue o fogo imediatamente e espere que ela esfrie naturalmente.
- Conforme dissemos anteriormente, ao desligar a panela espere que ela esfrie para abri-la.
- Não utilize o "truque" de colocar a panela quente sob água fria para acelerar o esfriamento, pois algumas borrachas de vedação não possuem boa qualidade para rápida alteração de temperatura – assim, a longo prazo o utensílio acabará sendo danificado.

10. SALAMANDRA

Também chamada de grelhador ou gratinador, possui uma fonte de calor na parte superior, que pode ser uma resistência elétrica ou a gás. A salamandra é usada para gratinar, finalizar produções culinárias e mantê-las aquecidas até o momento do serviço (embora neste caso o mais adequado seja uma estação com lâmpadas de aquecimento para alimento). Pode ser utilizada também como estufa para manter quentes pratos e louças vazios.

11. FRIGIDEIRA

Utensílio composto de base redonda de diferentes alturas, mais baixas que a das panelas com cabo de apoio. As frigideiras são utilizadas principalmente para cocções mais rápidas, que envolvam o método condução (ver página 129), a fim de que a troca de calor seja mais rápida. As mais baixas são empregadas na produção de panquecas, crepes e ovos frigidos. Podem ser feitas de cerâmica, inox, alumínio, ferro e vidro, entre outros materiais. Quando antiaderentes, facilitam as técnicas de preparo, evitando que o alimento grude.

> **OBSERVAÇÕES**
> Deixar o fogo alto representaria um desperdício de energia, pois não há influência na velocidade de cocção nem na temperatura interna. Uma vez com pressão, a temperatura permanece constante.
>
> O tempo de cozimento na pressão sempre deve ser contado a partir do momento da liberação do vapor pela válvula.

> **OBSERVAÇÃO**
> "Sautoir" (pronúncia: "sôtoar") é o termo em francês para as frigideiras com laterais retas.

12. SAUTEUSE

Sauteuse (pronúncia: "sôtêze") é o termo em francês específico para a frigideira usada nos salteados (ver página 130). Seu formato (fundo plano com laterais levemente abertas) permite que os alimentos possam ser salteados com maior facilidade. A borda não pode ser reta, para não impedir o movimento do produto durante a cocção e para facilitar a saída de vapores (evitando a formação de líquidos).

13. WOK

Originária da cozinha asiática, a wok (pronunciamos "uok") tem formato de U aberto e espessura fina, facilitando cocções rápidas. Em razão de seu formato e da velocidade de cocção, é mais bem utilizada em fogões de alta pressão ou fogões específicos para este tipo de panela.

14. ASSADEIRA (LISA E FURADA)

Dependendo da região do país, é chamada também de fôrma e de tabuleiro (na cozinha, é comum usar a sigla GN – "gastronorm" – para se referir a assadeiras ou cubas com dimensões padronizadas mundialmente). Pode ser feita de diversos materiais, como inox, silicone, alumínio, ferro e barro, entre outros. Tem diferentes formatos e acabamentos, que são determinantes nos processos de cocção. Por exemplo, as assadeiras que possuem furos permitem maior circulação do ar entre o ambiente e o alimento. São também utilizadas para a cocção a vapor no forno combinado. As com laterais mais altas dificultam a entrada de ar, mas facilitam a retenção de umidade.

15. SUPORTE PARA ASSADOS OU ESPETO

Geralmente é usado para segurar o alimento a fim de que todo o calor atinja o alimento de forma padronizada, sem que este tenha contato com nenhum tipo de superfície. Aplicado, principalmente, na cocção de proteínas animais.

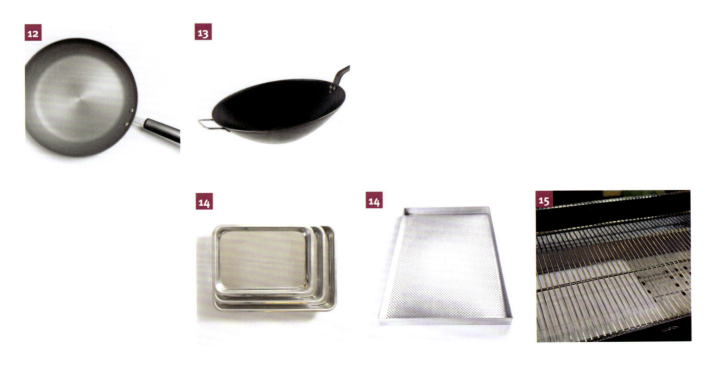

UTENSÍLIOS E EQUIPAMENTOS

Outros utensílios e equipamentos

Alguns utensílios e equipamentos podem desempenhar diferentes funções dependendo da produção em que são utilizados, ou são utilizados em praticamente todas as receitas. Abaixo, exemplos mais comuns.

1. ULTRARRESFRIADOR (ULTRACONGELADOR)

É usado para esfriar, resfriar e congelar alimentos, colaborando para a dinâmica dos processos das cozinhas profissionais. Por exemplo, na produção de nhoque, é necessário esfriar a batata recém-cozida antes de ela ser amassada. O mesmo para alimentos ainda quentes que precisam ser colocados no liquidificador.

A rápida queda de temperatura controla a proliferação bacteriana e as reações enzimáticas dos alimentos. Além disso, o congelamento rápido é importante para manter a estrutura física do alimento. Como a formação de cristais de gelo é mais veloz e uniforme, o alimento ao ser descongelado perderá pouca ou nenhuma característica.

No caso daqueles que são modeláveis (por exemplo, doces, "salgadinhos", hambúrgueres), o ultrarresfriamento é o passo inicial para a colocação em um freezer, pois evita que os itens grudem uns aos outros, facilitando o armazenamento e o posterior descongelamento. A colocação de itens quentes dentro do freezer impacta não só o equipamento como a própria segurança dos demais itens que já estão ali armazenados, daí a utilidade do ultrarresfriador.

Os modelos são diversos, e cada um tem suas especificidades de uso. Mas, de maneira geral, costumamos dizer que o ultrarresfriador é como um "forno ao contrário", porque para utilizá-lo devemos, basicamente, colocar o alimento dentro do equipamento, programar a temperatura desejada e fechar a porta. Além disso, a maioria dos equipamentos conta com termômetro para ser colocado no interior do alimento, possibilitando o controle sanitário, pois garante que a temperatura do "núcleo" está apropriada para ser armazenada. Outros modelos emitem um sinal quando a câmara interna atinge a temperatura escolhida.

> **OBSERVAÇÃO**
> De maneira geral, utilizamos as seguintes temperaturas no ultrarresfriador:
> - colocar em temperatura ambiente: 25 °C;
> - resfriar: de 4 °C a 8 °C;
> - congelar: a partir de -10 °C.

2. BALANÇA

As balanças facilitam a pesagem dos alimentos para as receitas. É possível encontrá-las em diversos tamanhos e formas. A mais recomendada é a de precisão (ver foto abaixo), que pesa exatamente, grama por grama. Existem balanças em que o peso é dado por aproximação – por exemplo, o registro é feito de 2 g em 2 g ou de 5 g em 5 g. Essas informações vêm escritas no próprio equipamento. É importante ter conhecimento do peso máximo permitido: se ele for ultrapassado, o resultado poderá ter erro.

O uso da balança deve seguir os passos apresentados abaixo.

1. Ligue a balança e deixe o contador zerar.
2. Coloque a tigela vazia em que os ingredientes serão pesados.
3. Aperte o botão "tara" para que a balança zere novamente descontando o peso da tigela.
4. Coloque o ingrediente a ser pesado dentro da tigela.

> **OBSERVAÇÃO**
> No caso de ajustar a quantidade de alimento a ser pesado, fique atento, pois algumas balanças zeram quando é retirada a tigela.

> **OBSERVAÇÃO**
> Os fornos combinados já vêm equipados com termômetros (sensor de núcleo) que permitem ver a temperatura interna dos alimentos.

3. TERMÔMETRO CULINÁRIO

Existem diferentes termômetros culinários, digitais ou analógicos. Podem ser em haste (inseridos no alimento ou na produção) ou infravermelhos (que verifica a temperatura da superfície; ver foto 3.1 abaixo).

Os termômetros com haste podem ser inseridos no alimento antes de este ser levado ao forno, porque suportam o aquecimento no interior do equipamento de cocção (ver foto 3.2 abaixo). Estes também são chamados de termômetros para assados.

Aqueles que não suportam o aquecimento exigem que o profissional de cozinha retire a proteína do forno durante o processo e, então, insira o termômetro no centro da peça para obter a situação da cocção.

A obtenção da temperatura interna é importante para o controle da segurança microbiológica e do ponto de cocção. Em proteínas, essa temperatura é, em geral, a partir de 65 °C. Quando é atingido esse patamar, podemos finalizar a produção (por exemplo, aumentando a temperatura para dourar a peça rapidamente sem ressecar o miolo ou gratinando-a, entre outros casos).

> **OBSERVAÇÃO**
> Em razão da higiene, a tábua de madeira não é admitida em ambientes profissionais.

4. TÁBUA

Um dos utensílios mais usados na cozinha, estabelece uma base de apoio para a manipulação de alimentos.

- **Tábua de plástico (polietileno ou polipropileno):** é a mais empregada, porque permite uma melhor higienização. A limpeza é feita com água e detergente, para eliminar a sujeira que se deposita nos pequenos cortes que a faca acaba produzindo durante sua utilização. A de polietileno acaba sendo mais utilizada nas cozinhas por ser mais resistente do que a de polipropileno (por exemplo, suporta melhor o calor, o que inclusive facilita a higienização após o uso).
- **Tábua de vidro:** embora seja a mais recomendada em termos de higienização, tem a desvantagem de danificar o fio da faca, reduzindo a vida útil deste utensílio. Por essa razão (e também pelo fato de a tábua de plástico ser mais resistente a quebra), não é muito usada nas cozinhas profissionais.

Para evitar contaminação cruzada (ver página 22), nos ambientes profissionais é adotado um código de uso das tábuas. A cor define a utilização:

- **vermelha:** carnes vermelhas cruas;
- **amarela:** aves;
- **azul:** pescados;
- **verde:** hortifrúti;
- **bege:** carnes cozidas (para desfiar, por exemplo) e embutidos;
- **branca:** laticínios. (Pode ser usada em confeitaria e panificação.)

5. BOWL (TIGELA)

Recipiente feito de materiais variados (por exemplo, inox, alumínio, vidro), usado para misturar ingredientes, realizar marinadas, sovar massas e armazenar alimentos. A pronúncia é "bol".

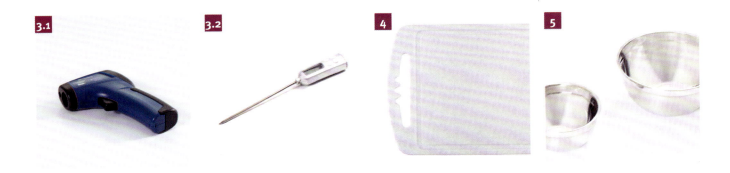

6. RAMEQUIM

Pronunciado como "ramecã", trata-se de pequenos e médios potes feitos, em sua maioria, de porcelana. Em alguns casos, encontramos de plástico, inox ou vidro. É utilizado como suporte para produções que são levadas ao forno e servidas na própria porcelana (como suflês, ovos rancheiros e crème brûlée, por exemplo)

7. REFRATÁRIO

Conhecido popularmente como "travessa" ou "marinex®", o refratário é um utensílio feito de diferentes materiais, como vidro, cerâmica ou porcelana. É muito utilizado para descansar os alimentos durante as produções, a fim de conservar melhor a temperatura e seus líquidos. Também é empregado na montagem de produções como escondidinho e lasanha, entre outras.

8. PENEIRA E CHINOIS

A peneira e o chinois (foto; a pronúncia é "chinoá") são utensílios dotados de pequenos furos e utilizados para coar fundos, caldos e molhos, entre outras preparações.

9. ESPÁTULA FLEXÍVEL (OU PÃO DURO)

Feita principalmente de silicone e polipropileno, incorpora os ingredientes nas produções e evita que se prendam nas panelas e nos bowls.

10. PINÇA

Auxilia a pegar os alimentos nos processos de cocção. Muito empregada em salteados.

11. GARFO TRINCHANTE

Usado principalmente para auxiliar a virar peças grandes de carne dentro de panelas ou assadeiras durante as cocções. Também chamado de "garfo de churrasco". Utilizado para segurar peças grandes na hora de fatiar.

12. FOUET

Em francês, o termo "fouet" significa "chicote" (a pronúncia é "fuê"). Este utensílio é usado na cozinha para bater ovos, massas, cremes e molhos, deixando a mistura dos ingredientes mais lisa e homogênea. Muitas vezes, é chamado apenas de "batedor de ovos".

13. FILME PLÁSTICO, PAPEL ABSORVENTE E PAPEL-ALUMÍNIO

O filme plástico (foto abaixo) é usado principalmente para manter cobertos recipientes e bowls na mise en place (pronúncia: "mizamplace"; ver página 42), em pré-preparos e em processos nos quais há tempo de ação de ingredientes aromáticos, como marinadas e curas.

O papel absorvente é empregado para retirar o excesso de gordura dos alimentos após a fritura e para secar ervas depois de terem sido higienizadas.

O papel-alumínio pode ser utilizado em papillotes (ver página 141) e para cobrir alimentos que são levados ao forno (para que primeiro cozinhem internamente e depois, sem a cobertura do papel-alumínio, ganhem coloração e crosta; ver página 151).

CAPÍTULO 2

Organização do ambiente de trabalho

Mise en place

Mise en place é uma expressão francesa usada para designar todas as operações realizadas antes de serem servidas as refeições. Portanto, engloba atividades como a verificação e a organização dos ingredientes, utensílios e equipamentos exigidos para a preparação dos pratos no menu (COURTINE, 2003). Essas atividades são realizadas pelo auxiliar.

O objetivo da mise en place é facilitar e agilizar as etapas e os processos envolvidos na preparação. Uma mise en place benfeita, além de deixar o ambiente organizado e seguro e de otimizar os recursos e o tempo de trabalho, possibilita que um cozinheiro administre diferentes produções ao mesmo tempo sem ter problemas.

Para entender melhor, segue um exemplo da mise en place utilizada no preparo de um café com leite.

Para o café, você precisará de:
- pó de café (e uma tesoura para cortar a embalagem, se necessário);
- uma colher de sopa para pegar o pó;
- água e um copo para pegá-la;
- uma panela para esquentar a água;
- um coador e o suporte para o coador;
- uma garrafa térmica para armazenar o café pronto.

Para o leite, você precisará de:
- leite (e uma tesoura para cortar a caixa, caso esteja fechada);
- um copo para medir o leite e a água (caso seja leite em pó);
- uma panela para aquecer o leite.

Para esquentar a água e o leite, você precisará de:
- um fogão;
- gás e fósforo para acender o fogo;
- uma luva de forno para retirar as panelas do fogo, caso o cabo esquente.

Para servir o café com leite, você precisará de:
- uma xícara;
- açúcar;
- uma colher de café.

Agora você já sabe tudo de que irá precisar. Pense que esse exemplo, de um simples café com leite, já exige uma série de itens. Imagine quando for um banquete!

OBSERVAÇÕES

Mise en place é uma expressão francesa e feminina; assim, o correto é dizer "a mise en place".

No serviço de salão, a expressão "mise en place" se refere à montagem das mesas antes da chegada dos clientes – por exemplo, colocação de talheres, pratos e taças, dobras de guardanapo. Independentemente do tipo de serviço e das variações de montagem, todos os utensílios precisam estar prontos para serem posicionados nas mesas, já tendo passado pelos processos de limpeza e esterilização.

Por isso, é recomendado fazer uma lista, conforme ilustrada a seguir, para se organizar melhor.

Ingredientes		Utensílios e equipamentos	
Ingredientes	Qtde.	Equipamento/Utensílio	Qtde.
Pó de café	4 cls[1]	Fogão	
Leite	1 copo	Botijão de gás	
Açúcar	8 cls	Fósforo	3
Água	4 copos	Panelas pequenas	2
		Coador	1
		Suporte para o coador	1
		Garrafa térmica	1
		Tesoura	1
		Luva de forno	1
		Xícara	1
		Colher de café	1
		Colher de sopa	1
		Copo de 200 ml	1

Também é preciso limpar e organizar o local de trabalho, os equipamentos e os utensílios necessários para fazer seu café com leite, além de separar as quantidades de ingredientes e guardar o excedente no local adequado. Assim, a mise en place estará pronta.

É importante que você leia atentamente todo o modo de preparo e que desenvolva uma lista de tarefas; dessa forma, é possível elaborar o plano de ataque, ou seja, organizar os procedimentos necessários iniciando por aqueles que demandam mais tempo de elaboração e otimizando ingredientes, mão de obra, equipamentos e utensílios.

---

[1] Abreviatura para colher de sopa (ver página 51).

Plano de ataque

Esta ferramenta traz informações sobre ingredientes, pré-preparos, equipamentos e utensílios e, muitas vezes, sobre o tempo necessário para cada etapa da produção. Portanto, o plano de ataque é essencial no auxílio da organização e da mise en place.

A seguir, apresentamos um modelo de plano de ataque que você poderá utilizar.

Plano de ataque						
Preparação: Café com leite				**Data: ____/____/____**		
Ingredientes		**Utensílios e equipamentos**		**Divisão de tarefas**		
Ingredientes	**Qtde.**	**Equipamento/ utensílio**	**Qtde.**	**Produção**	**Lista de tarefas**	**Tempo**
Pó de café	4 cls	Fogão		Café com leite	• Fazer a mise en place	20 min
Leite	1 copo (200 mℓ)	Botijão de gás			• Preparar o café	
Açúcar	8 cls	Fósforo	3		• Organizar utensílios de serviço	
Água	4 copos (800 mℓ)	Panelas pequenas	2		• Esquentar o leite	
		Coador	1		• Lavar os utensílios utilizados no preparo do café	
		Suporte para o coador	1		• Servir o café com leite	
		Garrafa térmica	1		• Lavar e organizar o local de trabalho e os utensílios e equipamentos utilizados	
		Tesoura	1			
		Luva de forno	1			
		Xícara	1			
		Colher de café	1			
		Colher de sopa	1			
		Copo de 200 mℓ	1			

É necessário ter cuidado ao elaborar o plano de ataque, para que ele não pareça apenas uma cópia do receituário ou para que as tarefas escritas não sejam difíceis de entender na prática. Dentro do campo "Lista de tarefas", as atividades a serem realizadas devem estar descritas de forma simples e direta, agrupando ações semelhantes para facilitar a organização. Por exemplo, se no cardápio do dia a produção for arroz com bife acebolado, o correto será descrever as tarefas agrupando partes comuns, como:

Cortar cebola: picada finamente (arroz) e fatiada (bife acebolado).

Dessa maneira, é possível economizar tempo na preparação, pois, apesar de os cortes serem diferentes, todos os materiais a serem utilizados nessa etapa são os mesmos.

Nas cozinhas profissionais, não existe um formato único e exato para o plano de ataque, pois sempre há muitas tarefas a serem realizadas, e cada local ou operação pode adaptá-lo à sua necessidade. Em alguns casos, vemos lousas escritas com as atividades do dia (esta forma também é muito utilizada em locais com trocas de turno, para que uma equipe comunique à outra as necessidades de produção), ou documentos com escalas de tarefas destinadas a cada colaborador, geralmente agrupadas por tipos de alimentos ou técnicas semelhantes, para que se possa agilizar a rotina.

Recomendamos que o plano de ataque contenha uma estimativa da duração das atividades a serem realizadas, a fim de que seja possível, no cumprimento de tais atividades, perceber como está o desenvolvimento da rotina de trabalho e o que pode ser otimizado.

Ficha técnica e receituário

Ferramentas comuns a toda a equipe relacionada aos serviços de alimentação, a ficha técnica e o receituário garantem o padrão das produções quanto a sabor e apresentação e contribuem para que não haja variações no custo da preparação.

FICHA TÉCNICA

A ficha técnica é um dos documentos mais importantes na cozinha profissional; é ela que garante a padronização da produção, além de auxiliar na previsão de compras de gêneros alimentícios, no controle eficiente do estoque e nos custos das preparações. A seguir estão os elementos contidos em um modelo de ficha técnica simplificada.[2]

① DEMI GLACE			
Ingredientes ②	**PL ou PC (kg)** ③	**FC** ④	**PB (kg)** ⑤
Fundo escuro	0,500	1,0	0,500
Molho espanhol	0,500	1,0	0,500
Modo de preparo: ⑥ 1. Junte os dois líquidos. 2. Deixe ferver até reduzir à metade. 3. Escume a superfície. 4. Coe em um coador fino.			
Rendimento: 0,500 kg ⑦			

① **Demi Glace:** Nome da produção a ser executada.

② **Ingredientes:** descrição dos alimentos utilizados na produção.

③ **PL ou PC (kg):** Peso líquido (PL) ou Peso per capita (PC) – peso do alimento cru, limpo e pronto para ser utilizado. Usamos preferencialmente quilograma (kg) ou litro (l) como unidade de medida. O PC é empregado em cálculos por pessoa ou por número de convidados.

④ **FC:** Fator de correção (FC) – índice que relaciona o peso bruto (PB) com o peso líquido (PL) de um alimento (ver página 46).

⑤ **PB (kg):** Peso do alimento a ser comprado ou separado, considerando o produto inteiro, sem passar por nenhum processo dentro da cozinha.

⑥ **Modo de preparo:** passos a serem seguidos na execução.

⑦ **Rendimento:** quantidade da produção pronta para consumo em unidade, peso ou volume (rendimento) por pessoa (porção).

---

[2] As fichas técnicas simplificadas também podem ser utilizadas como receituários, já que possuem informações reduzidas. As fichas completas em geral incluem informações relativas a fornecedores, custo da preparação, porcentagem de perda pós-produção aceitável ou esperada, valores nutricionais, forma de conservação e armazenamento, prazo de validade e tempo médio de preparo.

ÍNDICE DE PARTE COMESTÍVEL (IPC) OU FATOR DE CORREÇÃO (FC)

O alimento, após ser manipulado, limpo e minimamente processado, sofre perdas. Para quantificar essas perdas, utiliza-se o fator de correção de alimentos (FC), também conhecido como indicador de parte comestível (IPC), que é a relação entre o peso do alimento na forma como foi comprado (peso bruto ou PB) e o peso do alimento cru, após ser limpo e estar pronto para o uso (peso limpo ou PL) (BRAGA, 2008). A fórmula para calcular o FC é:

$$FC = PB \div PL$$

Fazendo uma variação dessa fórmula, também podemos calcular, por exemplo, o peso bruto:

$$PB = PL \times FC$$

A utilização do fator de correção é importante ao planejar quantitativamente um cardápio, para fazer as previsões de gêneros e custos em um serviço de alimentação. Esse índice também pode ser utilizado para verificar o desperdício durante o processamento dos alimentos, causado tanto pela manipulação dos profissionais da cozinha como pela qualidade dos fornecedores (SILVA & MARTINEZ, 2008; BRAGA, 2008).

ÍNDICE DE COCÇÃO (IC)

É o índice que relaciona o peso cozido e o peso cru de um alimento. Possibilita calcular a perda de água sofrida pelos alimentos por evaporação ou por retração das fibras, bem como a capacidade de absorção de água, como no caso dos cereais e das leguminosas (SILVA & MARTINEZ, 2008). É empregado para calcular o rendimento de um alimento e/ou da preparação. A fórmula utilizada para esse cálculo é:

$$IC = PCz \div PL$$

Onde:
» PCz = peso cozido: peso do alimento pronto para ser consumido, após os processos de cocção.
» PL = peso líquido: peso do alimento cru e limpo, antes de ser submetido à cocção.

Índice de cocção (Silva & Martinez, 2008)	
Alimento	IC
Carnes com muita gordura	0,4-0,5
Carnes com pouca gordura	0,6-0,7
Cereais	2-3
Verduras	0,4-0,6
Legumes	0,6-0,7
Leguminosas	2-2,5
Tubérculos	0,9-1

Fonte: Silva & Martinez, 2008.

Na cozinha, o IC é utilizado quando sabemos a quantidade da porção (alimento ou produção pronta para consumo) que desejamos servir por pessoa. Assim, caso o objetivo seja servir uma porção de 120 g de peito de frango salteado, é possível calcular a quantidade de peito de frango cru e limpo que precisaremos adquirir para o resultado pretendido.

$$IC = PCz \div PL$$
$$0,7 = 120 \text{ g} \div PL$$
$$PL = \pm 171,5 \text{ g}$$

Portanto, precisaremos de 171,5 g de peito de frango cru e limpo para servir uma porção de 120 g de peito de frango salteado.

USANDO OS ÍNDICES CULINÁRIOS FC E IC

Os índices culinários, além de auxiliarem na organização das compras e no cálculo de estoque mínimo e máximo, podem ajudar nas requisições internas (documento de solicitação de insumos para o estoque) e, consequentemente, na mise en place.

Prosseguindo no exemplo anterior, a partir do índice de cocção foi possível calcular que, para servir uma porção de 120 g de frango salteado, são necessários 171,5 g de peito de frango cru e limpo. Agora, utilizando o fator de correção do peito de frango, podemos verificar o peso bruto necessário para iniciar a produção:

$$PB = PL \times FC$$
$$PB = 171,5 \times 1,39$$
$$PB = \pm 238,5 \text{ g}$$

Portanto, serão necessários 238,5 g de peito de frango (na forma bruta) para servir uma porção de 120 g de peito de frango salteado.

Existem muitas listas de fator de correção disponíveis em livros e na internet que podem ser utilizadas como base. No entanto, o ideal é que cada estabelecimento produza sua própria lista de FC, pois os resultados estão muito relacionados com a forma como o produto é comprado e com a habilidade do manipulador. Silva & Martinez (2008), por exemplo, afirmam que o fator de correção dependerá do fornecedor e das especificações da compra (com/sem osso, com/sem pele, entre outras).

RECEITUÁRIO

Este é um documento muito importante na cozinha, até mesmo para as preparações mais triviais. Ele deve ficar guardado em local de fácil acesso a todos os cozinheiros, ou então deve ser dividido por setor. Assim, é possível consultá-lo no início do trabalho e sempre que for necessário.

O receituário é feito a partir da ficha técnica e é considerado um resumo das informações mais relevantes e necessárias para a equipe de produção. Por essa razão, no dia a dia profissional ele geralmente contém apenas os dados de ingredientes, peso líquido (ingrediente cru, limpo e porcionado), unidades de medida, modo de preparo, rendimento e, em alguns casos, uma foto (quando for uma produção completa e empratada, principalmente).

Para este livro, organizamos o receituário de acordo com a proposta didática de deixar bem claras as etapas de pré-preparo e de preparo, bem como a função dos ingredientes.

Por isso, embora um receituário profissional possa conter na lista dos ingredientes as informações "alho brunoise" ou "peito de frango em cubos pequenos" (ou seja, esses alimentos já limpos e picados), nos receituários deste livro apresentamos apenas os ingredientes e explicamos o pré-preparo no passo a passo. Ou seja, no passo a passo informamos que o alho deve ser descascado e cortado em brunoise, que o peito de frango deve ser cortado em cubos, e assim por diante.

Ainda na proposta didática, colocamos no início dos receituários as gorduras que serão utilizadas na produção; em seguida, os ingredientes da base aromática; depois, os itens que formam o principal daquele prato; por último, os temperos (que muitas vezes são aplicados no final, para acertar o sabor).

Essa organização e as informações que são apresentadas ao longo do livro, juntas, têm o objetivo de proporcionar ao leitor uma base de conhecimento sólida para que, com a experiência, crie posteriormente suas variações e receitas.

Veja a seguir as definições dos elementos do receituário.[3]

① CANJA DE FRANGO	
Ingredientes ②	Quantidade ③
Gordura ④	
Azeite de oliva extravirgem	50 g
Óleo vegetal	20 g
Base aromática ⑤	
Cebola	80 g
Cenoura	50 g
Salsão	50 g
Alho	1 dente
Principal ⑥	
Arroz agulhinha	120 g
Peito de frango com osso	1 unid.
Milho verde (espiga)	1 unid.
Líquido de cozimento ⑦	
Água	2 kg
Temperos e aromáticos ⑧	
Louro	1 unid.
Salsa	1 colher de café
Sal	q.b.
Pimenta-do-reino preta moída	q.b.
Rendimento aproximado: 8 porções	

① **Canja de frango:** Nome da produção a ser executada.

② **Ingrediente:** descrição dos alimentos utilizados na produção. Caso se repita na lista, haverá alguma identificação para diferenciar a utilização na receita.

③ **Quantidade:** valor a ser utilizado do ingrediente.

④ **Gordura:** geralmente utilizada no início das produções.

⑤ **Base aromática:** alimentos para agregar sabor.

⑥ **Principal:** alimento(s) a ser(em) utilizado(s) como protagonista(s) da produção.

⑦ **Líquido de cozimento:** base para a elaboração de algumas produções.

⑧ **Temperos e aromáticos:** ingredientes para agregar sabor.

---

[3] O passo a passo desta receita de canja de frango é apresentado na parte IV do livro (ver página 284).

OBSERVAÇÕES
Neste livro, para efeito didático, as quantidades nos receituários estão expressas em kg ou g.

A unidade de medida deve sempre facilitar a organização e o preparo para o cozinheiro. Por isso, cada estabelecimento deve padronizar seu receituário.

PESOS E MEDIDAS

A ficha técnica é uma ferramenta muito mais administrativa do que operacional. As medidas mais utilizadas são quilograma ou litro, pois dessa forma é mais fácil realizar a previsão de compras e negociar com os fornecedores a quantidade de insumo necessária para determinado período.

Os receituários, por sua vez, devem conter as medidas que serão utilizadas pelo cozinheiro, de acordo com os equipamentos de pesagem (balanças) ou com os utensílios de medida padrão. Assim, não há necessidade de realizar cálculos antes de começar o preparo. Por essa razão, é comum os receituários apresentarem unidades como grama (g) e mililitro (ml). Mas unidades maiores, como quilograma e litro, também podem ser usadas. Para temperos e ervas, podem ser utilizadas medidas em colher (de café, chá, sobremesa ou sopa), pois esses ingredientes são muito leves para serem pesados.

Os termos q.b. ("quanto baste") e q.s. ("quantidade suficiente") também significam "a gosto". Ou seja, os itens podem ser usados conforme a preferência de quem está executando a preparação. São termos mais usuais em receituários que serão reproduzidos em casa, pois não exigem padronização (como ocorre em uma cozinha profissional), e a quantidade utilizada, embora tenha impacto no sabor final, não interfere na técnica de cocção.

Assim, quando houver q.b. como medida de determinado ingrediente, você poderá anotar a quantidade que utilizar e usá-la como parâmetro para a próxima vez que reproduzir a receita.

TABELAS DE CONVERSÃO

Ainda que as ferramentas usadas na cozinha profissional utilizem como unidades de medida o quilograma, o grama e o litro na maioria das situações, apresentamos a seguir tabelas de conversão e outras informações referentes a pesos e medidas. Esses dados ampliam o conhecimento e são úteis no universo da gastronomia.

Equivalência de pesos e medidas

	Arroz	Queijo ralado	Farinha de mandioca	Fubá	Farinha de trigo	Farinha de rosca	Amido de milho
1 xícara de chá	185 g (cru) ou 160 g (cozido)	100 g	150 g	120 g ou 16,5 colheres de sopa rasas	120 g	80 g	100 g
½ xícara de chá		-	-	60 g	60 g	-	50 g
⅓ de xícara de chá		-	-	-	40 g	-	30 g
¼ de xícara de chá		-	-	-	30g	-	25 g
1 colher de sopa		5 g	9 g	7,5 g	7,5 g	5 g	10 g
1 colher de chá		1,5 g	3 g	2,5 g	-	1,5 g	-
½ colher (sopa) ou ½ sachê			-	-	-	-	-
1 colher (sopa) ou 1 sachê			-	-	-	-	-
2 colheres (sopa) ou 2 sachês			-	-	-	-	-

Temperatura do forno

Graus Celsius	Forno
200-220 ºC	bem alto
170-190 ºC	alto
160 ºC	médio
140-150 ºC	médio-baixo
110-120 ºC	baixo

Ovos (peso aproximado)

Tamanho	Peso (g)	Gema (g)	Clara (g)
Extra	60	25	35
Grande	50	20	30
Médio	40	15	25
Pequeno	30	10	20

Equivalência de pesos e medidas

	Chocolate em pó ou cacau	Açúcar	Manteiga ou margarina	Líquidos (leite, água, óleo, café, etc.)	Leite em pó	Fermento instantâneo (unid.)	Manteiga ou margarina
1 xícara de chá	90 g	180 g	200 g	240 mℓ	100 g	-	200 g
½ xícara de chá	45 g	90 g	100 g	120 mℓ	50 g	-	100 g
⅓ de xícara de chá	30 g	60 g	65 g	80 mℓ	35 g	-	65 g
¼ de xícara de chá	20 g	45 g	50 g	60 mℓ	25 g	-	50 g
1 colher de sopa	6 g	12 g	20 g	15 mℓ	15 g	-	20 g
1 colher de chá	-	-	-	5 mℓ	-	-	-
½ colher (sopa) ou ½ sachê	-	-	-	-	-	5 g	-
1 colher (sopa) ou 1 sachê	-	-	-	-	-	10 g	-
2 colheres (sopa) ou 2 sachês	-	-	-	-	-	20 g	-

Abreviaturas-padrão

mℓ	mililitros
ℓ	litro
g	grama
kg	quilograma
unid.	unidade
cls	colher de sopa
clc	colher de chá

ORGANIZAÇÃO DO AMBIENTE DE TRABALHO

CAPÍTULO 3
Pré-preparo de vegetais

Na execução de um prato, os alimentos passam por um processamento inicial. Ou seja, são higienizados, descascados, cortados e porcionados de acordo com suas especificidades e com as da produção. Durante todo o pré-preparo, o profissional de cozinha deve manter seu espaço organizado e conservar os alimentos nas temperaturas adequadas.

No caso dos vegetais, antes de conhecer os detalhes de seu pré-preparo é importante definir os termos utilizados para cada gênero ou família.

- **Cereais:** são as sementes ou grãos comestíveis e amiláceos das gramíneas, como trigo, arroz, centeio, aveia e milho, entre outros.
  - » **Grãos:** o termo é empregado, de forma genérica, para se referir às sementes de cereais e pseudocereais. São considerados pseudocereais, por exemplo, a quinoa e o amaranto. Alguns autores também utilizam o termo para designar os frutos das leguminosas.
  - » **Sêmola:** é a farinha granulada resultante da moagem do grão do trigo ou de outros cereais. É utilizada no preparo de massas e sopas, entre outros pratos.
- **Ervas:** são folhas utilizadas como ingrediente culinário que conferem, principalmente, aroma a uma preparação. São exemplos comuns na cozinha salsa, manjericão, alecrim (acima, à esquerda), coentro, estragão, orégano e tomilho (acima, à direita), entre outros.
- **Frutas:** de forma simplificada, são as partes polposas, suculentas e comestíveis que circundam e protegem as sementes de uma planta. Características específicas e grau de maturação definem a doçura, a acidez e a textura da fruta. Exemplos: maçã, pera, melancia, etc.

- **Hortaliças:** trata-se do nome genérico dado ao grupo de vegetais que geralmente podem ser cultivados em uma horta, como legumes, verduras e ervas.
  - » **Legumes:** são hortaliças cuja parte comestível representa o fruto ou as partes subterrâneas de uma planta, como aspargo (acima, à direita) abobrinha, berinjela, beterraba, cenoura, chuchu, pimentão, cebola (acima, à esquerda).
  - » **Verduras:** é o termo geralmente utilizado para vegetais folhosos, como couve, escarola, alface, rúcula, catalonha.
- **Hortifrúti/hortifrutigranjeiro:** trata-se do termo que engloba hortaliças e frutas (hortifrúti) e produtos de granja (granjeiro).
- **Leguminosas:** são grãos ou sementes contidos em vagens. Podem ser comercializados verdes, frescos ou secos, como feijões (carioquinha, fradinho, de corda, preto, branco e favas, entre outros), lentilhas, ervilhas, grão-de-bico.
- **PANC:** são plantas alimentícias não convencionais (daí vem o nome), como ora-pro-nóbis, língua de vaca, beldroega, peixinho e capuchinha, entre outras.

Higienização

Frutas, verduras e legumes precisam ser higienizados antes de preparados. Os procedimentos básicos são os apresentados a seguir.

1. Selecione os alimentos e descarte folhas (se necessário) e partes danificadas.
2. Lave os vegetais em água corrente. Os folhosos devem ser lavados folha a folha. As frutas e os legumes devem ser lavados um a um.

3. Imerja os vegetais em solução de hipoclorito de sódio (a diluição e o tempo de imersão estão descritos no rótulo do produto).
4. Lave novamente os vegetais em água corrente.

5. Utilize em diferentes produções ou armazene para uso posterior. Antes de armazenar, seque os alimentos. No caso de folhas, utilize uma centrífuga para facilitar o processo.

6. Mantenha os alimentos protegidos em embalagens plásticas, a vácuo ou não, em ambiente refrigerado, até o momento de manipulá-los novamente.

Cortes

Os cortes clássicos e conhecidos da cozinha profissional podem ser utilizados em diferentes alimentos e não apenas nos vegetais. Apresentamos aqui porque é nos vegetais que sua aplicação se mostra mais evidente.

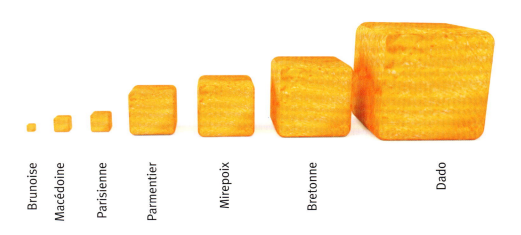

CARACTERÍSTICAS DE CORTES PROFISSIONAIS			
	Nome	Dimensões
Cubos	Brunoise (pronúncia: "brunoaze")	1-3 mm × 1-3 mm (ver página 60).
	Macédoine (Macedônia; pronúncia: "maceduane")	4 mm × 4 mm.
	Parisienne (pronúncia: "parriziene")	5 mm × 5 mm.
	Parmentier (pronúncia: "parmantiê")	1,2 cm × 1,2 cm.
	Mirepoix (pronúncia: "mirrepoâ")	1-1,5 cm × 1-1,5 cm, mas o tamanho depende do tempo em que for submetido à cocção.
	Bretonne	2 cm × 2 cm.
	Dado	Corte chamado de "cubos" ("cubos pequenos", "cubos médios", "cubos grandes"). Independentemente das dimensões, o importante é que todos os lados tenham medidas regulares.
	Picada	Com aparência semelhante à do corte brunoise, também exige regularidade nas dimensões, para o padrão visual e a uniformidade no tempo de cocção. Dependendo das dimensões do resultado final, é chamada de "picada finamente" ou "picado areia" (ver página 64).

CARACTERÍSTICAS DE CORTES PROFISSIONAIS		
	Nome	Dimensões
Bastões	Julienne (pronúncia: "julién")	1 mm × 4-5 cm.
	Jardinière (pronúncia: "jardiniér")	1-2 mm × 5-6 cm.
	Paille (Palha; pronúncia: "paie")	1,5 mm × 5 cm.
	Allumette	3 mm × 6-7 cm.
	Bâtonnet (Bastão; pronúncia: "batonê")	0,5 cm × 3-4 cm.
	Pont-neuf (pronúncia: "pon nêf")	1 cm × 7 cm.

CARACTERÍSTICAS DE CORTES PROFISSIONAIS		
	Nome	Dimensões
Redondos	Rondelle	Círculo de diâmetro variável, com 2-3 mm de espessura.
	Bracelet (Rodela/anel; pronúncia: "bracelê")	Anel de diâmetro variável, com 2-3 mm de espessura.

Parisienne

Noisette

CARACTERÍSTICAS DE CORTES PROFISSIONAIS		
	Nome	Dimensões
Boleados	Noisette (pronúncia: "noazete")	Bolinhas de 1 cm feitas com boleador.
	Parisienne	Bolinhas de 1,5-2 cm feitas com boleador.
Outros	Concassé (pronúncia: "concassê")	Aplicado em alimentos cortados em formas e tamanhos regulares, mas que, em razão de sua estrutura, não permitem um formato padronizado. Equivale a "cortar/picar grosseiramente". Quando é aplicado para o tomate (tomate concassé; ver página 61), entende-se que a pele e as sementes foram retiradas, e a polpa foi cortada em tamanho padrão.
	Émincé (pronúncia: "emancê")	Lâminas, fatias, rodelas ou meias-luas de espessuras iguais.
	Laminado	Lâminas finas de mesmo tamanho, que podem ser feitas em faca, mandolim ou fatiadora.
	Chiffonade	Tiras finas (usualmente, para folhas; ver página 63).
	Tournée (Torneada; pronúncia: "turnê")	Alimento cortado em 7 lados iguais.

OBSERVAÇÃO
O corte tournée está caindo em desuso em razão do desperdício. Mas, no passado, era tido como uma referência de qualidade profissional, por causa da dificuldade de execução. Conseguir cortar perfeitamente 7 lados iguais no alimento conferia destaque e "status" ao cozinheiro.

PRÉ-PREPARO DE VEGETAIS

APLICAÇÕES E DETALHAMENTOS

Alguns cortes são tradicionalmente ligados a um alimento ou a um tipo de produção. Por exemplo, o pont-neuf é referência para a batata "palito". O émincé é bastante executado em legumes, cogumelos, frutas e carnes. O noisette está tão associado às bolinhas de batata que até "batiza" essa produção que é um tradicional acompanhamento de carnes: "batata noisette".

Embora na culinária clássica cada corte tenha suas especificidades, os mais utilizados no dia a dia da cozinha profissional acabam sendo o brunoise, o julienne, o chiffonade e o picado finamente (além do concassé, em razão do tomate concassé). Esses cortes amplamente utilizados são detalhados a seguir.

Em todos os cortes, mantenha os dedos da mão que segura o alimento na posição de "garra". Essa posição mantém a ponta dos dedos protegida do fio da faca.

BRUNOISE

Como vimos no quadro na página 57, consiste em cubos muito pequenos. É empregado principalmente em vegetais que, pelo seu formato e por sua densidade, devem possibilitar um resultado com dimensão precisa. O brunoise muitas vezes é citado em receitas em que se pretende o efeito de picado finamente (e quando o tipo de alimento permite a obtenção de cubos).

Um dos vegetais em que mais utilizamos esse corte é a cebola, para refogar e aromatizar as produções.

Para fazer o corte brunoise em cebolas, execute os passos abaixo.

1. Separe as cebolas, bem como os seguintes utensílios: faca de cozinha, tábua.
2. Com a cebola descascada e higienizada, posicione-a em pé na tábua e corte-a ao meio.

3. Deite a cebola sobre a tábua, e com a faca faça inserções regulares, com 3 mm de espessura cada, de baixo para cima. As inserções não devem chegar até a outra extremidade da cebola, para evitar que, no passo seguinte, as camadas se desprendam.

4. Sem movimentar a cebola, insira a faca agora de cima para baixo, também mantendo a espessura de 3 mm entre as inserções.

5. Com a cebola no mesmo lugar, corte-a com a faca de cima para baixo no sentido das camadas do vegetal, para obter os pequenos cubos característicos do brunoise.

CONCASSÉ

Como dissemos anteriormente, esse termo se refere a cortar ou picar algum alimento mantendo o formato/tamanho o mais regular possível, ainda que o ingrediente não permita essa precisão. Assim, é usado em carnes, pimentão, frutas, ervas, pimenta e especiarias em grão (neste caso, o concassé é chamado de corte "mignonnette"; pronúncia: "minhonhete").

Quando associado ao tomate ("tomate concassé"), refere-se a este alimento sem pele, sem sementes e picado.

Para fazer o tomate concassé, siga os passos abaixo.

1. Separe os ingredientes que serão utilizados na receita (pese e meça os tomates, a água e o gelo), bem como os seguintes utensílios: escumadeira, faca de legumes, panela, recipiente.
2. Leve água para ferver na panela de dimensão adequada à quantidade de tomates.
3. Higienize os tomates.
4. Retire o pedúnculo da parte superior do tomate.
5. Com a faca, faça um corte em cruz na parte inferior do tomate.
6. Prepare um recipiente com água e gelo.
7. Mergulhe os tomates em água fervente por aproximadamente 10 segundos (o tempo poderá variar conforme a madureza).
8. Aplique choque térmico imediatamente.
9. Com a faca de legumes, retire a pele dos tomates.
10. Faça o concassé:
• divida os tomates em duas partes;
• retire as sementes dos tomates e o excesso de água;
• corte-os em pedaços regulares (mais usualmente, de 5-8 mm × 5-8 mm).

JULIENNE

Trata-se da técnica de cortar vegetais em tiras bem finas. Muito aplicada em cenouras e outros tipos de alimento com densidade semelhante.

Para o corte julienne, siga os passos abaixo.

1. Separe as cenouras, bem como os seguintes utensílios: faca de cozinha, tábua.

2. Com a cenoura descascada e higienizada, corte-a de modo a obter pedaços de 6 cm de comprimento.

4. Corte o retângulo no sentido do comprimento para obter fatias com espessura de 1,5 mm cada.

5. Pegue cada uma das fatias, deite-as na tábua e corte-as também com espessura de 1,5 mm, para obter os finos bastões que caracterizam o julienne.

3. Retire as laterais com objetivo de obter um retângulo.

CHIFFONADE

Este corte, em tiras finas, é muito aplicado em folhas. Caracteriza a couve que acompanha a feijoada.

Para ervas que não conseguimos enrolar (por exemplo, manjericão e hortelã), apenas posicione a folha sobre a tábua e execute o corte.

Para fazer o chiffonade na couve, execute os passos a seguir.

1. Separe as folhas, bem como os seguintes utensílios: centrífuga de folhas ou papel absorvente, faca de cozinha, tábua.
2. Higienize e seque as folhas.
3. Procure tirar com a faca o talo mais grosso das folhas.

4. Pegue uma folha e a enrole em si mesma.

5. Com a faca, de cima para baixo, faça cortes de aproximadamente 1 mm de espessura. Lembre-se da posição de garra na mão que segura o alimento.
6. Repita o procedimento em todas as folhas.

OBSERVAÇÕES

Tanto no chiffonade como no picado areia (ver página 64) recomendamos secar bem as folhas (com centrífuga de folhas, por exemplo) antes do corte, para evitar que o vegetal desprenda líquidos.

Em restaurantes é comum a utilização de processadores (na função fatiadora) para fazer o chiffonade em grandes quantidades de vegetais folhosos.

PICADO AREIA

Este corte é usado principalmente em ervas aromáticas aplicadas na finalizações das produções, como salsa.

Para picar areia usando a salsa, siga os passos abaixo.

OBSERVAÇÕES

Em vez da faca de cozinha pode ser usada mezzaluna (ver página 27).

Seque a salsa picada (por exemplo, sobre papel absorvente). Esse procedimento facilita o ato de salpicar e gera um resultado estético melhor.

1. Separe as folhas, bem como os seguintes utensílios: centrífuga de folhas ou papel absorvente, faca de cozinha, tábua.
2. Higienize e seque as folhas.

3. Junte a erva e corte como se fosse fazer um chiffonade (ou seja, em tiras finas).

4. Segure a faca pelo cabo e a outra mão na ponta da lâmina, e faça cortes em uma espécie de movimento pendular.
5. Repita esse processo até que esteja finamente picada.

Acima, à esquerda, cebola brunoise; acima, à direita, couve chiffonade; abaixo, à esquerda, salsa picada areia; abaixo, à direita, cenoura julienne.

Despelar (pimentão)

Para despelar pimentões, higienize cada unidade, retire o pedúnculo e as sementes (com uma faca de legumes) e, então, execute os passos a seguir.

SOBRE A CHAMA
1. Acenda a chama em fogo alto.
2. Coloque o pimentão em um garfo de carne com cabo comprido.
3. Leve o pimentão sobre a chama e deixe queimar a pele, girando o alimento por todos os lados.
4. Quando toda a pele estiver queimada, coloque o pimentão em um saco plástico, feche-o e deixe-o ali até que o vegetal murche.
5. Retire o pimentão do saco e raspe a pele com uma faca de legumes.

NO FORNO
1. Ligue o forno em sua temperatura máxima.
2. Coloque o pimentão em uma assadeira e leve-a ao forno.
3. Quando toda a pele estiver queimada, coloque o pimentão em um saco plástico, feche-o e deixe-o ali até que o vegetal murche.
4. Retire o pimentão do saco e raspe a pele com uma faca de legumes.

Pré-preparo de cogumelos comestíveis

Assim como os microrganismos utilizados na fermentação de pães, os cogumelos são fungos;[1] no entanto, na literatura de cozinha é comum encontrá-los dentro da família de vegetais, pois sua utilização (principalmente como guarnição) é similar à dos vegetais.

A Resolução da Comissão Nacional de Normas e Padrões para Alimentos (CNNPA) nº 12, de 1978, descreve:

> Os cogumelos comestíveis são constituídos por carpóforos não inteiramente desenvolvidos (botões) cortados pela base (não arrancados): são consistentes, isentos de manchas ou de marcas de parasitos e isentos da maior parte de matéria terrosa. Não podem apresentar-se fermentados e, quando lavados, não devem apresentar odores estranhos. (CNNPA, 1978)

Mesmo passando por processos de higienização ou branqueamento (ver página 173), é comum haver resíduos de terra ou adubo nos cogumelos comercializados. Assim, antes de serem utilizados na cozinha, precisam ser escolhidos e higienizados em água corrente, além de terem a camada superficial retirada quando necessário. É imprescindível que a água seja tratada, limpa e nunca reutilizada (GOMES & SILVIA, 2000).

O pré-preparo de cogumelos deve seguir os passos abaixo.

OBSERVAÇÃO
Existe uma crença de que não é aconselhável lavar cogumelos com água, pois eles são porosos. Porém, como são constituídos de água em sua maior parte, uma breve lavagem não interferirá na textura ou na técnica de preparo.

1. Separe os cogumelos, bem como os seguintes utensílios: faca de legumes e faca de cozinha, tábua.
2. Lave os cogumelos.

3. Para o cogumelo-de-paris, retire a pele de cima com a faca de legumes e, com a faca de cozinha, fatie.

4. Para o shimeji, desfie cada parte.

5. Para o shiitake, corte o cabo, por ser fibroso, e fatie utilizando a faca de cozinha.

---

[1] De acordo com o dicionário Houaiss (2009), designam-se como fungos os organismos do reino *Fungi*, heterotróficos, saprófagos ou parasitas, aclorofilados, uni ou pluricelulares, com estrutura principalmente filamentosa e cuja nutrição se dá por absorção. A maioria é microscópica, mas alguns tornam-se reconhecíveis por suas frutificações, como os cogumelos.

Acima, à direita, cogumelo enokitake (muito semelhante ao shimeji e com pré-preparo igual ao deste); acima, à esquerda, shiitake; abaixo, à direita, shimeji; abaixo, à esquerda, cogumelo-de-paris.

CAPÍTULO 4
Pré-preparo de proteínas de origem animal

As proteínas são encontradas em alimentos de origem vegetal e animal. As de origem animal são consideradas proteínas de alto valor biológico, pois possuem em sua composição quantidade e qualidade de aminoácidos essenciais e parcialmente essenciais ao funcionamento do organismo humano.

As proteínas de origem animal mais comumente consumidas são: bovina, suína, ovina, de caprinos, de aves, de caça, de pescados (peixes e frutos do mar) e de ovos. Cada uma delas possui diferentes características quanto a composição biológica, sabor e textura, bem como maneiras distintas de serem trabalhadas, desde o armazenamento até o tipo de corte. O ideal é que esse tipo de proteína seja trabalhado e servido o mais fresco possível, para que mantenha melhor qualidade nutricional, além de aroma e sabor. Quando utilizadas congeladas, a correta forma de descongelamento e a observação do prazo de validade ajudam a manter a qualidade e contribuem para a segurança microbiológica do alimento.

Limpeza da proteína animal

Muito se discute sobre lavagem de carnes, sob a alegação de tirar mau cheiro e sujeiras, retirar o sangue, evitar contaminação. No entanto, não devemos lavar a carne, pelas razões apresentadas a seguir.

- Carnes com mau cheiro podem ser sinal de alimento estragado, que não deve ser utilizado.
- Ao lavar a peça, nem sempre temos certificação da qualidade da água, e esta pode contaminar a carne.
- Quando lavadas, as carnes perdem coloração, pois seu líquido é eliminado (o que, por sua vez, leva a perderem nutrientes).
- Lavar não é garantia de retirada de microrganismos, e sim a cocção.
- Caso as carnes estejam com alguma sujeira dos abates, desde que esta não tenha contaminado o alimento, deve ser retirada com a faca (cortando ou raspando a peça).

Bovinos

Os cortes de carne bovina no Brasil foram estabelecidos a partir da estrutura de cada músculo, levando em consideração fibras, gorduras, tendões e ossos.

Os nomes de cada corte podem variar entre os estados brasileiros, mas todos seguem o mesmo padrão em sua localização.

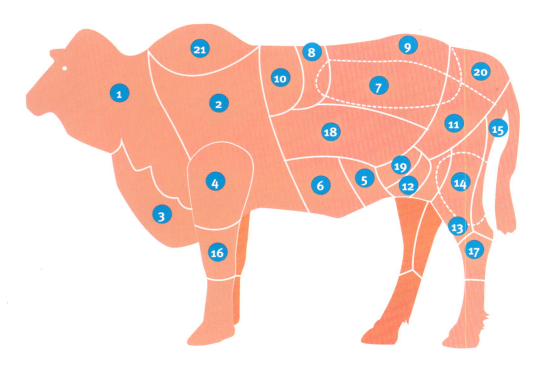

1. Pescoço
2. Acém
3. Peito
4. Paleta
5. Fraldinha
6. Ponta de agulha
7. Filé-mignon
8. Costela
9. Contrafilé
10. Capa de filé
11. Alcatra
12. Patinho
13. Coxão duro
14. Coxão mole
15. Lagarto
16. Músculo
17. Músculo
18. Aba de filé
19. Maminha
20. Picanha
21. Cupim

Para escolher o corte bovino para cada tipo de preparação, é importante levar em consideração alguns aspectos, que apresentamos a seguir.

> **OBSERVAÇÃO**
> Para compreender melhor a relação entre a hiper ou hipotrofia muscular do animal e a textura final da carne, basta fazer uma associação com a musculatura humana: quanto mais exercitamos os músculos, mais rígidos eles tendem a ficar. Assim, se a carne do animal que será consumida for muito exercitada, ela também tenderá a ser mais rija. Isso pode ser efeito do local de pastagem e é ainda mais acentuado em animais mais velhos, que contam com uma maior produção de tecidos conjuntivos em seus músculos em função da idade.

- **Idade e alimentação do animal:** bovinos mais jovens possuem menos tecido conectivo e tendem a ter a musculatura mais macia, pois foram menos exercitados. A alimentação influencia a textura da carne e também pode interferir no sabor (como ocorre, por exemplo, com gados que se alimentam somente de rações ou pasto de baixa qualidade). A carne de melhor qualidade tende a ser mais avermelhada e ter mais sabor do suco após a cocção. Por isso, é importante saber a procedência do produto a ser comprado.
- **Harmonia entre músculo e tecidos conjuntivos:** é comum a utilização das expressões "carne de primeira" e "carne de segunda". Essa divisão ocorreu principalmente para definir características gerais do corte e não para descrever a qualidade (melhor/pior). Os cortes chamados de "primeira", geralmente mais caros, possuem menos tecidos conjuntivos, fibras musculares mais macias, marmorização (gordura presente entre as fibras musculares) ou ainda capa de gordura externa. Já os cortes "de segunda" geralmente apresentam fibras musculares mais rijas, maior quantidade de tecido conjuntivo e também podem entremear ossos. O cozinheiro profissional deve compreender a composição e as características de cada corte e, assim, definir a melhor forma de prepará-lo, aproveitando e respeitando suas características originais (ver página 72).
- **Tipos:** a carne bovina pode ser encontrada para o consumo em diferentes formas, as quais têm impacto em sua preparação.
  - » **Carne maturada:** peças inteiras ou em cortes, geralmente penduradas/armazenadas em local com temperatura controlada para obter maior maciez e sabor.
  - » **Carne de vitelo (novilho precoce):** vem de machos abatidos ao nascerem. Os vitelos possuem a carne rosada e macia, pois ainda não foi exercitada. O processo de abate e corte das peças é igual ao dos outros bovinos, porém nas preparações é possível ver que a carne possui menor quantidade de gordura, razão pela qual não são necessárias cocções longas. O preço é maior pois seu peso é pequeno em relação ao de um animal adulto.
- **Raças e tratamentos:** as carnes da raça Angus possuem coloração mais avermelhada e textura macia. Alguns gados recebem tratamentos especiais para que sua musculatura possua uma maciez ainda maior, como é o caso da raça Kobe, gado japonês que tem tratamento de luxo com saquê e massagens.

Alguns procedimentos comuns no pré-preparo das carnes bovinas são:
- retirar o excesso de gordura;
- retirar tendões;
- desossar.

LIMPEZA DE CARNE BOVINA (NO EXEMPLO, FILÉ-MIGNON)

1. Separe a carne, bem como os seguintes utensílios: facas de cozinha, tábua.

2. Acomode a peça sobre a tábua, e com a faca retire o cordão.

3. Retire o "espelho" da carne.

4. Retire o excesso de gordura.

5. Deixe a peça limpa e sem imperfeições.
6. Corte-a em porções, conforme os seguintes tipos: medalhão, escalope, chateaubriand (pronúncia: "chatobrian"), émincé.

7. Corte as duas partes das pontas da peça, deixando o meio com padrão circular.

8. Para cortar o medalhão, meça aproximadamente 2 dedos da peça (120 g a 150 g aproximadamente).

9. Para cortar o escalope, meça aproximadamente um dedo da peça (60 g a 80 g aproximadamente).

Da esquerda para a direita: chateaubriand, tornedor, medalhão, escalope, émincé.

10. Para cortar o tornedor, meça aproximadamente 4 dedos da peça (250 g a 300 g aproximadamente).

11. Para cortar o chateaubriand, meça aproximadamente 5 dedos da peça (350 g a 400 g).

12. Para fazer o émincé, é comum utilizar as pontas (cabeça e rabo) e cortar em tiras.

13. Corte as tiras em pequenos cubos.
14. Utilize para diferentes produções.

OBSERVAÇÕES

Utilize luva de malha de aço, que faz parte dos equipamentos de proteção individual dos profissionais de cozinha. Esse item deve sempre ficar na mão que segura o alimento, para protegê-la de possíveis desvios da faca. A luva de aço é usada, principalmente, no corte dos alimentos mais fibrosos.

O espelho é a membrana localizada em cima do filé-mignon responsável pela ligação da carne ao animal.

FAZER BIFES EM TIRAS (NO EXEMPLO, PICANHA)

1. Separe a carne já limpa, bem como os seguintes utensílios: faca de cozinha, tábua.

2. Sobre a tábua, corte com a faca fatias de mesma espessura.
3. Utilize o bife para diferentes preparações.

FAZER BIFES BATIDOS (NO EXEMPLO, FILÉ-MIGNON)

Algumas carnes, ao serem cortadas, ficam em tamanhos sem padrão, o que pode dificultar a cocção por terem uma espessura grande e/ou irregular. Para manter tamanhos homogêneos e que facilitem o cozimento, é possível fazer bifes e bater as carnes para modelá-las. Esse procedimento também pode ser utilizado para romper algumas fibras musculares, o que tornará a carne menos rija. Além disso, amenizará a ação da contração das fibras durante a cocção, mantendo o formato original do bife. Geralmente, esta técnica é utilizada em carnes bovinas, suínas e de aves.

1. Separe a carne, bem como os seguintes utensílios: martelo de carne, plástico grosso, tábua.

2. Coloque a carne sobre a tábua e a cubra com o plástico.

3. Bata com martelo.
4. Utilize o bife para diferentes preparações.

OBSERVAÇÃO
O plástico sobre a carne tem o objetivo de evitar que a carne se despedace.

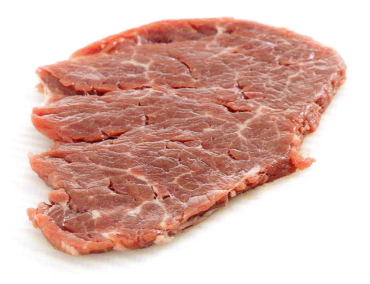

PRÉ-PREPARO DE PROTEÍNAS DE ORIGEM ANIMAL

MOER

O processo de moer carnes tem o objetivo de fragmentar a peça em pequenos pedaços modeláveis (para polpetone, hambúrguer e almôndega). A carne moída pode servir de recheio em massas e ser utilizada em terrines e molhos.

Para esse resultado, podemos utilizar alguns equipamentos próprios para moer (elétricos ou manuais), processador de alimentos (geralmente, na função pulsar) ou mesmo faca. Neste caso, primeiro cortamos a carne em pequenos pedaços; depois, fazemos o movimento pendular citado no picado areia (ver página 64), para "moer" a carne. Esse procedimento é conhecido também como "carne batida na faca".

Em todo o processo de moagem, assegure que o recipiente que acomoda a carne esteja resfriado.

Alguns cozinheiros têm o costume de moer duas vezes a carne. Esse processo, que a deixa em pedaços ainda menores, visa garantir que não fique nenhuma parte mais dura no produto. No preparo de hambúrguer, a moagem dupla facilita a modelagem. Porém, em casos nos quais a carne não tem muita gordura, moê-la duas vezes pode gerar um resultado negativo, conferindo ao alimento um aspecto e uma textura excessivamente processados.

OBSERVAÇÃO
A carne batida é muito usada no steak tartare.

LARDEAR E BARDEAR

Lardear consiste em inserir na carne pedaços de bacon, lardo ou toucinho para prover gordura e aprimorar o sabor de cortes mais magros. Bardear é a técnica de envolver pedaços de carne com gordura. O objetivo é contribuir para o sabor e reduzir a perda de umidade durante a cocção.

Para lardear, com uma faca fina e pontiaguda (por exemplo, de desossa ou de legumes) fazemos uma inserção na carne em toda a sua extensão e depois inserimos a gordura. Existe também um utensílio específico, que possui uma ponta fina (como uma agulha) e do outro lado um "pegador" – assim, o alimento consegue ser "permeado" pelo utensílio, facilitando o processo.

Lardear e bardear também podem ser consideradas técnicas auxiliares de cocção, pois agregam sabor, cor e textura (ver página 162).

OBSERVAÇÃO
O medalhão de frango é um exemplo bastante conhecido do processo de bardear, que agrega sabor e umidade à carne da ave.

À esquerda, medalhão com a técnica de bardear. À direita, torneador lardeado.

Suínos

Ainda hoje existe muito receio sobre a utilização da carne suína. Isso se deve, principalmente, aos relatos de contaminação por cisticercose em criações caseiras, em más condições de higiene e sem fiscalização. Atualmente, a produção desses animais segue rígidas normas higiênico-sanitárias, para garantir a qualidade da carne comercializada. Assim como qualquer carne, é importante verificar se o fornecedor possui certificação de qualidade emitida pela Anvisa. Além disso, a cocção precisa ser adequada (o centro da carne precisa ser cozido a uma temperatura superior a 65 °C).

A anatomia suína é simples, e existem poucas divisões.

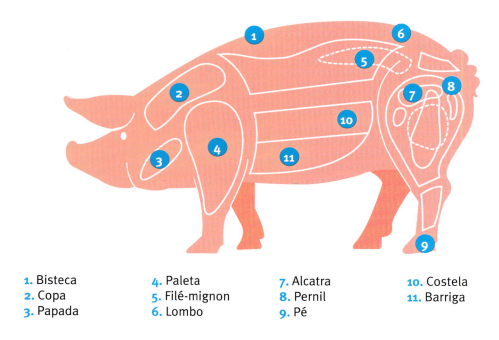

1. Bisteca
2. Copa
3. Papada
4. Paleta
5. Filé-mignon
6. Lombo
7. Alcatra
8. Pernil
9. Pé
10. Costela
11. Barriga

A lógica sobre os tipos de cortes das carnes suínas e sua relação com textura e composição é a mesma da carne bovina.

Alguns procedimentos comuns no pré-preparo das carnes suínas são:
- retirar o excesso de gordura;
- porcionar conforme as preparações;
- desossar.

PRÉ-PREPARO DE COSTELA E DE PERNIL SUÍNO

1. Separe as peças a serem utilizadas, bem como os seguintes utensílios: faca de cozinha, faca de desossa, tábua.

2. Para a costela, sobre a tábua corte as ripas em pedaços próximos a cada osso.

3. Para a desossa do pernil, passe a faca de desossa rente ao osso, iniciando pela parte que possui mais carne.

4. Continue com a faca até retirar o osso completamente.
5. Utilize para diferentes produções.

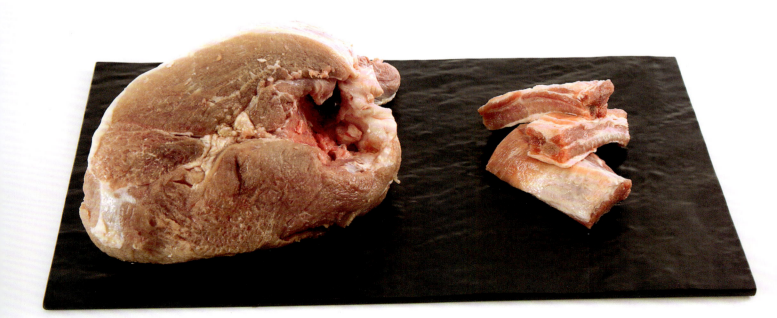

Pescados

Pescados são as proteínas de origem animal encontradas em área marítima e área fluvial, divididas na cozinha entre peixes e frutos do mar. A extensão e as características demográficas do Brasil fazem com que cada região tenha um perfil próprio de consumo de determinados grupos alimentares. Os pescados são um bom exemplo dessa diferença: pesquisa realizada pelo Instituto Brasileiro de Geografia e Estatística (IBGE) em 2010 apontou que a média nacional de consumo de pescados era de aproximadamente 4 kg/pessoa por ano. Na região Norte, essa relação era de 17,5 kg/pessoa por ano; no Nordeste, de 4,9 kg/pessoa por ano; nas regiões Sudeste, Sul e Centro-Oeste, inferior a 2 kg/pessoa por ano.

PEIXES

O consumo de peixes vem sendo cada vez mais incentivado, pois são ricos em aminoácidos essenciais e parcialmente essenciais (como em outras proteínas de origem animal), e muitas espécies possuem baixo teor de gordura saturada em relação à carne bovina. Além disso, podem ser fonte de ácidos graxos do tipo ômega 3, que é um tipo de gordura relacionada com a diminuição de diversos marcadores de risco para doenças cardiovasculares, processos inflamatórios e resistência insulínica (presente na diabetes tipo 2 e na síndrome metabólica, por exemplo).

Algumas características que devem ser observadas no recebimento e na escolha dos peixes são:

1. Cheiro fresco e agradável;
2. Pele umedecida e olhos salientes e úmidos;
3. Guelras com cores vivas;
4. Carne com textura que se mostre firme ao ser tocada e que, quando pressionada, retorne de imediato;
5. Escamas fortes e com brilho.

De forma geral, os peixes possuem semelhança em sua anatomia, o que facilita a limpeza e o pré-preparo necessários.

Os cortes de peixes são divididos de acordo com a estrutura, que pode ser de dois tipos principais:
- **redondos:** categoria em que se enquadra a maioria dos peixes usados na cozinha profissional, dos quais são retirados dois filés. A carne retirada pode estar presa por espinhas e envolta em pele e escamas, com algumas exceções. Por isso, é necessário ter cuidado especialmente no momento da limpeza da carne;
- **achatados:** categoria de peixes em que é possível retirar quatros filés (dois maiores da parte superior e dois menores da parte inferior). Um exemplo é o linguado.

PRÉ-PREPARO DE PEIXE REDONDO

Evisceração (no exemplo, pescada)

1. Separe o peixe a ser utilizado, bem como os seguintes utensílios: escova de escamas, faca de cozinha ou faca de desossa, tábua.
2. Posicione o peixe sobre a tábua e passe uma escova de escamas nas duas laterais.

3. Abra a parte inferior do peixe passando a faca da cabeça até a nadadeira inferior.

4. Corte as nadadeiras laterais.

5. Retire as vísceras.

Para fazer postas (no exemplo, pescada)

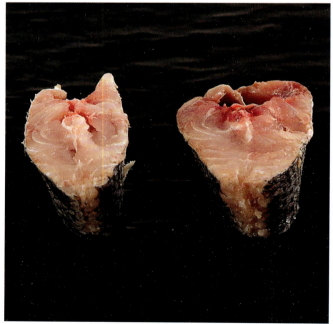

1. Separe o peixe a ser utilizado, bem como os seguintes utensílios: faca de cozinha, tábua.
2. Com a faca, corte a cabeça e a cauda.

3. Corte na lateral com a medida aproximada de 2 dedos.
4. Utilize para diferentes produções.

Para fazer filés (no exemplo, salmão)

1. Separe o peixe a ser utilizado, bem como os seguintes utensílios: faca de cozinha, pinça de peixe, tábua.

2. Passe a faca entre o filé e a cabeça.

4. Execute esse processo até a cauda.

3. Passe a faca entre o peixe e a espinha, quebrando-a.

6. Com a pinça de peixe, retire as espinhas do filé (o salmão tem 32 espinhas). Nesse processo, passe delicadamente a mão sobre o peixe para ir levantando a ponta das espinhas.

8. Corte em filé, com espessura de 3 dedos aproximadamente.
9. Utilize para diferentes produções.

5. Com a faca, retire as gorduras em excesso do filé.

7. Para a retirada da pele, coloque a faca entre a pele e o filé.

Para fazer sashimi (no exemplo, salmão)

1. Separe o peixe a ser utilizado, bem como os seguintes utensílios: faca de sashimi, tábua.

2. Retire as laterais e corte o meio, a parte mais alta do filé.

3. Corte-o em pequenas fatias.

OBSERVAÇÃO
A faca de sashimi possui corte somente de um lado, evitando que a peça perca estrutura no processo.

PRÉ-PREPARO DE FILÉ DE PEIXE ACHATADO (NO EXEMPLO, LINGUADO)

1. Separe o peixe a ser utilizado, bem como os seguintes utensílios: faca de cozinha, tábua.

3. Faça um corte ao meio, para divisão dos filés, a partir da cabeça.

7. Para a retirada da pele, coloque a faca entre a pele e o filé.
8. Repita o processo até obter os quatro filés limpos.
9. Utilize para diferentes produções.

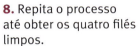
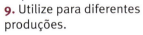

5. Prossiga até a retirada completa do filé.
6. Repita no outro lado até obter os quatro filés.

2. Com a faca, faça um corte em toda a extensão próxima à cabeça, para facilitar a posterior retirada dos filés.

4. Passe a faca entre o filé e a espinha.

FRUTOS DO MAR

Assim como ocorre com os peixes, os frutos do mar têm um consumo relativamente baixo pela população, principalmente em razão do alto valor comercial e do fato de nem sempre ser possível encontrá-los em todos os períodos do ano.

Eles também são classificados de acordo com a estrutura:

- **moluscos:** são aqueles protegidos por conchas, como a ostra e o mexilhão (foto abaixo);
- **crustáceos:** possuem uma estrutura externa, algumas vezes interligada por uma concha. Exemplos são lagostas, camarões e siris;
- **cefalópodes:** possuem tentáculos ligados à cabeça. Por exemplo, lula e polvo.

Alguns cuidados devem ser tomados na escolha dos frutos do mar, visto que sua comercialização nem sempre é tão fácil em razão da logística de entrega. De uma forma geral, devem ser aplicadas as mesmas recomendações relativas aos peixes (cheiro, textura, coloração). O cheiro deve ser de produto fresco, a textura precisa ser firme, e a cor deve estar viva. No caso dos moluscos, devem estar com a concha fechada.

Por possuírem características diferentes em sua estrutura, os frutos do mar demandam diferentes formas de pré-preparo. No entanto, a característica principal é a retirada das cascas, conchas e caudas.

OBSERVAÇÃO
Em algumas produções, a cauda do camarão é mantida. Um exemplo são as frituras com massa líquida comuns da cozinha oriental.

Da esquerda para a direita: camarão, lagostim, lula, polvo e mexilhão.

LIMPEZA DO CAMARÃO

1. Separe os camarões a serem utilizados, bem como os seguintes utensílios: faca de legumes, tábua.

2. Retire a cabeça, puxando com os dedos ou cortando com uma faca.

3. Retire a casca da parte superior.

4. Com uma faca de legumes, corte as costas para a retirada das vísceras. Nos camarões maiores, como o rosa, é possível retirar a parte inferior da mesma forma. Se necessário, utilize um palito de dente que ajude a puxar essa linha inferior sem arrebentar a estrutura do camarão.

5. Utilize o camarão para diferentes preparações.

LIMPEZA DE LAGOSTIM/LAGOSTA

1. Separe o lagostim ou a lagosta a serem utilizados, bem como os seguintes utensílios: faca de legumes, tábua.

2. Retire a cabeça, puxando com os dedos ou cortando com a faca de legumes.

3. Retire a casca superior com uma tesoura de cozinha.
4. Retire as vísceras da mesma forma descrita na limpeza do camarão.
5. Utilize para diferentes produções.

LIMPEZA DA LULA

1. Separe a lula a ser utilizada, bem como os seguintes utensílios: faca de cozinha, tábua.

3. Sobre a tábua, separe a cabeça dos tentáculos com o auxílio da faca.

4. Retire as cartilagens dos tentáculos e da parte interna.

5. Retire a pele com o auxílio da faca ou puxando com a mão.
6. Utilize para diferentes produções.

2. Puxe as vísceras.

92   MANUAL PRÁTICO DE COZINHA SENAC

LIMPEZA DO POLVO

1. Separe o polvo a ser utilizado, bem como os seguintes utensílios: faca de cozinha, tábua.

2. Separe a cabeça dos tentáculos com o auxílio da faca.

4. Corte os tentáculos, separando-os individualmente.

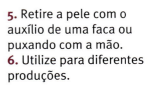

3. Vire os tentáculos para retirar a cartilagem localizada na área central.

5. Retire a pele com o auxílio de uma faca ou puxando com a mão.
6. Utilize para diferentes produções.

LIMPEZA DE MEXILHÃO

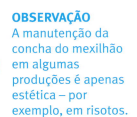

OBSERVAÇÃO
A manutenção da concha do mexilhão em algumas produções é apenas estética – por exemplo, em risotos.

1. Separe o mexilhão a ser utilizado, bem como o seguinte utensílio: faca de legumes.

3. Com o auxílio da faca, raspe a parte externa da concha, para tirar sujeiras.

4. Também com a faca, abra a concha.
5. Utilize para diferentes produções.

2. Retire as sujeiras com a faca ou puxando-as.

MANUAL PRÁTICO DE COZINHA SENAC

LIMPEZA DE OSTRA

1. Separe a ostra a ser utilizada, bem como o seguinte utensílio: faca de ostra.

3. Utilize para diferentes produções.

2. Abra a concha com a faca.

Aves

Diversos tipos de aves possuem carnes comestíveis, e a mais consumida é a de frango. A estrutura das aves é muito parecida; o que muda de uma para outra é o sabor da carne.

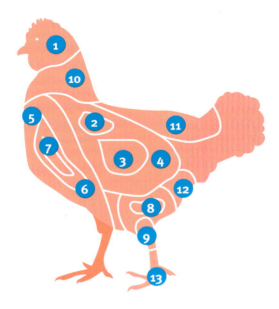

1. Cabeça
2. Coxinha da asa (drumet)
3. Meio da asa
4. Asa
5. Peito
6. Filé de peito
7. Filezinho (sassami)
8. Sobrecoxa
9. Coxa
10. Pescoço
11. Dorso
12. Sambiquira
13. Pé

O grande consumo da carne de frango se deve ao baixo custo em relação ao das outras proteínas de origem animal. Esse custo mais baixo tem relação com a menor complexidade de produção, já que a indústria consegue monitorar de perto o crescimento das aves. Além disso, a associação da carne branca com um cardápio mais leve promove esse consumo elevado.

Os que buscam uma alimentação mais saudável costumam também optar pelo frango caipira, criado ao ar livre e sem ração, ou pelo frango orgânico (livre de antibióticos).

Para uma carne mais macia, é possível comprar o galeto, conhecido como "frango precoce". O abate mais cedo, embora confira maciez, acarreta um produto de tamanho menor. Por essa razão, recomendamos usar o galeto inteiro na cocção, pois a estrutura pequena dificulta a desossa.

Além do galeto, devem ser cozidas inteiras outras aves menores, como codorna e pombo. Dessa forma, evita-se o ressecamento da carne. Aves maiores, como pato, faisão e peru, facilitam a desossa e permitem a cocção por diversas maneiras, dependendo da parte a ser utilizada.

Acima, pato inteiro;
à esquerda, frango inteiro;
à direita, galeto inteiro.

DESOSSAR

A desossa das aves é muito semelhante entre as diversas espécies: as partes são separadas nas juntas, e os excessos de gordura são retirados.

1. Separe a ave a ser utilizada, bem como os seguintes utensílios: faca de desossa, tábua.

2. Com a faca, corte a asinha na junta.

4. Coloque a mão entre o peito e o osso, para que possa se soltar totalmente.

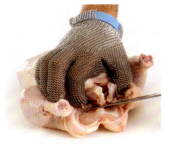

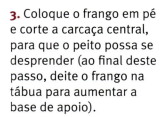

5. Coloque novamente o frango em pé, e com a faca solte o restante da carcaça que tenha ficado preso.

3. Coloque o frango em pé e corte a carcaça central, para que o peito possa se desprender (ao final deste passo, deite o frango na tábua para aumentar a base de apoio).

6. Corte a carne rente ao osso da coxa e da sobrecoxa até soltar o osso completamente.
7. Utilize para diferentes produções.

CORTAR NAS JUNTAS

1. Separe a ave a ser utilizada, bem como os seguintes utensílios: faca de cozinha, tábua.

2. Abra as coxas, quebrando o osso.

4. Detecte a parte central da carcaça, na qual fica o peito com a asinha, e passe a faca rente ao osso.

OBSERVAÇÕES
Os miúdos do frango vêm acondicionados em um saco plástico colocado na parte interna da ave quando esta é comprada inteira.

Os mesmos cortes feitos no frango podem ser realizados no galeto, como, por exemplo, à passarinho.

3. Com a faca, corte a coxa com a sobrecoxa, separando-as da estrutura da ave.

5. Repita o processo do outro lado.

6. Separe a asa do peito.
7. Utilize para diferentes produções.

PRÉ-PREPARO DE PROTEÍNAS DE ORIGEM ANIMAL

CORTAR À PASSARINHO

Os cortes à passarinho compreendem pequenos pedaços cortados com a carcaça. No passo a passo, usamos faca de cozinha e luva de malha de aço.

1. Separe a ave a ser utilizada, bem como os seguintes utensílios: faca de cozinha, tábua.

2. Com a faca, corte-a ao meio.

3. Pegue um lado e separe, do peito, a coxa com a sobrecoxa e a asa.

5. Corte a asa ao meio.

4. Com a faca, corte o peito com a carcaça em pequenos pedaços.

6. Separe a sobrecoxa da coxa e corte-a ao meio.
7. Utilize para diferentes produções.

AMARRAR

Na elaboração de aves recheadas, é recomendado amarrá-las, a fim de que o recheio não saia durante o preparo. Além disso, esse procedimento evita que, durante o processo de cocção (em que ocorre perda de líquidos), a ave perca estrutura e "desmonte".

Para amarrar, execute os passos abaixo.

1. Separe a ave a ser utilizada, bem com os seguintes utensílios: barbante, tábua.

2. Passe a linha em volta de uma das coxas da ave e amarre.

3. Puxe a outra coxa da ave e passe a linha, amarrando as duas.

4. Com a mesma linha, dê a volta sobre a ave, amarrando-a às duas asas encostadas ao peito.

5. Para a cocção, dê preferência à parte do peito para cima.

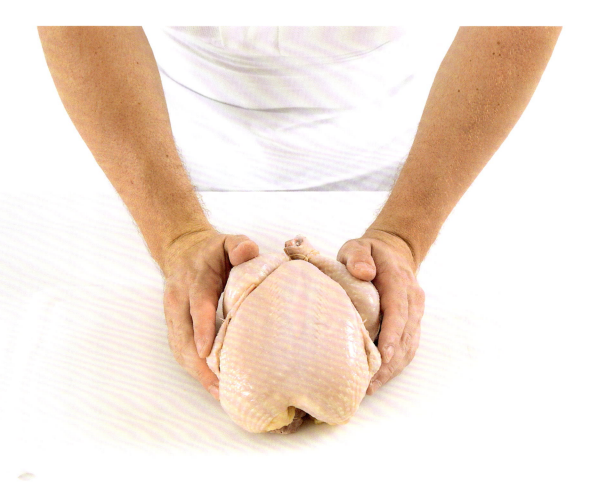

PRÉ-PREPARO DE PROTEÍNAS DE ORIGEM ANIMAL

Ovo

Os ovos são proteínas de origem animal formadas por gema (composta principalmente por proteínas, gorduras, vitaminas e minerais) e clara (composta basicamente por proteínas e minerais). São utilizados em diversas áreas da cozinha (quente e fria), da confeitaria e da panificação.

A coloração da casca dos ovos é distinta em função da raça da galinha. Não existem diferenças em sua composição ou na função que exerce em uma produção. No caso da gema, a coloração mais ou menos intensa geralmente está associada ao tipo de alimento consumido pelas aves.

O pré-preparo dos ovos é relativamente simples quando comparado ao de outras proteínas animais, já que os principais procedimentos estão relacionados à qualidade. São eles:

- verificar a integridade da cascas dos ovos no momento do recebimento (elas não devem estar rachadas ou sujas);
- verificar sempre o prazo de validade (que deverá estar informado na embalagem original e ser repassado à nova embalagem caso haja tal mudança);
- quebrar os ovos um a um no momento da utilização, em um recipiente à parte. Assim, é possível checar a qualidade (frescor, cheiro e coloração) de cada um antes de incluí-lo aos demais ingredientes. Esse procedimento diminui os riscos de contaminação, pois, caso haja algum ovo estragado, pode ser descartado.

> **OBSERVAÇÃO**
> Uma forma de verificar as condições do ovo é colocá-lo em um recipiente com água fria. Caso flutue, isso significa que está velho; caso afunde, está fresco.

Na cozinha profissional ou industrial, é recomendada a utilização de ovo pasteurizado ou em pó. Esses produtos são considerados mais seguros do ponto de vista microbiológico em relação os ovos in natura, além de facilitarem o armazenamento.

Os ovos pasteurizados são aquecidos por temperatura controlada, para evitar a contaminação por salmonela e outras doenças transmitidas por alimentos. É possível comprar clara e gema separados ou o ovo inteiro.

Os ovos em pó passam por processo de desidratação e trazem a mesma segurança alimentar dos pasteurizados. Os benefícios são menor custo, maior durabilidade e menor espaço de armazenamento. Também é possível comprar clara e gema separadas ou o ovo inteiro. Os ovos em pó podem ser reidratados para serem utilizados, mas em algumas situações entram no preparo junto com outros ingredientes secos (como farinha, por exemplo).

CAPÍTULO 5
Outros pré-preparos

Aromáticos

Os aromáticos são produções que possuem moléculas voláteis, as quais contribuem para a formação do sabor de uma preparação. Na cozinha, é comum serem incluídos por infusão em meios líquidos (água, leite, vinho, etc.) e retirados ao final. Por exemplo, sachet d'épices (pronúncia: "sachê depice"), bouquet garni (pronúncia: "buquê garni"), cebola piqué ou mesmo a folha de louro muitas vezes presente no tradicional arroz branco.

As guarnições ou bases aromáticas também entram na classificação dos aromáticos, porém não são desprezadas ao final da preparação. Como exemplo, temos o mirepoix e a cebola em conjunto com o alho (muito utilizados na cozinha brasileira), entre outros. Alguns aromáticos da cozinha clássica necessitam ser preparados com antecedência para estarem prontos no momento de sua utilização.

OBSERVAÇÃO
Os fundos e caldos, embora sejam conhecidos como bases culinárias por terem inúmeras utilizações na cozinha (ver páginas 199 e 207), também podem ser considerados bases aromáticas, na medida em que durante a sua preparação há a incorporação de diferentes elementos aromáticos.

BOUQUET GARNI

O bouquet garni compreende um maço de ervas aromáticas frescas, geralmente composto por uma combinação de folhas de alho-poró, louro, tomilho, salsão e salsa. Os ingredientes podem variar de acordo com a preparação.

Para a montagem, colocamos as folhas de alho-poró como base e adicionamos as outras ervas, como se fossem um buquê. Para fechar, amarramos com um barbante.

O bouquet garni deve ser utilizado em preparações de cocção longa e líquidas, para que as ervas possam liberar seu sabor. Ao final da utilização, ele é sempre descartado.

CEBOLA BRÛLÉ

Nesta produção, a cebola é cortada e dourada intensamente sobre uma superfície lisa (chapa ou sauteuse), sem a utilização de gordura. A cebola brûlé (pronúncia: "brulê") tem como objetivo agregar sabor e cor às preparações e deve ser utilizada em bases nas quais o preparo terá coloração acentuada, como fundo escuro, molho espanhol e molhos de carnes. Também chamada de "cebola caramélisé" (ou cebola caramelizada; pronúncia "caramelizê").

CEBOLA PIQUÉ

Nesta produção, alguns cravos são profundamente inseridos na cebola, na proximidade do talo (esse local dificulta a soltura dos cravos ao longo da cocção). É comum incluir uma folha de louro em algumas versões. A cebola piqué ("pronúncia: "piquê") é utilizada em preparações em infusão, para que o sabor de seus ingredientes possa permanecer após a cocção. Diferentemente da cebola caramelizada, é utilizada em preparações mais claras. Também chamada de "cebola clouté" (ou cebola cravejada).

Muitos cozinheiros utilizam a cebola piqué na elaboração do molho béchamel (pronúncia: "bechamel"), embora a receita clássica não preveja esse uso. Para quem quer utilizar, o importante a levar em conta é que, a fim de seja obtido o efeito aromático, o leite deve ser aquecido em fogo baixo por um longo tempo com a cebola piqué antes de ser posteriormente espessado para a obtenção do molho.

MIREPOIX

O mirepoix ("ou mirepoix magro") é uma mistura de vegetais – geralmente cebola, cenoura e salsão – cortados em tamanho regulares. Em alguns preparos, principalmente aqueles que envolvem carnes, é possível adicionar bacon, barriga ou bochecha de porco e presunto cru ou cozido. Este tipo que envolve gordura além dos vegetais é chamado de "mirepoix gordo".

Outra versão bastante usada na cozinha é o chamado "mirepoix branco", elaborado com 2 partes de cebola ou alho-poró e 1 parte de salsão (este também pode ser substituído por ½ parte de salsão e ½ de nabo).

A quantidade e a proporção de cada ingrediente devem ser equilibradas e harmônicas. Além disso, devem estar de acordo com a especificidade de cada preparação.

O mirepoix pode ser empregado em diversas preparações, como caldos, fundos e sopas. É também usado como "cama" na cocção de proteínas e na produção de marinadas, entre outros usos.

O principal objetivo é agregar sabor. Porém, se além de sabor for desejado que agregue cor, é necessário dourar o mirepoix em pouca gordura.

É sempre recomendável que ele entre no início das preparações, para liberar o máximo de aroma.

Da esquerda para a direita: mirepoix gordo, mirepoix magro, mirepoix branco.

SACHET D'ÉPICES

Trata-se de um "saquinho" de tecido (geralmente gaze ou outro pano fino, amarrado com barbante) contendo especiarias, ervas frescas e outros itens aromáticos. Os ingredientes mais utilizados são alho, pimenta em grão, louro, tomilho, salsa e alecrim.

Comparativo de aromáticos

Aromático	Ingredientes	Uso	Preparações mais comuns	Desprezado após o uso
Sachet d'épices	Geralmente, alho, pimenta em grão, louro, tomilho, salsa e alecrim.	No início da preparação.	Molhos, fundos, caldos, escalfados e sopas, entre outras preparações que não coadas ao final.	Sim.
Bouquet garni	Geralmente, alho-poró, louro, tomilho, salsão e salsa.	No início da preparação.	Molhos, fundos, caldos e sopas.	Sim.
Cebola brûlé	Cebola.	No início da preparação.	Molhos, fundos, caldos, escalfados e sopas escuros, geralmente de carne vermelha.	Sim.
Cebola piqué	Cebola e cravo, às vezes com adição de folha de louro.	No início da preparação.	Molhos, fundos, caldos e escalfados claros.	Sim.
Mirepoix	Geralmente, cebola, cenoura e salsão ("mirepoix magro"), às vezes com adição de bacon/barriga ou bochecha de porco/presunto ("mirepoix gordo").	No início da preparação.	Caldos, fundos, sopas, "cama" para a cocção de proteínas, marinadas.	Depende; é descartado em preparações que podem ser coadas (como um fundo, por exemplo). No entanto, é consumido em preparações nas quais funciona como "cama" na produção (por exemplo, uma carne assada).

Da esquerda para a direita, sachet d'épices, bouquet garni, cebola brûlé e cebola piqué.

Dessalgue

O processo de dessalgue tem por objetivo retirar o excesso de sal ao qual o alimento foi submetido. É comum realizar este pré-preparo em alimentos como peixes (bacalhau), carnes bovinas (carne-seca), carnes suínas (lombo, orelha, rabo, etc.) e conservas (como azeitonas ou alcaparras), entre outros.

Para o dessalgue das proteínas, é preciso submergi-las em água, a qual deve ser trocada algumas vezes após um tempo de molho. Esse tempo varia de acordo com o alimento e o tamanho de peça, mas recomendamos pelo menos 1 hora para cada troca de água. Durante o processo, o alimento deve ser mantido em refrigeração e coberto por filme plástico, para evitar contaminações físicas ou biológicas.

Como os ingredientes podem apresentar intensidade de salga diferentes, e o que irá determinar o número de trocas de água e se o alimento está pronto para utilização é o paladar de quem está elaborando a produção. Dessalgar demais pode deixar a comida sem sabor; em contrapartida, o dessalgue insuficiente compromete o resultado, por causa do excesso de sal.

No caso do bacalhau, existem indicações para que seja dessalgado com leite, a fim de que esse líquido vá hidratando o peixe. A desvantagem é o custo maior.

Em alguns casos, a água do dessalgue pode ser utilizada em outras preparações, para maior concentração de sabor (por exemplo, no cozimento de grãos secos). Mas é preciso sempre ficar atento com a quantidade de sal na produção.

Para as conservas, o dessalgue é feito da mesma forma, ou então deixamos o alimento por alguns instantes sob água corrente antes de utilizá-lo.

Em termos químicos, o dessalgue é uma transferência de massa. Ou seja, o sal presente no alimento migra para o líquido, deslocando-se do meio mais concentrado (o alimento) para o meio menos concentrado (a água). Essa transferência pode ser acelerada se utilizarmos água em temperaturas superiores à do ambiente. A água quente ou em aquecimento proporcionará uma maior migração do sal para o líquido. Por essa razão, em alguns casos é possível inclusive usar água fervente, para acelerar muito o processo. No entanto, é preciso ter em mente que essa alternativa só seria válida em um alimento no qual a fervura do dessalgue não faria diferença no resultado final (por exemplo, uma carne-seca para feijoada ou um recheio). Assim, um dessalgue acelerado com água quente não deve ser aplicado em alimentos mais delicados. É preciso levar em conta que, ao submetermos o produto em água quente, inicia-se o processo de cocção.

Reidratação

Consiste em imergir um alimento seco em água para hidratá-lo ou embebê-lo, com o intuito de facilitar a cocção e, em alguns casos, restaurar em partes as características do alimento.

No caso das leguminosas – em especial, feijões –, a reidratação também pode ser chamada de remolho. Esse processo, além auxiliar na cocção, diminui a concentração de elementos antinutricionais. A água utilizada para o remolho deve ser sempre descartada: jamais a utilize para o cozimento do feijão ou de outros alimentos.

Os tempos de remolho variam de acordo com o alimento e até entre seus subtipos. Por exemplo, os feijões fradinho, preto, carioquinha e manteiga apresentam diferentes graus de dureza. O fradinho é o mais rijo, seguido do preto, do carioquinha e do manteiga. A condição dos alimentos também exerce influência: os mais frescos são menos duros.

Na dinâmica da cozinha, a reidratação é determinada também pelo tempo de cocção que vem depois (quanto mais curta a reidratação, mais longa cocção). Cocções mais rápidas significam redução de custos com gás ou outra fonte de energia. Em contrapartida, há situações em que o cozinheiro opta por uma cocção demorada para chegar ao resultado esperado de sua produção.

Considerados esses aspectos, de maneira geral podemos ter em mente os seguintes tempos de remolho para que os alimentos possam ser cozidos em uma panela comum, dispensando o uso da panela de pressão:
- fava e grão-de-bico: 12 horas.
- ervilha e feijões: 6 horas.

> **OBSERVAÇÃO**
> Os elementos antinutricionais (como fitatos e ácido fítico, presentes nos alimentos) podem reduzir a absorção intestinal de alguns nutrientes, em especial de minerais como ferro e cálcio.

Empanamento

Neste pré-preparo, o ingrediente principal é revestido por uma camada seca ou composta de massa líquida, para que, ao ser submetido a altas temperaturas (como em frituras ou assados), o alimento seja protegido, mantendo sua suculência e seu formato original. Além disso, o processo contribui para a textura final da preparação, proporcionando uma superfície crocante. Pode ser realizado de diferentes formas e com ingredientes diversos. É possível também temperar os empanamentos com especiarias, ervas, sal e pimenta, entre outros ingredientes aromáticos.

O quadro a seguir apresenta algumas opções de combinações para o empanamento, com a sequência pela qual os alimentos devem ser cobertos.

Combinações de empanamento e sequência de cobertura	
Ingredientes	Observação
Farinha de trigo + ovo inteiro batido + farinha de rosca ou de pão.	Conhecido como "empanamento inglês" ou "padrão". Também é popularmente chamado de "milanesa".
Farinha de trigo + ovo inteiro batido + farinha de rosca ou de pão + queijo parmesão ralado.	Conhecido como "empanamento à milanesa".
Farinha de trigo + ovo inteiro batido.	Conhecido como "empanamento à doré" ("pronúncia: "dorê"). Essa expressão pode ser utilizada para o empanamento apenas na farinha de trigo.
Farinha de trigo + ovo inteiro batido, manteiga, óleo ou leite + farinha.	O resultado é semelhante ao do empanamento conhecido como "à doré". O óleo e o leite podem ser substituídos ou mesclados.
Farinha + cerveja, água ou leite (massas líquidas ou massa mole).	Na cozinha asiática, é conhecido como massa para tempura, preparação com legumes e camarões empanados em massa líquida. Também utilizado na preparação de cebola empanada, popularmente conhecida como onion rings.
Diferentes farinhas ou ingredientes.	Farinha Panko (farinha asiática mais grossa), castanhas, amendoim, nozes, pistache, gergelim, entre outros.

Da esquerda para direita: empanamento padrão, empanamento com gergelim, empanamento com farinha de pão grossa, empanamento em massa líquida.

Parte II

Métodos e técnicas de cocção

CAPÍTULO 6

Conceitos gerais de cocção de alimentos

Por que nós comemos?

Quando se pensa em alimentação hoje em dia, pensa-se em engordar, emagrecer, prevenir doenças, ganhar músculos etc. Esses termos se referem a processos bioquímicos que acontecem quando o alimento, dentro do nosso corpo, deixa de ser comida e se transforma em nutrientes.

Entretanto, para que qualquer um desses processos aconteça, o alimento precisa alcançar o corpo, e esse processo é o que chamamos de comer.

Comer é muito mais que se alimentar, nutrir-se. Comer tem uma relação intrínseca com o sabor, as memórias e o cozinhar. Quem toma um suplemento polivitamínico pode estar se nutrindo, mas sem dúvida não está comendo. Comer ultrapassa os limites da biologia. O comer é plural.

Conhecer os nutrientes foi, sem dúvida, muito importante para o desenvolvimento das ciências médicas e no curso de algumas doenças que têm relação com eles. Com isso, a comida foi sendo reduzida a nutriente: o pão francês quentinho da padaria virou carboidrato, a carne suculenta que foi cozida lentamente virou proteína, a manteiga usada na receita do bolo virou gordura saturada.

Comer tem relação com o sentar à mesa com a família, com o happy hour com os amigos, com o chá da avó quando se está doente, com o leite do seio materno para o filho recém-nascido, com o churrasco de comemoração, com o bolo de aniversário, com a ceia de Natal, entre muitos outros momentos.

O que nos direciona à comida primariamente é a fome, um sinal fisiológico e inespecífico com a intenção de preencher necessidades de nutrientes do corpo. Ela encontra diversas dificuldades no dia a dia, disputando atenção com o excesso de trabalho, com o mundo digital, com a prática de dietas restritivas, com o excesso de alimentos disponíveis em pacotes o tempo todo, entre tantos outros estímulos que nosso corpo recebe.

Ao mesmo tempo, a comida cumpre uma função de nos dar prazer por meio da sua textura, da temperatura, do seu cheiro, do seu sabor, e pelas inúmeras associações simbólicas individuais que fazemos com cada uma.

A indústria dos alimentos declara que busca facilitar o comer das pessoas, mas paradoxalmente faz uso de diversas substâncias polêmicas do ponto de vista da saúde e também da culinária – por não serem consideradas ingredientes alimentícios, promovendo um comer desassociado do cozinhar.

Preparar a comida é um ato carregado de simbolismo: cozinhar. Quando se cozinha, transforma-se o alimento em comida, ou seja, ali ele ganha seu status do tipo de comida que será: um prato principal, uma sobremesa, um complemento do café da manhã, prato salgado, prato doce, a se comer quente, ou frio, acompanhado ou sozinho, etc. Por meio das pessoas que o preparam, apresentam-se receitas sutilmente diferentes, que é a assinatura pessoal de cada indivíduo, o que as transforma em únicas.

Cozinhar não está restrito aos grandes chefs. Cozinhar tem relação com o simples cuscuz preparado com a farinha de milho para o café da manhã, até o complexo croissant e sua cuidadosa receita.

Comer começa na terra, com cuidado, com espera, com colheita. Passa pelas mãos de um cozinheiro. Então se transforma. Serve às pessoas que partilharão daquele momento. Finalmente, a comida é comida, e dentro do corpo todos os processos complicados acontecerão, mas não é por nenhum destes que o verdadeiro comer acontece, mas por tudo que veio antes.

Comemos porque o alimento fez e faz parte da nossa história de vida, individual, desde que nascemos. Comemos porque as memórias afetivas, porque as tradições culturais desde nossa família e suas raízes até a nação à qual pertencemos têm o poder de criar um jeito único de conduzir a vida. Comemos simplesmente por conta da nossa idiossincrasia, da satisfação de compartilhar um sabor delicioso ou de experimentar novas coisas.

Comer é tão essencial como respirar, só que bem mais complexo.

Cezar Vicente Jr.
Nutricionista – CRN 26.829

A transformação dos ingredientes em diferentes preparações se dá por diferentes métodos e técnicas de cocção.

Entende-se por método de cocção a forma de transferência de calor necessária para transformar determinado alimento ou uma produção. A cocção pode ocorrer por estes três métodos:

- condução (ver página 129);
- convecção (ver página 139);
- radiação (ver página 153).

Já as técnicas de cocção são definidas pelo conjunto de procedimentos necessários para chegarmos ao resultado pretendido em uma produção. Por exemplo, fritar, assar, escalfar, entre outros.

Para definir o método de cocção a ser usado, é necessário pensar nas características físicas e químicas do alimento e nos objetivos da transformação.

Como exemplo, pensemos em uma peça de carne com as seguintes descrições:

- alta presença de tecido conjuntivo;
- pouco marmorizada;
- direção uniforme das fibras musculares;
- peça única pesando 800 g.

Pelos atributos desse alimento, é importante que a transferência de calor seja prolongada, com temperatura branda e controlada (já que o tecido conjuntivo necessita desse cozimento para que haja desnaturação). Assim, um método que pode ser utilizado neste caso é o de convecção.

Uma vez definido o método de cocção, é importante pensar sobre quais são as características que se pretendem obter na produção final, ou seja, na textura, na coloração, nos aromas e sabores, nas guarnições (como molhos, aromáticos) e na apresentação.

Prosseguindo no exemplo anterior da carne, as seguintes características finais são desejadas:

- peça cozida por inteira ao ponto, dourada externamente;
- facilidade para fatiar sem desfiar;
- molho espesso resultante do cozimento.

Para que esse resultado seja alcançado por convecção, poderia ser indicada a técnica de brasear (ver página 147). Ou seja, ao fazer um braseado, respeitando etapas e procedimentos, é possível obter as características finais desejadas para a carne.

Conforme você avançar neste livro, verá que, ao ser utilizada uma técnica de cocção, poderá acontecer de diferentes métodos de cocção estarem envolvidos. O que definirá o método será a forma predominante de transferência de calor empregada; ou seja, o método que tiver sido mais importante para a transformação do alimento.

Sobre o escurecimento dos alimentos

Antes de prosseguirmos sobre os métodos e técnicas, vale conhecer um pouco mais sobre o processo de escurecimento de alimentos.

Existem dois tipos:

- **escurecimento enzimático:** causado por proteínas especiais conhecidas como enzimas;
- **escurecimento não enzimático:** independente das enzimas.

O escurecimento enzimático é o que observamos em batata, maçã, abacate, por exemplo. Esse escurecimento depende de enzimas e outros componentes que já existem nos alimentos e do oxigênio presente na atmosfera. As enzimas são muito sensíveis ao calor e à mudança de pH, por isso o simples ato de mergulhar maçãs em solução contendo suco de limão já é suficiente para que as enzimas não consigam trabalhar, evitando que o alimento escureça. Outra maneira de evitar esse escurecimento é impedir ou diminuir o contato de oxigênio com o alimento: por exemplo, embalando-o a vácuo ou mergulhando alimentos cortados (como a batata) em água.

O segundo método de escurecimento, o não enzimático, compreende a chamada reação de Maillard e a caramelização.

A caramelização pode ocorrer sem qualquer adição de água, ou seja, com açúcar puro. A sacarose pura, aquecida diretamente, funde (derrete) a 160 °C aproximadamente, torna-se amarela e, depois, marrom-clara. Nesse ponto pode-se adicionar água (para preparo de caldas) ou leite (para preparo de leite caramelizado). Em decorrência desse processo, temos alteração de cor, aroma, sabor e textura em relação à sacarose pura. Caso o aquecimento prossiga, ocorre a carbonização (ou queima), o que traz gosto amargo e desagradável ao alimento.

Já a reação de Maillard (pronúncia: "maiar") é uma reação química que ocorre quando aminoácidos e carboidratos se encontram e interagem, formando compostos escuros e liberando sabor e aroma. Essa reação pode ocorrer com presença de calor ou não. Um exemplo é o leite em pó: com o tempo, ele começa a escurecer. O peixe seco também escurece com tempo. O calor da cocção apenas acelera o processo. Os alimentos em geral contêm tanto carboidratos como proteína. Em algumas receitas, como pães e tortas, intensificamos o processo pincelando ovo batido (que, com o calor, confere ao alimento aquela cobertura dourada). Mas mesmo um pedaço de carne contém carboidratos – e essa é a razão pela qual se forma o dourado ao redor da peça quando submetida à cocção. A reação de Maillard é um dos principais componentes formadores de sabor no processo de cozer alimentos.

Sobre as gorduras

A gordura é um elemento presente em quase todas as técnicas de cocção, seja atuando internamente no alimento (quando faz parte da composição deste), seja como ingrediente que é colocado para facilitar o cozimento, seja como item para agregar sabor.

As gorduras, ou lipídeos, são substâncias graxas de origem animal (por exemplo, manteiga e banha de porco) ou de origem vegetal (por exemplo, azeite, óleos e gorduras "hidrogenadas"). As características das diferentes gorduras determinam seu uso na cozinha.

BANHA DE PORCO

Esta gordura de origem animal foi muito utilizada como meio de conservação dos alimentos antes da evolução dos equipamentos de refrigeração. Mais recentemente, voltou a ser empregada como elemento para agregar sabor. Nas massas quebradiças (ver página 239), além de sabor, confere crocância. Na panificação, é usada na fabricação de pães de linguiça e de torresmo.

ÓLEOS VEGETAIS

Óleos vegetais são líquidos em temperatura ambiente. Os mais comuns são o de soja, o de girassol, o de canola e o de milho, além do azeite de oliva. Os óleos são muito utilizados nas frituras. O de soja tem o melhor custo-benefício, pois apresenta bom rendimento e durabilidade durante a fritura (desde que a temperatura da fritadeira seja bem controlada; ver seção sobre ponto de fumaça, mais adiante).

O azeite, obtido das azeitonas, é amplamente empregado na cozinha: nas produções frias, atua no tempero de saladas e no preparo de emulsões, por exemplo; nas quentes, é usado em diversas técnicas de cocção e também como elemento de sabor.

Temos quatro tipos de azeite:
- extravirgem;
- virgem;
- refinado ou único;
- composto.

Essa classificação é feita basicamente pela forma de fabricação e pela composição.

Características dos azeites	
Extravirgem	Obtido da primeira prensagem, tem acidez de até 0,8%. É usado em produções frias (saladas, molhos frios), por ser sensível a altas temperaturas.
Virgem	Tem produção como a do extravirgem, porém apresenta acidez a partir de 0,8%. Por essa razão, o sabor é mais acentuado.
Refinado ou único	Passa por maior processamento em relação ao virgem e ao extravirgem. Tem acidez em geral superior a 2%. O uso é em produções quentes (cocções).
Composto	Apesar de chamado de azeite, tem 85% de óleo em sua composição. É utilizado em cocções de temperatura mais elevada, pois a presença do óleo eleva o ponto de fumaça e barateia a produção.

MARGARINA E CREME VEGETAL

Segundo portaria do Ministério da Agricultura, da Pecuária e do Abastecimento, a margarina é um produto gorduroso em emulsão estável com leite ou seus constituintes ou derivados, e outros ingredientes. A gordura láctea, quando presente, não deve exceder 3% do teor de lipídeos totais.

Já o chamado creme vegetal, pela definição da Anvisa, é o alimento em forma de emulsão plástica, cremoso ou líquido, do tipo água/óleo, produzido a partir de óleos e/ou gorduras vegetais comestíveis, água e outros ingredientes, contendo de 10% a 95% de lipídeos totais.

Ou seja, os produtos identificados como margarina em seu rótulo (ou no rótulo de produtos que a contêm) possuem leite ou algum de seus derivados. Já o creme vegetal pode ou não conter leite. Essas definições são importantes para o profissional melhor atender ao público, que tem diferentes padrões de alimentação e pode apresentar restrições alimentares.

Com custo muito menor do que a manteiga, a margarina é bastante usada na cozinha. O tipo que contém 80% de lipídeos costuma entrar na elaboração de massas.

A margarina tem maior estabilidade e não rancifica, aumentando a durabilidade de itens como pão, por exemplo. Nas massas de pão, a margarina, por ser mais consistente do que a banha e a manteiga, retém pequenas bolhas de ar durante o processo de sova da massa. Assim, há menor possibilidade de o ar escapar da massa, o que contribui para a melhoria da textura. Essas propriedades se devem ao fato de esse produto sofrer um processo de transformação denominado transesterificação (que passou a ser adotado em substituição ao processo de hidrogenação, que gerava a gordura hidrogenada).

GORDURA HIDROGENADA

Atualmente, essa gordura é denominada transesterificada, em razão do processo de transesterificação explicado anteriormente, em que óleos vegetais saturados são misturados a óleos vegetais líquidos com adição de catalisadores para a obtenção de uma textura mais sólida. As gorduras transesterificadas apresentam textura semelhante obtida com o processo de hidrogenação, com utilização e características parecidas de custo e durabilidade.

MANTEIGA

A manteiga é uma gordura de origem animal, produzida a partir do creme de leite ou do leite integral pasteurizado. É obtida a partir de movimentos mecânicos que criam uma massa (a manteiga) que será separada do soro (água e sólidos do leite). Encontramos essa gordura nas versões com ou sem sal, o que pode interferir na quantidade a ser utilizada nos preparos.

O aroma é caracterizado pela alta concentração de ácidos graxos voláteis, o que significa um sabor mais leve. Por esse motivo, a manteiga é amplamente utilizada na culinária, exceto nas frituras, em razão de seu baixo ponto de fumaça (o menor entre as gorduras; ver página 127). Para que possa ser usada em produções com temperaturas mais altas, recomendamos clarificar a manteiga (ver página 126), pois após esse processo o ponto de fumaça se torna mais elevado.

Feita essa ressalva sobre a fritura, a manteiga pode ser em empregada na maioria das produções culinárias. Além de contribuir para que os alimentos não grudem nos utensílios, a manteiga agrega sabor.

Na produção de massas, é muito usada em produtos típicos, como brioche e massa semifolhada (nesses itens, a proporção pode variar de 20% a 50% do total da farinha de trigo utilizada). Nas massas folhadas, a quantidade de manteiga adicionada pode chegar a 100% da quantidade de farinha.

A manteiga confere mais sabor e aroma do que a margarina, mas esta muitas vezes a substitui, principalmente nas massas folhadas e semifolhadas, em razão do impacto no custo do produto.

A conservação de manteiga pode ser feita em refrigeração, o que a torna mais sólida, porém é possível mantê-la em temperatura ambiente, para o ponto de pomada. Em todas as receitas, preste atenção sobre como a manteiga deve ser utilizada, para o sucesso da produção.

> **OBSERVAÇÃO**
> Nas receitas deste livro, toda vez que a manteiga aparecer na lista de ingredientes, deverá ser considerada a versão sem sal.

MANTEIGA CLARIFICADA

É feita com manteiga sem sal, da qual são retirados os sólidos do leite e a água presente em sua composição. A gordura clarificada resultante do processo suporta maiores temperaturas do que a manteiga comum, o que permite que ela seja utilizada em preparações como os salteados (frigidos) e o roux (ver páginas 130 e 212) sem queimar. Também é utilizada para agregar textura e um leve sabor a preparações como o molho holandês.

Para fazer a manteiga clarificada, siga os passos abaixo.

1. Separe a manteiga (cortada em cubos em um bowl), bem como os seguintes utensílios: concha ou escumadeira, recipiente + panela (em caso de banho-maria) ou apenas panela, vidro esterilizado com tampa.

> **OBSERVAÇÃO**
> A manteiga clarificada também pode ser feita diretamente na panela, mas o controle da temperatura é mais difícil, podendo dourar os sólidos do leite (como na manteiga ghee).

2. Coloque a manteiga cortada em cubos em um recipiente e leve para banho-maria ou coloque em panela e leve ao fogo baixo (aproximadamente, 80 °C a 90 °C).

3. Com a concha ou a escumadeira, retire a espuma ou as natas formadas na superfície.

4. Quando não houver mais espuma ou nata se formando na superfície e a gordura estiver translúcida, retire a manteiga clarificada com uma concha ou virando-a sobre o vidro esterilizado com cuidado, evitando que os resíduos decantados no fundo se misturem com a manteiga translúcida. Esse processo de clarificar a manteiga dura, em média, 15 minutos. O rendimento da manteiga clarificada em relação à manteiga original depende da qualidade desta (pois a quantidade de água varia entre as marcas), mas de maneira geral podemos considerar uma perda de 30% em relação ao peso de início.

5. Atente para que não sobrem resíduos em suspensão. Caso a manteiga ainda esteja turva, refaça o clareamento.

6. Armazene no vidro esterilizado e utilize para diferentes produções.

À esquerda, manteiga derretida antes da clarificação; à direita, manteiga clarificada.

OBSERVAÇÃO

Para esterilizar um recipiente de vidro, coloque-o em água fervente (a tampa também, porém nunca atarraxada/presa ao pote) por cerca de 2 minutos e, depois, deixe secar naturalmente ou passando papel descartável. Também é possível usar álcool líquido 70%.

A manteiga ghee (pronúncia: "gui"), usada em algumas cozinhas asiáticas, é um tipo de manteiga clarificada com sabor amendoado (os sólidos decantados douram levemente antes de serem retirados; para isso, aumentamos um pouco o fogo no processo).

No Brasil, a manteiga de garrafa – muito utilizada na culinária nordestina – é feita a partir dos mesmos princípios da manteiga clarificada. A diferença é que é conservada em garrafa em temperatura ambiente, o que a faz manter a fluidez.

PONTO DE FUMAÇA E A DEGRADAÇÃO DO ÓLEO

O aquecimento da gordura a altas temperaturas (como na fritura) provoca mudanças químicas e físicas nesse ingrediente, levando à formação de características antinutricionais (ver página 112) e podendo tornar o produto viscoso.

O chamado "ponto de fumaça", expressão bastante conhecida na cozinha, consiste no colapso da gordura; é o ponto em que a gordura queima e perde suas propriedades, tendo seu sabor afetado e causando prejuízos à saúde.

Cada tipo de gordura possui um ponto de fumaça. Na cozinha profissional, como dissemos anteriormente, o óleo de soja costuma ter o melhor custo-benefício nas frituras, por ter ponto de fumaça mais elevado.

Ponto de fumaça de diferentes gorduras	
Manteiga	110 °C
Manteiga clarificada	150 °C
Margarina	150 °C
Azeite de oliva	175 °C
Banha de porco	175 °C
Óleo de milho	205 °C
Óleo de canola	225 °C
Óleo de girassol	230 °C
Azeite de dendê	230 °C
Óleo de soja	240 °C

RECOMENDAÇÕES DE CONSERVAÇÃO

As gorduras devem ser conservadas protegidas do ar (ou seja, em recipientes fechados) e dos excessos de luminosidade e temperatura. Recomendamos que sejam mantidas:

- **em refrigeração:** no caso de manteigas, banha de porco e margarina comum;
- **em temperatura ambiente (aproximadamente, 21 °C):** no caso de óleos, azeites e margarinas comerciais que tenham no rótulo essa especificação de conservação.

CAPÍTULO 7

Método de cocção por condução: definição e técnicas associadas

A condução acontece quando um elemento condutor aquecido transfere calor de forma direta para a superfície do alimento. Os alimentos não são bons condutores e, ao receberem o calor, tendem a conduzi-lo internamente de forma mais lenta. Assim, a parte em contato com a superfície aquecida cozinha mais depressa.

No que diz respeito ao elemento condutor (vidro, ferro, aço inoxidável, alumínio, cerâmica, óleo/gorduras, entre outros), a velocidade de ganho ou de perda de calor e sua dispersão são influenciadas conforme a intensidade da fonte de calor, o tamanho dos cortes ou das peças, a dimensão da superfície de contato e o tempo de contato.

Uma forma simples de entender este método de cocção é imaginar o processo de transferência de calor que ocorre quando uma roupa é passada: o ferro quente conduz calor para a roupa, e esta conduz calor para a tábua. O mesmo ocorre com as moléculas dos alimentos.

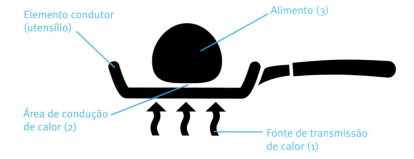

No método de cocção por condução, (1) a fonte de calor aquece um material condutor, (2) o condutor aquece toda a superfície do alimento e (3) o alimento transfere calor para o seu interior.

As técnicas de cocção mais associadas ao método por condução são estas:
- saltear;
    » cortes menores;
    » cortes maiores e planos (frigir);
- chapear ou grelhar;
- refogar;
- fritar.

Saltear

Esta técnica pode ser aplicada em alimentos em pedaços menores ou maiores. De forma geral, a ideia é o cozimento rápido sobre calor intenso, resultando em uma superfície geralmente dourada (e levemente ressecada, criando uma leve crosta) e o interior suculento e macio. Deve-se evitar que a umidade do próprio alimento interfira na cocção; caso contrário, haverá mudança nas características esperadas de um salteado. Por essa razão, o tamanho e as especificidades de cada alimento definem a melhor forma de realização.

Para saltear cortes menores, execute o passo a passo abaixo.

OBSERVAÇÕES

Caso haja diferentes alimentos a serem salteados, inicie por aqueles que possuem a textura mais firme.

Algumas produções orientais – como yakissoba, macarrão chop suey e frango xadrez – utilizam a wok (ver página 35) no lugar da sauteuse em fogões de alta pressão. As etapas são a mesma do salteado, porém o nome muda: o salteado no estilo asiático é chamado de stir fry.

1. Separe os ingredientes que serão utilizados na receita, bem como os seguintes equipamentos e utensílios: itens para o pré-preparo (como facas apropriadas, por exemplo), pinça, sauteuse.
2. Pré-prepare o principal (limpar, cortar, temperar, etc.).
3. Aqueça a sauteuse sobre fogo alto.

4. Adicione a gordura (azeite, óleo, manteiga clarificada, etc.) apenas para untar levemente o fundo da sauteuse.

5. Acrescente o alimento. O tamanho da porção (a quantidade de alimento a ser salteada) deve possibilitar o movimento de onda descrito no passo 6. Como é preciso haver espaço na sauteuse, se necessário salteie porções do alimento por vez. Vá reservando a porção salteada em local coberto e salteie uma nova porção.

6. Movimente a sauteuse constantemente para transpor os alimentos de um lado a outro, como o movimento de uma onda. Essa movimentação permite que o calor possa transpassar os alimentos e se distribuir uniformemente.
7. Ajuste os temperos, se necessário.
8. Utilize para diferentes produções.

Para saltear cortes maiores ou planos (o que também se chama frigir ou salteado do tipo frigido), execute os passos abaixo. Note que o movimento de transposição constante não é utilizado aqui, em razão das características dos alimentos (os cortes maiores geralmente são de proteínas animais, como filé de frango e medalhão de filé-mignon; entre os planos, um exemplo é a picanha em bife).

1. Separe os ingredientes que serão utilizados na receita, bem como os seguintes equipamentos e utensílios: itens para o pré-preparo (como facas apropriadas, por exemplo), pinça, sauteuse ou frigideira.
2. Pré-prepare o principal (limpar, cortar, amarrar, lardear/bardear, temperar etc.).
3. Aqueça a sauteuse sobre fogo alto.

4. Adicione a gordura apenas para untar levemente o fundo da sauteuse (também é possível untar o próprio alimento).

5. Acrescente o principal e certifique-se de que a superfície em contato com a sauteuse esteja uniforme.
6. Aguarde selar e dourar e, então, vire o alimento.

7. Sele e doure. Caso necessário, doure as laterais (dependendo da espessura e do ponto desejado).
8. Ajuste os temperos, se necessário.
9. Utilize para diferentes produções.

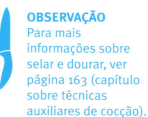

OBSERVAÇÃO
Para mais informações sobre selar e dourar, ver página 163 (capítulo sobre técnicas auxiliares de cocção).

Como vimos, no salteado a intensidade de calor deve ser constantemente controlada.
Cortes menores geralmente são feitos sobre calor alto, para evitar a saída de líquidos durante a cocção.
Em cortes maiores ou planos (salteado do tipo frigido), o controle de temperatura deve ser manipulado em função da espessura do alimento e do tempo de cocção necessário. Assim, é possível iniciar em calor alto e depois reduzir sua intensidade.
Em proteínas animais, os pontos de cozimento clássicos são: malpassado ("saignant"; pronúncia: "sânian"), ao ponto ("au point"; pronúncia: "ô point") e bem passado ("bien cuire"; pronúncia: "biã quir").

> **OBSERVAÇÃO**
> Na culinária clássica francesa, o termo "bleu" (que não possui tradução culinária em português; pronúncia: "blu") é usado para se referir à primeira etapa de cozimento, em que se deve selar a área externa da carne deixando o interior cru (ver página 163, no capítulo sobre técnicas auxiliares de cocção).

Pontos da carne e características	
Malpassado	Carne selada e com o centro cru, bastante avermelhado. A temperatura no centro não ultrapassa os 60 °C. Para atingir esse resultado, geralmente utilizamos fogo alto.
Ao ponto	Carne grelhada por fora e com o centro avermelhado, sem que o suco escorra. A temperatura no centro não ultrapassa os 68 °C. Para atingir esse resultado, geralmente utilizamos fogo médio.
Bem passada	Carne grelhada por fora e cozida por dentro. A temperatura no centro ultrapassa os 75 °C. Para atingir esse resultado, geralmente utilizamos fogo baixo.

De baixo para cima, malpassado, ao ponto e bem passado.

MÉTODO DE COCÇÃO POR CONDUÇÃO

Chapear ou grelhar

Tecnicamente, trata-se de um salteado, porém executado em chapa ou grelha. Quando com cortes menores e em uma chapa lisa, podem-se utilizar espátulas próprias para movimentar o alimento, garantindo as características do salteado. No caso de cortes maiores ou planos, são seguidos os procedimentos do salteado do tipo frigido e podem ser utilizadas tanto chapa lisa (foto abaixo, à esquerda) como canelada (neste caso, é mais comum falar "grelhar"). A chapa canelada (foto abaixo, à direita) muitas vezes também é empregada para marcar os alimentos (ver página 164, no capítulo sobre técnicas auxiliares de cocção).

Recomendamos a utilização de gordura para untar a chapa ou grelha, tal qual faríamos em uma sauteuse.

Refogar

Técnica de cozimento que proporciona uma produção umedecida e na qual não há a necessidade de dourar o alimento. O cozimento acontece por meio da liberação da umidade do próprio alimento, que pode secar ou ser servido com o caldo resultante. Também é utilizada como uma etapa no procedimento de algumas preparações, como refogar o alho e a cebola para o feijão, ou refogar o mirepoix (ver página 108) em brunoise (ver página 60) para alguns guisados.

Embora muitas vezes os termos "refogado" e "guisado" sejam referenciados em dicionários como sinônimos, na cozinha profissional eles são designados para produções que requerem diferentes processos, elaboração e resultado final.

No caso do refogado, é possível imaginarmos produções menos elaboradas (poucas etapas de execução) e que não possuam, necessariamente, um molho como resultado final, diferentemente do guisado. O refogado também pode ser chamado de técnica auxiliar de cocção, já que é comumente utilizado nos processos de cocção.

Para refogar, execute os passos a seguir.

1. Separe os ingredientes que serão utilizados na receita, bem como os seguintes equipamentos e utensílios: itens para o pré-preparo (como facas apropriadas, por exemplo), espátula de silicone ou colher de plástico, sautoir ou panela.

2. Pré-prepare os alimentos (limpar, cortar, etc.).

3. Aqueça a sautoir ou a panela, coloque gordura e acrescente os alimentos cortados (caso haja alimentos variados, inicie por aqueles demandam maior tempo de cocção).

4. Com a colher ou espátula, mexa algumas vezes, para que todos os lados do alimento cozinhem por igual. A temperatura deve ser constantemente monitorada (geralmente, fogo baixo), para possibilitar a liberação de líquidos e o cozimento adequado dos ingredientes (em alguns casos, pode-se adicionar uma pequena quantidade de líquido para auxiliar no processo).

Diferença de resultados entre a técnica de refogar (à esquerda) e a de saltear (à direita).

Fritar

Nesta técnica, o calor é conduzido por meio de gordura (principalmente, vegetal). Tradicionalmente, utilizam-se altas temperaturas (em geral, acima de 160 °C), para evitar que o alimento encharque. O tempo de cozimento varia de acordo com o tipo de gordura, do empanamento (ver página 114) – quando utilizado – e das características do item que está sendo frito.

A gordura transfere calor de forma rápida, fazendo com que haja um rápido ressecamento da superfície externa do alimento. Essa, aliás, é uma das razões de em alguns casos ser utilizado algum empanamento, pois ele faz com que a perda de umidade seja mais lenta, possibilitando que o alimento cozinhe uniformemente.

É característica da fritura a formação de diferentes texturas: a crosta (pelo ressecamento externo da superfície do item frito ou pelo empanamento) e a parte interna mais suculenta ou macia.

FRITURA POR IMERSÃO × FRITURA RASA

A diferença entre esses dois tipos de fritura é principalmente a quantidade de gordura utilizada, bem como o tamanho, o formato e a quantidade do alimento que será frito.

A fritura por imersão é mais recomendada quando, em razão da densidade, o alimento fica total ou parcialmente imerso, ou ainda quando há uma quantidade (porção) considerável a ser frita. Em situações assim, a fritura por imersão contribui para que a cocção, a coloração e a distribuição de calor sejam uniformes. Esta é também a forma mais utilizada em cozinhas profissionais nas quais há produções fritas no cardápio.

A fritura rasa é empregada, principalmente, em alimentos que não imerjam por causa de sua densidade ou seu formato e também como uma forma de economizar gordura. Nesses casos, é necessário ficar atento a fim de que haja gordura suficiente para agir como condutor de calor – geralmente, deve atingir metade da altura do alimento. Essa quantidade também pode facilitar a uniformidade da cocção e da coloração, desde que o alimento seja regado, mexido ou virado conforme a necessidade. Por essas razões, a fritura por imersão é utilizada quando a quantidade de alimento é pequena e esporádica, evitando desperdício de gordura.

> **OBSERVAÇÃO**
> Quando o alimento é menos denso do que a gordura, é comum que a cocção e a coloração não fiquem uniformes. Em situações assim, pode ser útil regar o alimento com a gordura usando a escumadeira. Do contrário – ou seja, quando o alimento imerge –, mexa de vez em quando para que não grude.

Para fritar por imersão, execute os passos abaixo.

1. Separe os ingredientes que serão utilizados na receita, bem como os seguintes equipamentos e utensílios: itens para o pré-preparo (como facas apropriadas, por exemplo), escumadeira ou cesta de fritura, frigideira ou panela de dimensões adequadas, recipiente para escorrer a gordura, papel absorvente, termômetro culinário.

2. Pré-prepare o principal (limpar, cortar, temperar, empanar, etc.).

3. Coloque a gordura na panela na panela ou na fritadeira. Em caso de fritadeira, programe a temperatura desejada.

4. Aqueça a panela ou ligue a fritadeira.

5. Coloque o alimento na cesta da fritura. Em caso de empanado, bata-a levemente sobre a pia para retirar algum excesso de ingrediente usado para empanar.

6. Insira a cesta na panela ou na fritadeira, deixando-a apoiada. Ou então insira o alimento delicadamente na panela.

7. Após fritar, retire o alimento com uma escumadeira ou retire a cesta de fritura. Deixe escorrer bem sobre o papel absorvente.

8. Ajuste os temperos, se necessário.

CAPÍTULO 8

Método de cocção por convecção: definição e técnicas associadas

Este método consiste na transmissão de calor de moléculas aquecidas para o alimento, em um meio como a água ou o ar. É necessário que exista espaço suficiente para que essas moléculas, ao perderem temperatura, possam se movimentar, voltando a reaquecer na fonte de calor, continuando esse ciclo (de forma simples, é um movimento circular em que as moléculas quentes sobem, e as frias, descem). A transferência de calor é constante e atinge toda a superfície do alimento. Quando este é submerso em água ou envolto em vapor, é possível ter um maior controle, já que a temperatura máxima alcançada é de aproximadamente 100 °C. Porém é preciso ficar atento, porque nesse ambiente a cocção será mais rápida, na medida em que a transmissão de calor será mais intensa.

O movimento de convecção é facilmente exemplificado quando analisamos os locais em que são instalados os equipamentos de aquecimento e de resfriamento nas residências. O aquecedor geralmente é colocado em locais inferiores, para aquecer o ar frio (que, por ser mais denso, tende a descer): quando o ar é aquecido, torna-se menos denso, subindo novamente (lembre-se, o ar quente sobe, e o ar frio desce). A mesma lógica é aplicada às instalações de aparelhos de ar condicionado, que são instalados nos locais mais altos para que possam resfriar o ar quente, tornando-o mais denso e criando assim o movimento de circulação característico de convecção.

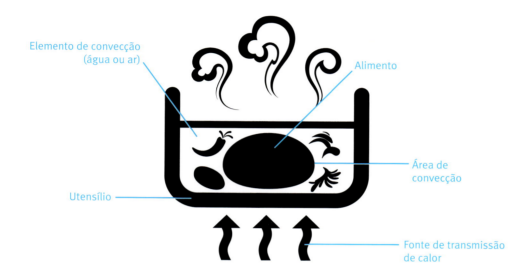

No método de cocção por convecção, o aquecimento do ambiente faz as moléculas quentes subirem e as frias, descerem. O ciclo constante estabelecido atinge toda a superfície do alimento.

Em ambientes úmidos (cozimento a vapor ou em água), a reação de Maillard (ver página 122) não ocorre, porque a temperatura da água (ou do vapor) não ultrapassa 100 °C, e para acontecer a reação de Maillard é necessária temperatura a partir de 120 °C. Por essa razão, é comum dourarmos as peças antes ou depois da cocção interna, para garantir um visual mais atraente. Isso acontece, por exemplo, quando cobrimos o frango com papel-alumínio ao levá-lo ao forno (ver página 151). A cobertura do papel mantém o vapor em volta da peça, controlando a temperatura aproximada de 100 °C e permitindo que ocorra a cocção interna. Depois, ao retirarmos o papel, o ambiente ultrapassa os 120 °C, possibilitando a reação de Maillard. Vale ressaltar que a temperatura do forno precisa ser superior a 120 °C, caso contrário, mesmo sem o papel-alumínio, a coloração atraente provocada pela reação de Maillard não virá.

As técnicas de cocção mais associadas ao método por convecção são estas:
- estufar;
- escalfar;
- vapor;
- sous vide;
- guisar;
- brasear;
- assar.

Estufar, escalfar, vapor, sous vide, guisar e brasear são técnicas de cocção por convecção em líquido. Assar é uma técnica de cocção por convecção em ar.

Estufar

> **OBSERVAÇÕES**
> Em carnes brancas, é comum acrescentarmos uma fatia de limão, que contribui para a umidade durante o cozimento e agrega sabor à produção.
>
> Costumamos servir o papillote fechado ao cliente, para que ele mesmo o abra quando for consumir o alimento.

Os estufados são resultado da cocção de um alimento em um recipiente fechado (panelas, invólucros de papel-alumínio ou de papel-manteiga – chamados pelo termo francês "papillote"; pronúncia: "papiiote"). No processo, há formação de líquido liberado dos alimentos, que forma vapores no interior do recipiente, os quais condensam e retornam para a parte inferior, na qual têm contato direto com os alimentos até que se formem novamente os vapores. Esse ciclo de evaporação e condensação é a característica principal desta cocção. Assim, é muito importante que o recipiente utilizado seja vedado, para que os vapores não dissipem, ressecando ou descaracterizando a técnica.

Esta técnica, também conhecida como abafar, difere do guisado e do braseado (ver páginas 146 e 147) principalmente em relação ao líquido adicionado. No estufado, os vapores e líquidos formados provêm principalmente dos próprios alimentos.

Em alguns casos, podemos adicionar uma pequena quantidade de líquido além dos que são formados nesta técnica. Por exemplo, vinhos e fundos (ver página 199), para influir no sabor e no aroma e também para auxiliar no ciclo de condensação e evaporação, já que muitas vezes o alimento pode não ter em sua composição líquido suficiente, o que o faria ressecar.

Para estufar (papillote), execute os passos a seguir.

1. Separe os ingredientes que serão utilizados na receita, bem como os seguintes equipamentos e utensílios: itens para o pré-preparo (como facas apropriadas, por exemplo), assadeira lisa, papel-alumínio ou papel-manteiga, pinça, tesoura.
2. Pré-prepare o principal (faça uma marinada seca; ver página 160).

3. Com a tesoura, corte o papel em um pedaço de aproximadamente 30 cm × 20 cm. Faça uma cama com mirepoix ou vegetais aromáticos, acomode o alimento principal e posicione a folha à sua frente na bancada, como mostra a foto.

4. Dobre como um envelope, iniciando pelo lado inferior. Esta primeira dobra deve deixar um espaço de dois dedos de alimento descoberto.

5. Feche as laterais.

6. Caso haja líquido na receita (por exemplo, vinho), adicione-o no envelope formado.

7. Feche o envelope.
8. Coloque sobre a assadeira e leve-a para cocção. Geralmente, a assadeira é colocada em forno (fogo baixo), mas é possível posicioná-la sobre uma panela a vapor na boca do fogão.

Escalfar

Escalfar é uma técnica de cocção por imersão em meio líquido (água, fundos, caldos, leite, etc.), porém, diferentemente do que ocorre no guisado (ver página 146), o líquido não resulta em um molho durante o cozimento do alimento principal. Caso o líquido seja utilizado para esse fim, geralmente retira-se o principal, coa-se o líquido e se aplicam técnicas de espessamento (ver página 167) para transformá-lo em molho. No caso de produções como sopas, diferentes elementos podem ser incorporados para conferir a característica esperada.

As características de cada alimento definem a temperatura de início de cocção (líquido frio, aquecido ou fervente) e a quantidade de líquido.

ESCALFAR PARTINDO DO LÍQUIDO FRIO

O alimento é imerso em líquido frio e, depois, submetido ao aquecimento. Geralmente, realizamos esse procedimento nos alimentos a seguir.

- **Leguminosas secas**, em razão da rigidez de alguns desses ingredientes.
- **Vegetais descascados** e que sejam ricos em amido, como batata, mandioca, mandioquinha e cará, entre outros. A colocação em água fria permite a liberação adequada do amido; se esses alimentos fossem colocados em água quente, haveria uma liberação muito rápida do amido, o que dificultaria possíveis espessamentos.
- **Ovos cozidos com casca**, para conseguirmos controlar melhor o tempo. Além disso, colocar o ovo em água quente aumenta a chance de rompimento da casca.
- **Peixes**, cuja carne é delicada, para que não percam sua estrutura.

ESCALFAR PARTINDO DO LÍQUIDO QUENTE

O alimento é imerso em líquido quase fervente, geralmente citado como "em temperatura branda" (aproximadamente, 87 °C). Esse ponto, de movimento frisante na superfície, é chamado pelo termo inglês "simmering".

Geralmente, realizamos esse procedimento em alimentos nos quais um líquido fervente causaria sua desestruturação e a água fria provocaria uma hidratação excessiva, resultando também em perda de estrutura:

- ovos cozidos sem casca, como os pochés (fotos abaixo; ver página 191) e os nevados;
- quenelles (espécie de bolinhos feitos geralmente com proteína).

> **OBSERVAÇÃO**
> O amido está presente em diversos alimentos, como grãos, cereais, raízes e vegetais. Entre os mais conhecidos estão o de milho, o de trigo e o de arroz. O amido é composto por unidades de carboidratos (glicose) ligadas entre si, formando cadeias. A união da água com o amido, ao ser colocada em líquido aquecido ou fervente, passa pelo processo de gelatinização, fazendo o líquido encorpar.
> As temperaturas de gelatinização dos diferentes amidos são: trigo (52 °C a 63 °C); milho (62 °C a 72 °C); mandioca (58 °C a 70 °C); arroz (61 °C a 77 °C); batata (56 °C a 66 °C).

ESCALFAR PARTINDO DO LÍQUIDO FERVENTE

O alimento é imerso quando o líquido entra em ebulição. Por exemplo:
- massas frescas e secas (pasta/macarrão), para que mantenham a estrutura;
- cereais como arroz, cevadinha e trigo, entre outros, também para que não haja desestruturação;
- farinhas como trigo, fubá e trigo sarraceno, entre outras, pelo mesmo motivo da manutenção da estrutura.
- vegetais verde-escuros, como couve, espinafre, vagem e brócolis, entre outros, para evitar perda de coloração.

Escalfar em líquido fervente também pode ser chamado de "escaldar". Esse termo é utilizado, ainda, quando o líquido fervente é vertido sobre os alimentos. Isso acontece, por exemplo, na limpeza de carcaças de frango ou em produções como o pão de queijo, no momento em que o leite fervente com gordura é despejado sobre o polvilho. (foto abaixo, à direita)

Vapor

A cocção a vapor pede utensílios e/ou equipamentos apropriados, como panela de vapor, forno combinado ou panela comum com uma cesta inserida. Em caso de uso de panela (comum ou de vapor), são necessários os seguintes requisitos:
- recipiente que possibilite colocar uma quantidade de líquido (água, fundo, entre outros) que ao ferver não entre em contato com o alimento;
- alimento suspenso em uma superfície perfurada que garanta a passagem dos vapores formados;
- espaço suficiente para que os vapores circulem entre o alimento e a tampa ou pelos furos do utensílio.

Os vapores gerados pelo líquido fervente devem ter contato com toda a superfície dos alimentos, cozinhando-os uniformemente.

O fato de o alimento não ficar submerso em água minimiza as perdas nutricionais (principalmente de vitaminas hidrossolúveis e minerais), no entanto esta técnica é mais demorada na comparação com a que utiliza imersão em líquido. Por essa razão, aplicamos a cocção vapor em porções e cortes menores.

Por ser uma cocção baseada nos vapores da água fervente, o alimento não ficará dourado; assim, caso seja necessário, podemos marcar o produto antes ou depois do cozimento (ver página 164, no capítulo sobre técnicas auxiliares de cocção).

COMPARATIVO ENTRE AS TÉCNICAS DE ESTUFAR, ESCALFAR E VAPOR

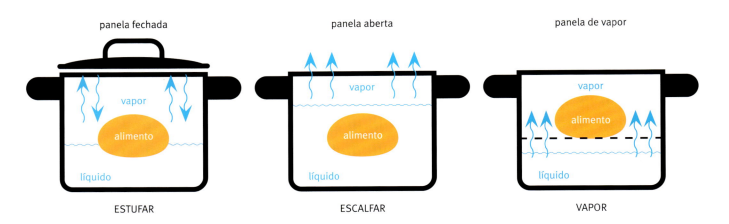

ESTUFAR

Na de estufar, temos recipiente fechado + alimento principal + cama de ingredientes (opcional) e formação dos vapores internos e ciclo de condensação e evaporação.

ESCALFAR

Na de escalfar, temos recipiente aberto + alimento principal imerso em líquido e liberação dos vapores internos.

VAPOR

No vapor, temos vapores da água fervente circulando entre o alimento e a tampa ou pelos furos do utensílio.

Sous vide

Esta técnica de cozimento de alimentos embalados a vácuo utiliza termocirculador ou forno combinado (utilizando a função de umidificação presente no equipamento). A temperatura e o tempo de cocção são definidos a partir das características do próprio alimento e de patamares que possam garantir a segurança microbiológica.

A característica principal desta técnica é o cozimento longo em baixas temperaturas, geralmente abaixo de 70 °C. Esse patamar impossibilita a reação de Maillard; assim, podemos marcar o alimento em grelha ou chapa antes ou após a cocção, para desenvolver mais sabor e aroma e também para um melhor resultado estético.

Os alimentos em que o sous vide é mais empregado são as proteínas, em razão do cozimento constante e sem perda de umidade.

Para executar o sous vide, siga os passos abaixo.

1. Separe o alimento que passará pelo processo, bem como os seguintes utensílios e equipamentos: itens para o pré-preparo (como facas, por exemplo), máquina de vácuo, saquinho para vácuo, termocirculador com recipiente acoplado ou termocirculador + panela para acoplá-lo ou forno combinado.

2. Pré-prepare o alimento (limpar, cortar, temperar, marcar, etc.).

3. Embale o alimento a vácuo (ver página 32, no capítulo sobre utensílios e equipamentos).

4. Coloque o produto dentro do termocirculador ou na panela (com um termocirculador acoplado) ou no forno combinado (com a função de vapor acionada).

5. Programe a temperatura.

6. Faça o processo respeitando o tempo e a temperatura necessários para a cocção do alimento.

7. Caso deseje, marque o alimento em chapa ou na grelha (este processo também pode ser realizado antes de embalar o alimento).

Guisar

Esta técnica é utilizada em alimentos de origem animal ou vegetal cortados em tamanhos que lhes possibilitem ser servidos imersos no molho que foi gerado durante a produção. Outro termo associado a esta técnica é "ensopar" ("ensopado"), principalmente nos casos de produções que resultam mais caldosas, geralmente quando não há redução suficiente para formação de um molho ou não há espessantes, como a moqueca capixaba.

Para guisar, execute os passos a seguir.

1. Separe os ingredientes que serão utilizados na receita, bem como os seguintes equipamentos e utensílios: itens para o pré-preparo (como facas apropriadas, por exemplo), colher ou espátula, panela com dimensões que permitam a convecção – ou seja, aproximadamente 3 dedos de espaço entre a produção (alimento + líquido) e a tampa da panela.
2. Pré-prepare o principal (limpar, cortar, temperar, etc.).
3. Aqueça uma pequena quantidade de gordura na panela (o suficiente para cobrir levemente o fundo; para não exagerar, é mais fácil fazer essa quantificação visual quando a panela já está aquecida).
4. Sele ou refogue rapidamente o principal (se for proteína, pode-se dourá-la) em pequena quantidade de gordura. Se necessário, faça em pequenas porções e depois as una para a próxima etapa.

5. Após selar ou refogar o principal, deglaceie e, com uma colher, certifique-se de que todos os resíduos que aderiram ao fundo da panela se soltem (caso tenha selado o refogado principal em pequenas porções, deve-se deglacear entre cada etapa, aproveitando e, se for o caso, reservando o líquido resultante).
6. Acrescente o líquido.
7. Controle o calor até cozinhar o alimento. O líquido deve permanecer em temperatura constante, por isso prefira calor brando e evite ferver. Dependendo da quantidade de líquido, do tempo de cozimento e da característica dos equipamentos, pode ser necessário cozinhar com a tampa fechada (para evitar o excesso de evaporação), ou cozinhar com a tampa aberta (quando se almejam evaporação e concentração), ou ainda acrescentar líquido, caso o principal exija mais tempo de cocção ou tenha havido uma redução indesejada do molho, por exemplo.
8. Experimente e, se necessário, ajuste os temperos e espesse o molho (ver página 167, no capítulo sobre bases culinárias).

OBSERVAÇÕES

Caso haja mirepoix na lista de ingredientes, é possível refogá-lo antes ou após selar e/ou refogar o principal. Antes: refogue e reserve em local fechado. Una antes de adicionar o líquido. Depois: pode-se retirar o principal da panela e adicionar o mirepoix para refogá-lo, ou acrescentá-lo com o principal e refogá-lo. Em todas as situações, fique atento para que os resíduos que aderiram ao fundo da panela não queimem; assim, deglaceie (ver página 164) sempre que necessário.

A quantidade de líquido depende de diferentes fatores, como tempo de cocção, tipo de ingredientes e de equipamentos, tamanho dos cortes, tipo de molho e evasão dos vapores de cocção, entre outros. Por essa razão, a quantidade de líquido de uma receita é um norteador, e em alguns casos pode ser necessário ajustar durante ou após a cocção do principal.

O ragu, preparação muito conhecida da culinária italiana, é um guisado. Ele pode ter como ingrediente principal carnes, aves, peixes e vegetais – seja qual for esse ingrediente, todas as opções resultarão imersas em um molho resultante da cocção.

Em todas as situações de cocção com líquido, vale a pena deixar por perto uma panela com água fervente. Assim, caso seja necessário ajustar a quantidade do líquido durante o processo, não haverá choque térmico nem impacto no tempo de cocção.

Brasear

Historicamente, os braseados consistiam em produções à base de carnes, que eram cozidas lentamente em recipientes fechados e colocados sobre brasas. De acordo com os conceitos de transferência de calor, é sabido que o cozimento ocorre por meio do líquido adicionado, do líquido liberado pelo alimento principal e por suas guarnições (caso as contenha) e, ainda, pelo vapor formado no interior dos recipientes. Atualmente, os braseados da cozinha profissional são feitos com peças inteiras ou em pedaços grandes, geralmente em panelas fechadas colocadas sobre o fogão, em fornos simples ou combinados e até mesmo sobre uma chapa.

Para brasear, execute os passos abaixo.

1. Separe os ingredientes que serão utilizados na receita, bem como os seguintes equipamentos e utensílios: itens para o pré-preparo (como facas apropriadas, por exemplo), colher ou espátula, panela com dimensões que permitam a convecção – ou seja, aproximadamente 3 dedos de espaço entre a produção e a tampa da panela –, utensílio para virar a carne (por exemplo, garfo trinchante).

2. Pré-prepare o principal (limpar, cortar, temperar, amarrar, etc).

3. Aqueça uma pequena quantidade de gordura na panela (o suficiente para cobrir levemente o fundo da panela. Para não exagerar, é mais fácil fazer essa quantificação visual quando a panela já está aquecida).

4. Sele (ver página 163, no capítulo sobre técnicas auxiliares de cocção) todos os lados do principal.

5. Após selar o principal, deglaceie com um pouco do líquido e, com uma colher, certifique-se de que todos os resíduos que aderiram ao fundo da panela se soltem, aproveitando e, se for o caso, reservando o líquido resultante.

6. Acrescente o restante do líquido.

7. Controle o calor até cozinhar o alimento. O líquido deve permanecer em temperatura constante, por isso prefira calor brando e evite ferver. Dependendo da quantidade de líquido, do tempo de cozimento e da característica dos equipamentos, pode ser necessário virar o principal algumas vezes (usando o garfo trinchante), a fim de que a cocção seja homogênea. Também pode ser necessário acrescentar líquido, caso o principal exija mais tempo de cocção ou tenha havido uma redução indesejada do molho, por exemplo.

8. Experimente e, se necessário, ajuste os temperos e espesse o molho (ver página 167, no capítulo sobre bases culinárias).

OBSERVAÇÕES

É comum, nos braseados, amarrar a carne com barbante, para que esta mantenha o formato durante a cocção e permita fatias regulares após pronta.

Caso haja mirepoix na lista de ingredientes, é possível refogá-lo antes ou após selar o principal. Antes: refogue e reserve em local fechado. Uma antes de adicionar o líquido. Depois: pode-se retirar o principal da panela e adicionar o mirepoix para refogá-lo, ou acrescentá-lo com o principal e refogá-lo. Em todas as situações, fique atento para que os resíduos que aderiram ao fundo da panela não queimem; assim, deglaceie (ver página 164) sempre que necessário.

A quantidade de líquido depende de diferentes fatores, como tempo de cocção, tipo de ingredientes e de equipamentos, tamanho da peça, tipo de molho e evasão dos vapores de cocção, entre outros. Por essa razão, a quantidade de líquido de uma receita é um norteador, e em alguns casos pode ser necessário ajustar durante ou após a cocção do principal.

Geralmente, o braseado é fatiado ou porcionado e regado com o molho resultante. Algumas formas de finalização do molho são batê-lo, coá-lo ou espessá-lo com amido.

| Características principais de brasear e guisar ||||
Mise en place	Selar/refogar	Cocção e quantidade de líquido	Resultado da cocção com molho
Braseado: geralmente, proteína animal em peças inteiras ou pedaços grandes, às vezes amarrada.	**Braseado:** proteína selada em todos os lados.	**Braseado:** alimento virado algumas vezes para uma cocção homogênea.	**Braseado:** geralmente fatiado ou porcionado, acompanhado ou regado pelo molho da cocção (que pode ser espessado por redução ou espessantes adicionados para esse fim).
Guisado: alimentos de origem animal ou vegetal em tamanhos nos quais fiquem imersos.	**Guisado:** alimento selado ou refogado em pequenas porções.	**Guisado:** tampa fechada (contra o excesso de evaporação), ou tampa aberta (para evaporação e concentração), ou líquido acrescentado (para cozinhar mais ou compensar redução indesejada do molho).	**Guisado:** alimento servido imerso em molho (que pode ser espessado por redução ou espessantes adicionados para esse fim).

Sequência de preparo de braseado (panela à esquerda) e de guisado (panela à direita): mise en place; etapa de selar; cocção; resultado da produção.

Assar

Nesta técnica de cocção, o alimento deve estar em contato direto com o ar quente. Para que isso ocorra, é necessária a utilização de um forno que evite a perda desse ar, mantendo o ambiente aquecido e controlado durante toda a cocção. A fim de que esse processo ocorra de forma padronizada, pode-se utilizar um espeto giratório dentro do forno ou uma grelha, pois ambos permitem que haja convecção do ar em toda a superfície do alimento.

Os alimentos liberam resíduos durante o processo de cocção (como água, gordura e proteínas coaguladas), e, para que não caiam diretamente nos fornos e comecem a queimar, é necessário utilizar utensílios como assadeiras ou tabuleiros abaixo (mas não em contato) para que possam ser armazenados e, quando possível, utilizados para diferentes fins, como a produção de molhos.

Para assar, execute os passos abaixo.

1. Separe os ingredientes que serão utilizados na receita, bem como os seguintes equipamentos e utensílios: itens para o pré-preparo (como facas apropriadas, por exemplo), fôrmas específicas de assados, grelhas ou suporte para assados.

2. Pré-prepare o principal (limpar, cortar, temperar, amarrar, etc).

3. Preaqueça o forno (aproximadamente, 180 °C).

4. Coloque o principal no utensílio em que será assado e leve ao forno.

5. Asse o principal, controlando a temperatura para que o alimento não doure intensamente antes de cozinhar por inteiro, ficando com o interior cru.

6. Sirva o assado. Antes de porcioná-lo, destrinchá-lo ou fatiá-lo, é aconselhável deixá-lo alguns minutos em descanso, coberto. Assim, os líquidos internos irão se espalhar, umedecendo as partes mais ressecadas.

OBSERVAÇÃO
Lembre-se de que a característica principal de um assado é o contato do ar quente em toda a sua superfície. Assim, evite colocá-lo em contato direto com uma assadeira, pois dessa forma a transmissão de calor terá características de condução, o que resultará em um produto final diferente do pretendido.

TEMPO E TEMPERATURA DE COCÇÃO

O tempo de cocção de um assado depende das características do alimento, bem como do tamanho dos cortes e das espessuras. Em proteínas animais, é comum iniciar a uma temperatura de 160 °C a 180 °C e finalizar a 220 °C para dourar o alimento. O tempo de cocção médio para peças arredondadas desossadas é de aproximadamente 40 minutos por quilo de proteína. Esta é uma orientação genérica, já que as características dos alimentos e o tipo de forno influem no tempo e na temperatura dos assados.

Para a cocção de proteínas, é aconselhado o uso de termômetro culinário (ver página 37) para controlar a temperatura interna do alimento, garantindo o ponto e a suculência.

POR QUE COBRIR ALGUNS ALIMENTOS

A lógica dos assados é simples: convecção de ar quente em toda a superfície do alimento. Essa sutil transferência de calor aquece as moléculas do alimento, e estas conduzem o calor para o seu interior.

Em um ambiente de ar quente completamente (ou muito) seco, o alimento tende a perder umidade excessivamente e ficar ressecado. Isso é comum em fornos caseiros ou com má manutenção, que não conservam a umidade em seu interior.

Em casos nos quais não é possível controlar a umidade interna, podemos fazer parte inicial da cocção com o alimento coberto (assim, os vapores liberados pelo próprio alimento entram em convecção, transferindo calor) e a parte final da cocção com o alimento descoberto. O processo permite o desenvolvimento de uma coloração mais intensa e um leve ressecamento externo na etapa final, contribuindo para a estética e o sabor. Um exemplo é o do frango coberto com papel-alumínio para que primeiro ocorra o cozimento interno e, depois, a coloração externa.

> **OBSERVAÇÃO**
> Na produção de massas (panificação e confeitaria), às vezes o efeito seco é necessário para atingirmos resultados específicos, como crocância. Por essa razão, os fornos profissionais podem ter uma espécie de "chaminé" para que os vapores saiam da câmara interna, deixando o ambiente mais seco.

MÉTODO MISTO DE COCÇÃO

Em alguns casos, o ar quente pode se tornar fonte de calor e não o método de cocção, ou seja, o ar quente aquece uma superfície, e esta por sua vez conduz o calor para o alimento com o qual está em contato (como quando colocamos alimentos em fôrmas, assadeiras e tabuleiros). Esse é um bom exemplo da cocção de bolos e outras produções que necessitam de fôrmas apropriadas para o cozimento e ambiente com temperatura controlada. Assim, esses itens podem ser exemplos de cocção mista de condução (pelo contato com a fôrma aquecida pelo ar) e convecção (pelo ar quente circulante em contato com a superfície superior do bolo). Em razão de características próprias e de agentes expansores (fermentos, ovos, claras em neve, gemas branqueadas, etc.), receber calor em todas as direções influirá diretamente nas características finais da produção.

Pensando em termos e procedimentos técnicos, esse tipo de assado seria inicialmente um estufado (abafado) e, por fim, um assado. De qualquer forma, não é possível caracterizá-lo como um método misto de cocção, já que ambas as técnicas constituem transferência de calor por convecção.

CAPÍTULO 9

Método de cocção por radiação: definição e técnicas associadas

Por meio de ondas, a radiação pode atingir altas temperaturas. Os comprimentos dessas ondas interferem na característica final do alimento e na técnica de cocção.

As micro-ondas são capazes de penetrar cerca de 2 cm dos alimentos; dessa forma, transferem calor partindo do interior do alimento e não do exterior, como nos outros métodos. Essa é a razão pela qual dificilmente se consegue dourar um alimento no forno de micro-ondas.

As ondas largas, conhecidas como infravermelhas, não são capazes de penetrar o alimento e se dissipam intensa e rapidamente em sua superfície; assim, o cozimento interno do alimento depende da sua própria capacidade de convecção decorrente de sua umidade, enquanto a parte externa cozinha e adquire coloração de forma mais rápida.

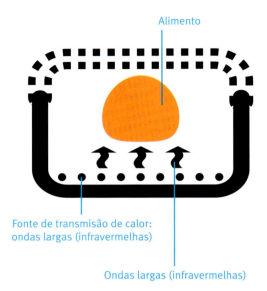

No método de cocção por radiação, as micro-ondas penetram cerca de 2 cm dos alimentos, transferindo calor de dentro do alimento e não do exterior.

No método de cocção por radiação, as ondas largas não penetram o alimento, que depende de sua própria convecção para a cocção. A parte externa cozinha e ganha coloração mais rápido.

Técnicas de cocção por micro-ondas

Este tipo de radiação na cozinha é feito no equipamento micro-ondas. Embora cada vez mais diferentes funções sejam disponibilizadas pelo aparelho (como fazer arroz, fazer pipoca e descongelar, entre outras), a forma de cozimento será sempre similar: o que diferencia uma função da outra é principalmente a potência do equipamento e o tempo.

Nas cozinhas profissionais, o micro-ondas não é usado na cocção dos alimentos, mas como equipamento auxiliar para procedimentos como descongelar produtos de forma segura ou aquecer rapidamente uma produção.

Técnicas de cocção por ondas largas (infravermelhas)

A técnica de cocção infravermelha pode ser executada:
- com brasas;
- com resistências incandescentes;
- com pedras;
- com o alimento diretamente sobre o fogo.

BRASA

Brasas incandescentes de carvão, madeiras ou briquetes (blocos densos de resíduos de madeira) são alguns dos materiais utilizados. Além das características básicas da cocção infravermelha, esta técnica confere aos alimentos um sabor defumado que provém da fumaça gerada ao longo do processo. Como exemplo temos o churrasco (sobre grelha ou ao estilo "fogo de chão") e o forno a lenha (usado nas pizzas).

É comum o termo "churrasco" ser descrito como uma técnica de assar sobre brasas, em razão do ambiente aquecido formado em volta do alimento. No entanto, ressaltamos que, ainda que o ar quente possa influir na cocção, no churrasco o principal método de cocção é a radiação proveniente das brasas. Por esse motivo, a técnica do churrasco é conhecida com técnica de abrasar ("abrasado").

Como dissemos anteriormente (no capítulo sobre equipamentos e utensílios), as churrasqueiras norte-americanas permitem que o alimento fique em ambiente fechado, intensificando a ação da fumaça e do ar quente. Essa cocção é chamada de "ao bafo".

RESISTÊNCIA

Resistências incandescentes são tidas na cozinha profissional como um meio eficiente de cocção infravermelha homogênea. Exemplos comuns desses equipamentos são os fornos elétricos verticais (como a churrasqueira grega), os assadores rotativos (como aqueles utilizados para fazer frango assado) e as churrasqueiras elétricas.

OBSERVAÇÃO
A salamandra e o dourador dos fornos caseiros, também chamados de "grill", são resistências utilizadas como uma técnica auxiliar de cocção (ver página 34).

MÉTODO DE COCÇÃO POR RADIAÇÃO

PEDRAS

Pedras vulcânicas constituem um eficiente material radiante. É comum sua utilização no char broiler, utilizado na cozinha profissional para simular o churrasco pelo fato de as gotículas de gordura que caem do alimento sobre a pedra gerarem fumaça e fornecerem à produção um aroma defumado. Além disso, o char broiler possui grelhas de ferro que marcam o alimento, conferindo um aspecto visual apreciado pelos clientes.

FOGO

Colocar o alimento diretamente sobre a chama do fogo (principalmente a de coloração azulada) é submetê-lo ao método de cocção de radiação. Na cozinha profissional, não é muito utilizado como forma de cocção, mas alimentos como o pimentão podem ter sua pele retirada com mais facilidade depois de serem "queimados" sobre a chama (ver página 66).

A coloração da chama está relacionada com a combustão do material combustível. A azul indica uma completa combustão, com máximo de energia liberado (calor). As amareladas são fruto de uma combustão incompleta, da qual uma parte da energia se gasta em luminosidade (chama amarela), outra parte, em calor, e outra parte, em fuligem. O que determina esse processo é o fluxo de oxigênio, e essa é a razão pela qual em fogões mal regulados ou sujos se observam chamas amarelas e acúmulo de fuligem (material preto) ao fundo da panela.

OBSERVAÇÃO

No char broiler, a radiação proveniente das pedras e a condução gerada pelas grelhas de ferro influenciam igualmente a cocção do alimento. Por essa razão, os livros divergem sobre sua classificação: alguns autores a descrevem como condução, enquanto outros a categorizam como radiação. Há também os que a classificam como método misto de cocção.

De baixo para cima,
peito de frango preparado
pelas seguintes técnicas:
escalfar, sous vide, estufar,
frigir, assar, fritar, na brasa
("churrasco") e defumar
(ver página 174).

CAPÍTULO 10

Técnicas auxiliares de cocção

Técnicas auxiliares de cocção são procedimentos empregados antes, durante ou depois do cozimento de alimentos que contribuem em diferentes aspectos, como sabor, textura, coloração, espessamento e conservação. Diferentemente das técnicas de cocção, as técnicas auxiliares em geral não tornam o alimento pronto para consumo.

Para agregar sabor, cor e textura

TEMPERAR

Temperos e condimentos são ingredientes que têm como objetivo proporcionar sabores e aromas particulares a uma produção culinária. O ato de temperar consiste em alterar ou potencializar características sensoriais por meio dos elementos descritos a seguir.

- **Temperos:** podem ser utilizados no pré-preparo (ao temperar os alimentos antes de serem cozidos, por exemplo, com sal, pimenta-do-reino ou alguns tipos de marinada – ver adiante, neste capítulo), durante o preparo (com ervas frescas ou secas e bases aromáticas, como um refogado de cebola e alho ou de mirepoix) ou ainda ao final da preparação, como forma de ajustar o sabor antes de servir.
- **Condimentos:** são os temperos adicionados após a finalização da preparação, ou então incorporados ao prato pelo comensal. Alguns exemplos são a utilização de vinagres e azeites em saladas, a adição de flor de sal sobre um acepipe ou de ketchup e mostarda ao cachorro-quente.
- **Especiarias ou temperos secos:** historicamente, as especiarias se referiam a temperos e condimentos exóticos, ou seja, aqueles que não eram comuns a determinados locais (principalmente aos hábitos alimentares da Europa ocidental) e que eram específicos de determinadas regiões ou culturas. Atualmente, graças à globalização e à abertura de mercados, já são facilmente encontrados e produzidos em locais diferentes dos de origem. São consideradas especiarias a canela, o cravo, o anis, a cúrcuma e a páprica, entre outras.

MARINAR

A marinada é uma técnica utilizada principalmente para temperar um alimento. No que diz respeito aos ingredientes utilizados, ela pode ser classificada em:

- **marinada seca:** é aquela em que se utilizam sal, especiarias, ervas frescas ou secas;
- **marinada pastosa:** é uma marinada seca na qual se usam óleo ou azeite e, em alguns casos, condimentos, como molho de mostarda e similares;
- **marinada úmida:** é a feita com o alimento submerso em uma solução aquosa, em que geralmente se combinam algum ingrediente ácido (limão, vinagre ou vinho), sal e aromáticos (mirepoix, ervas e outros temperos).

De forma geral, tanto a marinada seca como a úmida utilizam em sua maioria temperos e aromáticos considerados lipossolúveis, ou seja, cujos aromas são mais bem difundidos em meio gorduroso. Considerando que alimentos cárneos são formados basicamente por 75% de água, esses aromáticos dificilmente conseguem penetrar as fibras, portanto a parte do alimento que fica em contato com a marinada é o ponto em que os temperos ficam mais pronunciados. Uma vez que se adicione à marinada (seca ou úmida) sal o suficiente para que haja rompimento das células, há liberação de água, e alguns aromas mais hidrossolúveis (isto é, solúveis em água) podem penetrar levemente na carne.

O modo como a marinação é realizada também apresenta diferenças:

- **marinação clássica:** o alimento é colocado na marinada e massageado. Esta técnica visa auxiliar a penetração dos temperos;
- **marinação passiva:** o alimento é colocado na marinada sem que haja o massageamento;
- **marinação ativa:** a marinada é introduzida no alimento com injetor próprio. Este é o tipo mais eficiente, principalmente em peças grandes, nas quais há pouca superfície de contato. A injeção da marinada também pode proporcionar maior suculência ao alimento após ser submetido a diferentes técnicas de cocção.

A expressão "superfície de contato", amplamente utilizada na gastronomia, no caso da marinada exige o seguinte raciocínio: uma peça de 1 kg de carne, por exemplo, embora seja grande, tem uma superfície de contato pequena. Isso porque o contato direto com a marinada corresponderá a apenas uma parte reduzida do total do alimento, pois a área

> **OBSERVAÇÃO**
> As definições aqui utilizadas visam facilitar a compreensão e as principais diferenças entre os termos. No entanto, é comum que determinado ingrediente seja descrito em receituários com diferentes classificações.

maior é justamente a que está em seu interior. Por essa razão, quando se fala em marinada, a superfície de contato não está ligada ao tamanho do alimento, mas à área dele que recebe a influência da marinada. Pelo mesmo motivo, se essa peça de 1 kg for cortada em pedaços de 100 g, por exemplo, embora as peças fiquem menores, a superfície de contato será maior.

MARINADAS: COMPOSIÇÃO E TÉCNICAS		
Classificação segundo os ingredientes	**Seca:** sal, especiarias, ervas.
	Pastosa: óleo ou azeite e às vezes temperos ou condimentos.
	Úmida: alimento submerso em mistura de elemento ácido, sal e aromáticos.
Classificação segundo a aplicação	**Clássica:** alimento é massageado com a marinada.
	Passiva: alimento não é massageado com a marinada.
	Ativa: alimento recebe injeção da marinada.

Embora temperar seja o objetivo principal de qualquer tipo de marinada, sua composição também pode influenciar a textura do alimento, principalmente quando há um elemento ácido. Um exemplo é o tradicional ceviche (ver receita na página 264): a desnaturação proteica que acontece após o tempo da marinada (também chamada de maceração) modifica a textura original do peixe, mesmo sem haver aplicação de calor. Essa é a razão pela qual muitos cozinheiros utilizam a expressão "cozinhar em limão".

Alguns fatores importantes precisam ser levados em conta pelo cozinheiro antes de ser realizada uma marinada. São os descritos a seguir.

- O tamanho das peças e os cortes determinarão a quantidade de superfície que estará em contato com a marinada, agregando mais ou menos sabor.
- Principalmente em cortes menores (ou seja, com maior superfície em contato), a composição da marinada interferirá na textura do alimento, fazendo com que muitas vezes o tempo de cocção e a intensidade de calor necessária sejam menores.
- A presença de sal auxilia na penetração de alguns aromas hidrossolúveis, por isso ele é praticamente um ingrediente básico na composição das marinadas. Assim, é imprescindível que o cozinheiro fique atento às quantidades dos demais temperos que serão incorporados em uma preparação, para que esta não fique salgada demais.
- O tempo de maceração (tempo em que a marinada fica em contato com o alimento) depende da intensidade de sabores que se deseja obter, bem como do tipo de proteínas (e do tamanho dos cortes destas) que serão submetidas à marinada.

LARDEAR

A técnica de lardear é empregada quando se deseja entremear uma proteína de origem animal com pedaços de bacon, lardo, toucinho ou semelhantes. O objetivo é adicionar gordura a cortes que normalmente são mais magros, além de influenciar o sabor e a textura final da produção.

BARDEAR

O termo "bardear" é considerado um neologismo utilizado para definir a técnica de envolver alimentos (de origem vegetal ou animal) em fatias de bacon, lardo, toucinho e semelhantes. Além de contribuir para o sabor e a apresentação, a técnica reduz a perda de umidade do alimento ao longo da cocção. Por essa razão, é comum utilizar fatias de gordura sobre grandes peças que serão assadas, para que não ressequem durante a cocção.

À esquerda, medalhão bardeado; à direita, tornedor lardeado.

SELAR

Esse termo se tornou comum na cozinha quando se pensava que, ao aplicar calor à superfície das proteínas de origem animal, estas perderiam menos água, então selar seria como "fechar" a superfície do alimento, mantendo sua suculência.

O que de fato acontece é que, com o calor, há desnaturação proteica, diminuindo a solubilidade superficial do alimento, ou seja, a passagem da água por meio dessas proteínas (agora desnaturadas e mais insolúveis) fica dificultada, tornando o alimento mais suculento.

Esse processo acontece em temperaturas que podem variar de 70 °C a 120 °C, havendo pouca ou nenhuma coloração. Quando a superfície do alimento atinge temperaturas próximas ou superiores a 120 °C, a reação de Maillard (ver página 122) acelera e o alimento ganha coloração mais rapidamente.

O processo de selar a carne acrescenta à produção, além da coloração, sabores e aromas característicos. Por essa razão, nas preparações em que se deseja somente que o alimento seja selado, sem que haja coloração, esta especificação é indicada no modo de preparo.

Para selar, execute os passos abaixo.

> **OBSERVAÇÃO**
> "Dourar" um alimento representa um ponto visual determinante dos processos de cocção e/ou de processos auxiliares, pois pode não apenas ser usado para determinar o final de uma etapa e o início da próxima como também ser a referência para o resultado final esperado de uma produção. O termo faz referência ao escurecimento da coloração do alimento, que ficará mais dourado ou levemente marrom.

1. Separe os ingredientes que serão utilizados na receita, bem como os seguintes equipamentos e utensílios: pinça ou garfo trinchante, superfície de contato (ou seja, panela, frigideira, chapa, sauteuse).

2. Adicione gordura à superfície de contato (panela, frigideira, chapa, sauteuse) ou em volta do alimento, para evitar que ele grude.

3. Aqueça a superfície de contato em fogo alto.

4. Adicione o alimento a ser selado, girando-o com o auxílio da pinça ou do garfo para que ele tenha contato completo com a panela, chapa ou frigideira.

TÉCNICAS AUXILIARES DE COCÇÃO

TOSTAR

Trata-se da técnica na qual o alimento é submetido a elevadas temperaturas. O alimento doura tão intensamente que desenvolve sabor acre e aroma chamuscado. Também pode ser chamada de "chamuscar".

Esta técnica auxiliar é bastante empregada em sementes e oleaginosas (por exemplo, amêndoa, semente de girassol), para ativar seu sabor antes de serem usadas.

DEGLAÇAR

Trata-se da adição de um líquido (água, fundo, vinho, creme de leite, etc.) aos resíduos sólidos que sedimentaram e douraram durante os procedimentos iniciais ou finais da cocção. O objetivo principal é aproveitar os sabores e a coloração residuais na produção e/ou no preparo de molhos.

Outros nomes para esse procedimento são deglacear, desglaçar ou dissolver.

Alguns alimentos que, ao serem aquecidos, liberam água rapidamente podem ser utilizados para deglaçar. Um exemplo é a cebola: na produção do bife acebolado, é comum que ela seja acrescentada após o bife ser salteado.

Para deglaçar, execute os passos abaixo.

1. Separe os ingredientes que serão utilizados na receita, bem como os seguintes equipamentos e utensílios: pinça ou garfo trinchante, superfície de contato (ou seja, panela, frigideira, chapa, sauteuse).

2. No momento da cocção, do refogado ou da selagem, adicione o líquido à panela, frigideira ou sauteuse ainda quente.

3. Faça os resíduos da selagem se desprenderem utilizando um utensílio como colher ou o próprio alimento (fixo por uma pinça).

> **OBSERVAÇÃO**
> Em caso de cocção de grandes quantidades de alimento, deglaceie em etapas, aproveitando ou reservando o líquido resultante.

MARCAR

Este termo está mais relacionado a questões estéticas da apresentação final; o escurecimento gerado no processo caracteriza o alimento marcado. É comum utilizar a técnica de marcar em alimentos cozidos por processos que geram pouco ou nenhum tipo de escurecimento, como a cocção sous vide ou a vapor. Pode-se optar por marcar os alimentos antes ou depois de passarem por essas técnicas. Para essa finalidade, é mais recomendável a utilização de grelhas de condução (como a chapa canelada), que interferem menos na textura do alimento do que as de radiação (como o char broiler).

FLAMBAR

Consiste em adicionar uma bebida alcoólica (conhaque, cachaça, rum, entre outras) à preparação e atear fogo nos vapores resultantes de seu aquecimento. Esse procedimento é realizado para diminuir o teor alcoólico, fazendo sobressair os sabores da bebida e conferindo um aroma chamuscado à preparação.

Para flambar, execute os passos a seguir.

> **OBSERVAÇÕES**
> O "truque" de jogar um palito de fósforo aceso dentro da panela para flambar e depois resgatá-lo não é recomendado porque fósforo pode se tornar um risco de contaminação ao alimento.
>
> Como é necessário fogo para flambar, não conseguimos realizar esta técnica em fogões por indução. Esse equipamento faz a transmissão de calor através de um campo eletromagnético, ou seja, sem chama.

1. Sem desligar o fogo, adicione a bebida alcoólica na panela em que o alimento está sendo preparado.

2. Ateie fogo. Para isso, você pode colocar a bebida em uma concha, aquecer a concha sobre o fogo e, então, despejar o conteúdo da concha (já com a chama) na panela; ou despejar a bebida na panela e deitá-la delicadamente sobre o fogo, para que ele entre em contato com o líquido; ou utilizar uma fonte de calor externa, como maçarico ou isqueiro (com um porta-isqueiro multifuncional, para maior segurança do cozinheiro).

REFOGAR

Refogar foi apresentado anteriormente como técnica de cocção que proporciona uma produção umedecida e na qual não há a necessidade de dourar o alimento (ver página 134). No entanto, também pode ser considerada uma técnica auxiliar porque ela pode representar o passo inicial de um outro processo de cocção (por exemplo, no arroz refogamos os ingredientes aromáticos antes de acrescentar o principal, que será cozido por convecção).

> **OBSERVAÇÃO**
> Muitas vezes, usamos no lugar do termo "suar" a expressão "refogar sem dourar", que descreve as características do alimento obtidas pela técnica de suar.

SUAR

Suar consiste em aquecer o alimento de forma delicada, fazendo-o cozinhar sem que desenvolva colorações mais escurecidas. Uma utilização comum é em cebolas finamente picadas ou fatiadas, quando se almeja que fiquem translúcidas. Esta técnica também é utilizada em alimentos que possuam moléculas aromáticas voláteis sensíveis à temperatura, para que possam liberar seus aromas intensificando sua participação em determinadas produções.

GRATINAR

Trata-se da criação de uma crosta dourada na superfície de uma preparação culinária por meio da ação do calor. Geralmente, a superfície desse alimento é coberta com queijo, farinha de rosca, molho ou uma combinação de ingredientes que possibilite formar uma crosta com coloração dourada. Além do termo "gratinar", pode ser utilizada a expressão "crestar".

Os equipamentos mais comuns para gratinar são fornos convencionais ou combinados em alta temperatura, salamandras, dourador (grill do forno) e maçaricos.

GLAÇAR OU GLACEAR

A glaçagem é uma técnica que visa dar brilho à produção final. Na cozinha, podemos utilizar xaropes (por exemplo, de glucose), caldas e mel ou adicionar molhos untuosos à base de manteiga e glaces (no capítulo sobre bases culinárias).

Para glaçar, execute os passos abaixo.

1. Após a cocção ter sido aplicada ao alimento, adicione o ingrediente que irá glacear a produção.

2. Misture bem para incorporar o ingrediente acrescentado à produção até obter brilho e viscosidade.

OBSERVAÇÃO
"Glace" é uma palavra feminina (fala-se "a glace") que designa a base culinária resultante da redução de um fundo (ver página 206). Já o termo "glacê", masculino, é usado para se referir à preparação à base de claras e açúcar impalpável utilizada na finalização de bolos e doces (vem do francês "glace", que se pronuncia como "glacê").

Para espessar

O espessamento se refere a interferir na fluidez de uma preparação, tornando-a mais encorpada. Para que isso ocorra, diferentes técnicas podem ser utilizadas a partir da combinação de ingredientes e/ou da ação mecânica empregada.

Os tipos mais comuns de espessamento ocorrem por:

- **emulsão** (espessamento por gotícula);
- **géis e proteínas** (espessamento por molécula);
- **aeração/espumas** (espessamento por bolhas);
- **redução/concentração** (espessamento por partícula).

EMULSÃO (ESPESSAMENTO POR GOTÍCULA)

Emulsão consiste na técnica utilizada para unir líquidos imiscíveis – isto é, que normalmente não se misturam. É um espessamento por gotícula, porque acontece por meio da dispersão de gotículas em suspensão. Geralmente, o líquido que estiver em menor quantidade será aquele que irá formar as gotículas (fase dispersa) e ficará rodeado pelo outro (fase contínua). Essas gotículas, por não serem compatíveis, após um breve período de repouso tendem a se separar novamente; por isso, para tornar uma emulsão mais estável podem ser adicionados elementos emulsificantes que possuam afinidade com ambos os líquidos, como a lecitina (presente, por exemplo, nas gemas dos ovos). Isso faz com que esses líquidos tenham mais dificuldade em se separar e formem uma emulsão cremosa e estável.

No caso de emulsão de óleo em água (ou seja, água em maior quantidade), as gotículas de óleo ficam suspensas na água. O exemplo mais comum é o vinagrete (azeite + vinagre). Esse tipo de emulsão é instável, pois a receita tradicional (ver página 218) não possui nenhum elemento emulsificante.

No caso de emulsão de água em gordura (ou seja, gordura em maior quantidade), as gotículas de água ficam em suspensão na gordura. Como exemplo temos os emulsionados à base de manteiga (como beurre blanc e holandês; ver páginas 222 e 221), que são estáveis desde que controlada a temperatura.

Outro exemplo de emulsão, a maionese, utiliza gema de ovo como agente estabilizador (ver página 220).

MANTEIGA: UMA EMULSÃO PARA EMULSIONAR

A manteiga é um ingrediente muito utilizado na cozinha, principalmente nas mais tradicionais. Ela própria é resultado de uma emulsão de água em óleo (a homogeneidade das partículas de água e gordura neste produto resultam na textura "cremosa"; quando aquecemos a manteiga, as fases se separam).

Uma das utilizações comuns da manteiga é a emulsão de molhos. Essa técnica de finalização também é chamada de "montar na manteiga". Esse tipo de emulsão aparenta ser mais estável que o de óleo em água, pois as cadeias lipídicas da manteiga são longas, o que proporciona mais viscosidade à emulsão final.

Para que a emulsão com manteiga seja eficiente, é preciso prestar atenção a alguns pontos, como:

- a quantidade de líquido emulsionado deve ser menor do que a quantidade de manteiga;
- como a manteiga é uma emulsão, é imprescindível que haja um controle de temperatura, do contrário haverá separação das fases (água e gordura). Recomendamos uma temperatura de 80 °C aproximadamente;
- manteigas clarificadas (ver página 126) tendem a ser mais estáveis quando usadas em emulsões, já que não possuem mais água em dispersão.

GÉIS E PROTEÍNAS

Este é um espessamento por molécula e geralmente ocorre após aquecimento. Com o calor, algumas substâncias presentes nos alimentos (como amido, pectina e proteína) se desassociam de sua estrutura, permitindo que essas moléculas desassociadas absorvam líquido, causando o espessamento.

AMIDOS

Uma das substâncias que promovem o espessamento por molécula são os amidos, que são polissacarídeos formados por moléculas de amilose e amilopectinas, as quais têm capacidade de formar gel. A quantidade de cada uma delas define o poder de espessamento dos diferentes ingredientes que têm amido em sua composição. Os mais comuns são:

- farinhas;
- féculas de trigo, milho, arroz, mandioca (tapioca ou polvilho);
- batata;
- inhame;
- aveia;
- ervilha.

Os amidos são utilizados na produção das seguintes bases culinárias:

- **roux** (amido presente na farinha de trigo; ver página 212);
- **slurry** (ver página 214);
- **beurre manié** (amido presente na farinha de trigo; ver página 214);
- **singer** (amido presente na farinha de trigo; ver página 214).

Essas bases, conforme será explicado mais adiante (ver página 211), são utilizadas como espessantes na cozinha.

PECTINA

Outra substância que promove o espessamento por molécula são as pectinas. Elas estão presentes principalmente em cascas de frutas cítricas e na polpa de maçã. Ao serem aquecidas e, depois, resfriadas, formam gel. É o que ocorre, por exemplo, no preparo de compotas e geleias.

PROTEÍNAS

As proteínas como agentes espessantes são representadas, basicamente, pela gelatina e pela gema de ovo.

A gelatina é feita com colágeno, uma proteína extraída de tendões e ossos de animais que é solúvel em água quente e se solidifica em temperatura baixa. A gelatina engrossa e gelatiniza-se graças à característica de suas proteínas de formarem longas cadeias.

Na culinária, sua adição aumenta a viscosidade de um líquido quando seus grânulos são hidratados, amplificando em cerca de dez vezes seu tamanho original e aprisionando as moléculas de água no processo. É utilizada na confeitaria como agente espessante, bem como para combinar ou aglutinar ingredientes, formar texturas e formar e estabilizar emulsões e espuma.

A alteração extrema de temperatura destrói parte da habilidade espessante do agente gelatinoso. Alguns ingredientes, como o açúcar, quando são utilizados em excesso inibem a gelatinização, e algumas frutas, quando estão frescas, possuem enzimas que quebram as proteínas e desestabilizam a gelatinização.

A gelatina pode ser encontrada na forma de folhas e de pó.

Equivalência para gelatina em pó e em folha	
Gelatina em pó	Gelatina em folhas
1 envelope (12 g)	1 envelope (6 folhas)
1 colher de chá	1 folha
1 colher de sobremesa	3 folhas

Fonte: Gisslen, 2011, p. 87.

Para hidratar e dissolver gelatina em folha, siga os passos abaixo.

1. Separe água filtrada e as folhas de gelatina, bem como os seguintes equipamentos e utensílios: 2 bowls, colher, forno de micro-ondas (ou fogão), panela.

2. Em um bowl, coloque água fria até a metade do recipiente.
3. Mergulhe as folhas inteiras no bowl com água fria e espere alguns segundos até que elas amoleçam. É importante que o bowl contenha água suficiente para cobrir as folhas.

4. Retire as folhas do bowl e esprema-as para eliminar o excesso de água.
5. Coloque as folhas espremidas em outro bowl e leve ao micro-ondas, por cerca de 15 segundos, ou ao banho-maria, sem parar de mexer, até que o conteúdo tenha ficado líquido e homogêneo.
6. Utilize para diferentes produções.

Para hidratar e dissolver gelatina em pó, execute os passos a seguir.

1. Separe água filtrada e a gelatina em pó, bem como os seguintes equipamentos e utensílios: bowl, colher, forno de micro-ondas ou fogão, panela.

2. No bowl, coloque a quantidade de água destinada à hidratação da gelatina conforme indicado na receita. (Caso a receita não tenha indicado a quantidade de água para a hidratação, normalmente são necessários 60 g de água para o conteúdo de um envelope de gelatina em pó com 12 g.)

3. Acrescente a gelatina em pó à água e misture com a colher.
4. Leve o bowl com água e gelatina ao micro-ondas, por cerca de 15 segundos, ou ao banho-maria, sem parar de mexer, até que o conteúdo tenha ficado líquido e homogêneo.
5. Utilize para diferentes produções.

No caso da gema de ovo como espessante, o exemplo bem comum é o da maionese, como vimos anteriormente. Mas a gema pode espessar preparações quentes também (por exemplo, para o recheio da quiche batemos ovos a fim de favorecer a estrutura).

AERAÇÃO/ESPUMAS

Este é um tipo de espessamento por bolhas de ar que são obtidas a partir de uma ação mecânica, resultando em um volume aerado.

Exemplos são:
- **creme de leite batido**, do qual obtemos chantilly (utilizado na confeitaria) e o crème fouettée (usado em produções da cozinha fria, como creme azedo);
- **claras em neve** (empregadas em suflês);
- **gemas branqueadas** (obtidas em processo idêntico ao aplicado para a elaboração das claras em neve) e utilizadas principalmente em confeitaria (mousses, entre outras produções).

Para fazer claras em neve, siga os passos abaixo.

1. Separe os ingredientes que serão utilizados na receita, bem como os seguintes equipamentos e utensílios: batedeira (acessório globo), colher (para conferir o ponto).

2. Com a batedeira desligada, acrescente as claras.

4. Confira o ponto da clara com uma colher e vire de ponta-cabeça. Ele deve permanecer firme.
5. Utilize para diferentes produções.

3. Ligue o equipamento em velocidade média e bata até as claras incorporarem ar e dobrarem de volume.

REDUÇÃO E CONCENTRAÇÃO

Trata-se de espessamentos por partícula: fragmentos das paredes celulares e/ou do tecido conjuntivo ficam suspensos em líquido, para concentrar a suspensão e espessar a produção.

Fazer uma redução consiste em evaporar parte do líquido, concentrando as partículas sólidas.

Um exemplo de concentração é dado pelo processamento do tomate, nesta sequência: sopa, molho, purê e extrato.

No entanto, dependendo da composição dos ingredientes, a redução não garante estabilidade do produto. Por essa razão, muitas vezes é possível utilizar agentes espessantes como gordura, creme de leite, ovos, amidos ou gelatinas. Um exemplo é o preparo do purê de batata. Mesmo com a evaporação da água, é necessário incluir um elemento estabilizador, como manteiga ou creme de leite, para dar a estrutura ideal à produção (ver receita completa na página 294).

Para aromatizar líquidos

Líquidos aromatizados são muito comuns na cozinha. As técnicas de aromatização podem ser divididas em decocção e infusão.

- **Decocção:** técnica em que os ingredientes são submersos em água e, então, cozidos para que haja uma melhor extração de sabores e aromas. É muito utilizada no preparo de bases culinárias como os fundos (ver página 199) e os caldos (ver página 207) e em produções como sopas.
- **Infusão:** técnica que consiste na extração de sabores e aromas de ingredientes como ervas aromáticas, flores, frutos e óleos essenciais. Os compostos aromáticos desses ingredientes não suportam a ação do cozimento; por essa razão, para serem mais bem aproveitados devem ser vertidos em líquido aquecido e, então, tampados e deixados em repouso. O tempo de infusão interferirá na intensidade de sabor e de aromas. Assim, após determinado período pode-se retirar o ingrediente aromatizador. A infusão é muito utilizada no preparo de vinagres, azeites e óleos aromatizados (ver página 208).

Para conservar alimentos

BRANQUEAR

Nesta técnica, o alimento é submetido por alguns segundos ou minutos a temperaturas elevadas em água fervente ou óleos para fritura, o que inativa as enzimas responsáveis pelo escurecimento (ver página 121). Em seguida, para interromper a cocção, o alimento é rapidamente resfriado, normalmente utilizando-se um banho de água e gelo ou equipamentos de resfriamento ultrarrápido (ver página 36).

O objetivo principal do branqueamento é manter a coloração e amenizar perdas nutricionais em hortaliças que serão armazenadas sob congelamento ou resfriamento e, posteriormente, submetidas a diferentes técnicas de cocção.

Ao branquear um alimento, este terá passado, ainda que por alguns minutos, por um processo de cocção; assim, muitas vezes o branqueamento é citado como uma forma de pré-cocção de alimentos que serão submetidos a uma cocção final – por exemplo, pré-cozer brócolis ou vagens que serão utilizados em um salteado.

> **OBSERVAÇÃO**
> Na cozinha clássica francesa, o termo "blanchir" ("branquear") é utilizado em diferentes situações, como: pré-cozimento; dessalga; retirada de pele de peixe; primeira fritura em baixa temperatura de batatas (na produção de batatas fritas); mistura vigorosa de gemas ou ovos inteiros com açúcar até que se forme um creme claro e espumoso.

DEFUMAR

Nesta técnica, o alimento é exposto à fumaça produzida pela queima de alguns elementos, como madeira, arroz com casca e carvão, entre outros. A fumaça faz com que o alimento se desidrate, e fique impregnado de substâncias que retardam o processo de multiplicação microbiana. Assim, o item defumado não precisa ser armazenado no refrigerador. O tipo de elemento queimado confere ao alimento defumado características próprias de aroma e sabor.

A defumação é aplicada principalmente em proteínas frescas e em embutidos, mas também podemos defumar laticínios, como queijos.

Para defumar, execute os passos abaixo.

1. Separe os ingredientes que serão utilizados na receita, bem como os seguintes equipamentos e utensílios: itens para o pré-preparo (como facas apropriadas, por exemplo), defumador ou recipiente que permita a circulação da fumaça, grelha, papel-alumínio.
2. Pré-prepare o alimento a ser defumado (limpar, cortar, etc.).
3. Acrescente os ingredientes a serem queimados no recipiente. Para facilitar a higienização posterior e evitar a queima do recipiente, podemos colocar papel-alumínio nele.
4. Coloque a grelha sobre o recipiente, e o alimento sobre a grelha.
5. Cubra o alimento (com tampa ou mesmo papel-alumínio) e leve o recipiente ao fogo alto (boca do fogão). Espere formar fumaça.
6. Abaixe o fogo e deixe a defumação transcorrer por 2 a 3 horas aproximadamente ou até o alimento ganhar uma coloração caramelo.

OBSERVAÇÕES

Embora seja apresentada como uma técnica auxiliar que conserva o alimento, a defumação pode também promover a cocção deste.

O exemplo utiliza, como alimento a ser defumado, peito de pato (marinado) e, como elementos para a defumação, arroz com casca, pimenta-do-reino preta, pimenta-do-reino branca, louro seco, alecrim seco, orégano seco, sal grosso e açúcar.

O anel de defumação é uma linha rosada que se forma na proteína, logo abaixo da superfície caramelo. Ele é um indicativo de que a defumação está pronta, porque ali ficam concentrados os sabores e aromas provenientes do processo.

MANUAL PRÁTICO DE COZINHA SENAC

OBSERVAÇÕES

O material utilizado em um processo não deve ser reutilizado em outro, para evitar contaminação cruzada (ver página 22).

O alimento curado pode ser mantido fora de refrigeração.

CURA

A cura consiste em conservar alimentos utilizando-se solução seca ou úmida rica em sal. O sal evita a ação de bactérias que deteriorariam o alimento, mas outros ingredientes podem ser adicionados para agregar sabor.

Esta técnica é aplicada principalmente em carnes e laticínios, porém é possível curar outros itens como vegetais (como o relish de pepino, por exemplo).

Embora existam procedimentos de cura a quente, o mais difundido é a cura a frio. O alimento precisa ficar exposto a uma temperatura entre 2 °C e 4 °C, porque acima dessa faixa o crescimento de bactérias é favorecido. (Em contrapartida, uma temperatura inferior a 2 °C retarda a cura, daí a necessidade de controlar todo o processo.)

A concentração de sal varia de acordo com o paladar, mas em média deve ser de 0,5% a 1% do peso total da carne a ser curada. Por exemplo, para curar uma peça de peito bovino de 500 g, utilizamos de 2,5 g a 5 g de sal refinado.

Para realizar a cura seca, execute os passos a seguir.

1. Separe os ingredientes que serão utilizados na receita, bem como os seguintes equipamentos e utensílios: itens para o pré-preparo (como facas apropriadas, por exemplo), bowl, filme plástico, recipiente com furos, recipiente sem furos, refrigerador.

2. Pré-prepare o alimento a ser curado (limpar, cortar, etc.).
3. Coloque o alimento no bowl e espalhe o sal e os temperos (caso estejam sendo usados).
4. Transfira o alimento temperado para o recipiente com furos, e este sobre o recipiente sem furos. O de baixo serve para acomodar a água que o alimento soltará. Atenção: a água que escorre não deve ter contato com a carne.

5. Cubra o recipiente com filme plástico e leve ao refrigerador por 24 horas.
6. Retire do refrigerador e tire o excesso dos ingredientes, mas sem lavar.
7. Cubra novamente com filme plástico e leve ao refrigerador por mais 24 horas.
8. Utilize para diferentes produções (antes do uso, dessalgue; ver página 111).

Para fazer a cura úmida (ou salmoura), siga os passos abaixo.

1. Separe os ingredientes que serão utilizados na receita, bem como os seguintes equipamentos e utensílios: itens para o pré-preparo (como facas apropriadas, por exemplo), filme plástico, recipiente, refrigerador.
2. Pré-prepare o alimento a ser curado (limpar, cortar, etc.).

3. No recipiente, prepare a salmoura, misturando o sal, a água e os demais ingredientes de sabor.
4. Acrescente o alimento a ser curado ao líquido refrigerado, para que fique submerso.
5. Cubra o recipiente com filme plástico e leve ao refrigerador.

6. Deixe a ação da cura ocorrer (em média, 24 horas).
7. Retire do refrigerador e tire o excesso dos ingredientes, mas sem lavar a peça.
8. Utilize para diferentes produções (antes do uso, dessalgue; ver página 111).

FERMENTAÇÃO

Nesta técnica, alimento é submerso em uma mistura de água, sal e vinagre que, após um tempo, fermenta, produzindo ácido lático, que conserva o alimento. Exemplos bastante conhecidos de fermentados na cozinha são os picles, o aliche e o chucrute.

Para fazer picles de pepino, siga os passos abaixo.

1. Separe os ingredientes que serão utilizados, bem como os seguintes equipamentos e utensílios: colher, faca de cozinha, panela, tábua, vidro esterilizado com tampa.
2. Higienize o pepino e, com a faca, sobre a tábua, corte em bastões, mantendo a casca.

3. Na panela, acrescente a água, o vinagre e o sal, bem como os aromáticos (caso esteja usando), e leve para aquecer até entrar em ebulição.
4. Assim que ferver, desligue o fogo e deixe o líquido esfriar até a temperatura ambiente.

5. Coloque o pepino no recipiente de vidro, despeje o líquido e feche.
6. Deixe a fermentação ocorrer (aproximadamente, 48 horas). O vidro não precisa ser colocado em refrigeração.
7. Utilize para diferentes produções.

OBSERVAÇÕES

O exemplo utiliza 500 g de pepino e, para a salmoura, 20 g de sal refinado, 200 ml de vinagre e 300 ml de agua. É possível acrescentar aromáticos como cebola, alho e pimenta, entre outros.

O líquido do processo de fermentação deve ser mantido. Os picles não precisam ficar em refrigeração.

OBSERVAÇÕES

O exemplo utiliza, como peça a ser confitada, 500 g de peito de pato (marinado); para confitar, 1 kg de gordura, e, para a marinada seca, 15 g de sal grosso, 3 g de pimenta mignonette, 3 folhas de louro, 1 maço de tomilho seco e 1 cabeça de alho.

O cozimento lento e a baixas temperaturas tem o objetivo de reduzir a atividade de água da carne, para evitar a proliferação de microrganismos patogênicos.

Armazene o alimento confitado na própria gordura do cozimento em vidro esterilizado com tampa. Pode ser mantido fora do refrigerador. Após o resfriamento, observe se houve formação de líquido na parte inferior. Em caso positivo, retire esse líquido.

CONFIT

O termo "confit" (pronúncia: "confí") é famoso principalmente pela produção de coxas e sobrecoxas de pato cozidas lentamente e armazenadas em sua própria gordura. No entanto, a técnica de confitar diz respeito a diferentes formas de transformação de alimentos. Além da cocção longa e lenta de carne (não só a citada carne de pato mas também de porco e de ganso), a técnica de confitar é empregada em:

- frutas cozidas em xarope concentrado, como frutas confit, marrom-glacê e compotas;
- frutas e legumes conservados em álcool, vinagre ou óleo e que foram previamente cozidos longa e lentamente.
- conservas de frutas e legumes em sal (crus ou previamente cozidos).

Em média, a quantidade de gordura deve ser o dobro em relação ao peso da peça a ser confitada, para garantir que ela fique toda envolvida.

A gordura utilizada no processo é a que retiramos da peça ao limpá-la. Ela deve ser derretida em fogo baixo, até que fique líquida.

Para fazer o confit, siga os passos abaixo.

1. Separe os ingredientes que serão utilizados, bem como os seguintes equipamentos e utensílios: bowls, faca de cozinha, filme plástico, garfo, panela, tábua, vidro esterilizado com tampa.

2. Com a faca, sobre a tábua, retire a gordura excedente do alimento, mantendo a pele. Dependendo da utilização que se pretende depois do confit, desosse, corte e porcione.

3. Em um bowl, faça uma marinada seca.

4. Na panela, derreta a gordura em fogo baixo (70 °C a 80 °C).

5. Retire o excesso de marinada do alimento.

6. Adicione o alimento à panela em que está a gordura derretida.

7. Tampe a panela e cozinhe em fogo baixo (70 °C a 80 °C) até que a carne esteja cozida (teste com um garfo).

8. Utilize em diferentes produções (antes do uso, retire o excesso de gordura, sem lavar).

TÉCNICAS AUXILIARES DE COCÇÃO

177

Para controlar a temperatura

BANHO-MARIA

O banho-maria consiste em colocar o alimento em um recipiente refratário (pode ser panela que vai ao forno) e, então, colocar esse recipiente ou panela dentro de outro, maior, contendo água. Pode ser realizado tanto na boca do fogão como no forno. A água não deve ultrapassar a metade da altura do recipiente ou da panela em que está o alimento.

O objetivo do banho-maria é o controle da transferência de calor. Com isso, conseguimos cozinhar ou manter aquecido um produto sem que ele perca sua estrutura. Em restaurantes, colocamos molhos em banho-maria para que estejam aquecidos na hora de serem servidos. Em confeitaria, utilizamos esta técnica na produção de pudins: como o ovo coagula (cozinha) a partir de 70 °C, uma cocção sem o auxílio do banho-maria faria o pudim ressecar, perdendo sua consistência característica.

O calor transferido é o da ebulição da água. Por isso, no forno, o vapor da água forma uma barreira de temperatura que mantém o ambiente a 100 °C, mesmo que o forno esteja a 180 °C. Enquanto houver água no banho-maria e vapor de água no ambiente, a temperatura será constante. Por isso, recomendamos haver uma panela com água fervente disponível, para realimentar o banho-maria quando necessário.

CAPÍTULO 11

Cocção de ovos, leguminosas e cereais

Leguminosas e cereais

Leguminosas, cereais e seus derivados (massas alimentícias) são alimentos que, em seu processo de cocção, utilizam líquido para serem hidratados e, então, consumidos.

A técnica empregada pode variar entre escalfar ou escaldar, dependendo da produção. Algumas utilizam o processo de reidratação para facilitar a cocção (ver página 112).

O líquido resultante varia de acordo com cada tipo de produção. Algumas absorvem todo o líquido, sem umidade externa (como o arroz e a polenta); outras, além de precisarem de líquido para a cocção, utilizam-no como parte de seu resultado (por exemplo, o feijão); e há aquelas que necessitam de água apenas para a cocção, desprezando-a depois (por exemplo, o macarrão). A partir do resultado esperado é possível analisar quanto de líquido será necessário para cada produção.

Características do processo de cocção de diversos cereais e leguminosas			
Produção	Técnica	Resultado líquido	Reidratação
Arroz	Escaldar (líquido aquecido).	Absorvido.	Não, pois a cocção é rápida.
Risoto	Escaldar (líquido aquecido).	Absorvido.	Não, pois durante a cocção é necessária a liberação de amido, que se perderia na reidratação, pois o arroz hidratado quebra quando empregada a ação mecânica necessária na técnica de produção do risoto.
Polenta	Escalfar (líquido aquecido).	Absorvido.	Sim, para hidratar a farinha de milho, acelerando o processo de cocção.
Feijão carioquinha, leguminosas para sopas	Escalfar (líquido inicial em temperatura ambiente ou aquecido).	Utilizado como caldo.	Sim, para acelerar/facilitar a produção e dificultar a ação de elementos antinutricionais.
Grão-de-bico e lentilhas (para saladas)	Escalfar (líquido inicial em temperatura ambiente ou aquecido).	Absorvido.	Sim, para acelerar/facilitar a produção e dificultar a ação de elementos antinutricionais.
Macarrão	Escalfar (líquido aquecido).	Descartado.	Não, pois a cocção é rápida.

Embora muitas vezes utilizem as mesmas técnicas, cada uma das produções do quadro necessita de algumas etapas específicas, conforme detalhado a seguir.

ARROZ

O arroz constitui a base de muitas refeições no mundo; em algumas regiões, é o principal responsável pela ingestão de energia (McGEE, 2014). Existem variações e diferentes formas de ser adquirido em razão do processo de polimento realizado no cereal.

O arroz pode ser classificado pela coloração (vermelho, negro), pelo tamanho (agulhinha, cateto, grão longo, curto, etc.), pelas etapas de beneficiamento (integral, parboilizado e refinado) e por seu aroma (basmati e jasmim). Os formatos variados fazem com que cada um demande tempo de cocção e quantidade de líquido também diferentes.

Em seu preparo, costumam ser acrescentados condimentos e aromáticos para realçar o sabor. Cada região no mundo adiciona diferentes ingredientes na elaboração do arroz, como leite de coco, vinagre, verduras, frutas e oleaginosas, entre outros.

OBSERVAÇÃO
Existem algumas discussões sobre lavar ou não o arroz. O processo de lavar retira um pouco do amido externo, contribuindo para que o arroz fique solto, mas não garante a retirada de microrganismos. Somente o calor é capaz de garantir essa ação.

Para fazer arroz, execute o passo a passo abaixo.

1. Separe os ingredientes que serão utilizados na receita, bem como os seguintes equipamentos e utensílios: itens para o pré-preparo (como facas apropriadas, por exemplo), colher, garfo, panela para o líquido, panela para o refogado.
2. Pré-prepare os ingredientes.

5. Adicione os temperos, como alho e cebola, e refogue até dourar (coloque em primeiro lugar os que estiverem em pedaços maiores, para não queimar).

3. Em uma panela, coloque o líquido de cozimento para ferver.
4. Aqueça a outra panela com a gordura em fogo médio.

6. Adicione o arroz todo de uma única vez e refogue. Com a colher, mexa para que o refogado envolva os grãos (assim, será criada uma "cobertura" que reduzirá o desprendimento do amido, contribuindo para que o arroz não fique empapado).

8. Mexa para incorporar todo o arroz ao líquido e aos temperos.

7. Coloque o líquido quente todo de uma vez e acrescente sal e folha de louro (caso esteja utilizando).

9. Tampe e deixe cozinhar em fogo baixo.
10. Após todo o líquido ser absorvido, desligue o fogo e espere alguns minutos.
11. Antes da utilização, solte os grãos com um garfo.

Proporção de líquido quente por quantidade de arroz	
Tipo	Proporção de líquido quente × quantidade do arroz
Branco ou agulhinha	2
Integral	3
Parboilizado	3
Selvagem	4
Vermelho ou negro	3
Basmati ou jasmin	2
Japonês	1

RISOTO

"Riso" é o termo italiano para arroz, e no risoto utilizamos tipos como arbóreo, carnaroli e vialone nano para chegarmos à cremosidade típica desta produção. Esse resultado é favorecido também pelo modo de preparo, que propicia a liberação lenta do amido presente no cereal.

Para fazer risoto, execute os passos abaixo.
1. Separe os ingredientes que serão utilizados na receita, bem como os seguintes equipamentos e utensílios: itens para o pré-preparo (como facas apropriadas, por exemplo), 2 panelas, colher, concha.
2. Pré-prepare os ingredientes.
3. Em uma panela, coloque o líquido de cozimento para ferver.
4. Aqueça a outra panela com a gordura em fogo médio.
5. Adicione os temperos, como alho e cebola, e refogue (coloque em primeiro lugar os que estiverem em pedaços maiores, para não queimar).
6. Adicione o arroz todo de uma única vez e refogue.
7. Coloque todo o vinho e incorpore até reduzir.
8. Adicione o líquido quente aos poucos. Com o auxílio de uma concha, vá acrescentando mais líquido conforme for evaporando na panela. Mexa constantemente, para melhor liberação do amido. Prossiga até que os grãos fiquem al dente.
9. Finalize com queijo parmesão e a gordura que estiver sendo utilizada.
10. Acerte o sal.
11. Utilize como prato principal ou acompanhamento.

OBSERVAÇÃO
A expressão italiana "al dente" é usada para o ponto do cozimento (geralmente do macarrão e do risoto) em que o alimento, cozido, oferece alguma resistência ao ser mordido. O produto deve ficar firme, mas não duro.

POLENTA

Conhecida nacionalmente como angu de milho, a polenta pode ser feita em poucos minutos ou demorar horas em sua cocção – tudo depende do resultado a ser obtido (por exemplo, uma polenta mais mole, para ser acompanhada de molhos, ou uma mais firme, para ser fatiada e frita). O fubá (farinha de milho) absorve rapidamente os líquidos, necessitando de constante movimento para que a produção não grude ou queime.

Para preparar polenta, execute os passos a seguir.

1. Separe os ingredientes que serão utilizados na receita, bem como os seguintes equipamentos e utensílios: itens para o pré-preparo (como facas e bowls apropriados, por exemplo), fouet, panela.

2. Pré-prepare os ingredientes.

3. Na panela ainda fria, incorpore todos os ingredientes de uma única vez. Como exemplo, podemos estimar 200 g de fubá para 1,5 mℓ de líquido. Para um resultado mais cremoso, podemos acrescentar manteiga (ainda usando os 200 g de fubá como referência, neste caso poderíamos adicionar 50 g de gordura).

4. Leve ao fogo baixo e mexa constantemente até o fubá estar cozido. Se necessário, adicione mais líquido.

5. Acerte os temperos se necessário.

6. Utilize como prato principal ou acompanhamento.

FEIJÕES, ERVILHAS E OUTRAS LEGUMINOSAS

Embora apresentem diferenças na aparência, as leguminosas como grão-de-bico, feijão, ervilha, lentilha, tremoço e alfafa, entre outras, possuem a cocção muito semelhante. A diferença está na quantidade de líquido de cozimento e no quanto dele é absorvido pelos alimentos, já que esses alimentos podem ser utilizados para preparações diversas – como purês, cremes, caldos, saladas – ou como acompanhamentos.

Como dissemos anteriormente, em razão de o escalfado demandar mais tempo, para facilitar o preparo desses alimentos podemos utilizar a reidratação (ver página 112) ou a panela de pressão (ver página 33).

Para preparar feijão e ervilha seca execute os passos descritos a seguir.

1. Separe os ingredientes que serão utilizados na receita, bem como os seguintes equipamentos e utensílios: itens para o pré-preparo (como facas e bowls apropriados, por exemplo), fogão, panela comum ou de pressão.

2. Pré-prepare os ingredientes.

3. Na panela ainda fria, Incorpore todos os ingredientes de uma única vez.

4. Deixe cozinhar em fogo baixo até a leguminosa hidratar sem desmanchar (esse tempo pode variar de acordo com o tipo de leguminosa, a panela e a fonte de calor). Em caso de panela de pressão, siga as orientações de uso (ver página 33).

5. Acerte os temperos se necessário (caso tenha feito um refogado, acrescente-o neste passo).

6. Utilize como prato principal ou como acompanhamento.

MACARRÃO

O macarrão, como dissemos anteriormente, pode ser entendido como um derivado dos cereais. Para a cocção do macarrão – tanto seco como o fresco –, basta escalfá-lo em água fervente, deixando cozer até o ponto al dente. Algumas massas podem ser cozidas dentro do próprio molho, caso este possua alta quantidade de líquido.

Nos ambientes profissionais, os cozinheiros sempre cozinham a massa antes de estas atingirem o ponto al dente. Depois, elas são finalizadas com o molho, que volta a cozinhar a massa. É preciso ter cuidado: se a massa for muito cozida, ficará empapada (em decorrência da liberação do amido); se não for cozida o suficiente, resultará dura.

Para a cocção do macarrão, siga os passos abaixo.

1. Separe os ingredientes que serão utilizados na receita, bem como os seguintes equipamentos e utensílios: itens para o pré-preparo (como facas e bowls apropriados, por exemplo), escorredor, garfo comum ou garfo trinchante, panela.
2. Pré-prepare os ingredientes.
3. Acrescente água na panela em quantidade suficiente para cobrir o macarrão com folga.
4. Leve para ferver e, então, acrescente a massa.
5. Certifique-se de que o macarrão esteja solto passando um garfo por ele.
6. Cozinhe em fogo alto até que esteja al dente.
7. Escorra a água e adicione o molho.
8. Utilize como prato principal.

OBSERVAÇÕES

Há autores que defendem o uso de óleo e sal na água de cozimento. O óleo, utilizado para que massa não grude, não garante esse resultado, porque é preciso levar em conta que o óleo fica acima da água e a massa fica no fundo da panela. Quanto ao sal, ele antecipa o processo do tempero da massa, já que esse ingrediente em alguns casos não vai no processo de fabricação dela. O sal também eleva a temperatura de ebulição, fazendo com que a água demore mais para ferver (porém ferva em temperatura maior, o que pode acelerar a cocção).

Se perceber que o macarrão passou do ponto, despeje água fria sobre a massa, para que o choque térmico impeça que o calor continue a amolecer o alimento.

Caso o macarrão não seja utilizado logo após a cocção, recomendamos adicionar gordura, para que o amido após o esfriamento não faça a massa grudar.

Ovos

OBSERVAÇÕES

Os ovos podem se romper ao serem cozidos em água fervente caso não estejam frescos. Também pode haver o rompimento quando o ovo está em temperatura muito contrastante com a da água.

Em ovos mais velhos, a retirada da casca é mais fácil, em razão da quantidade de ar interna.

Em cozinhas profissionais, o ponto considerado correto da gema é o firme, por questão de segurança alimentar.

COCÇÃO COM CASCA

O cozimento com casca permite que o ovo se mantenha em seu formato. Dependendo do tempo de cocção, é possível obter diferentes resultados, visto que a clara está mais próxima à casca, cozinhando primeiro.

Tempo de cozimento de ovos com casca	
2-3 min.	Gema e parte da clara líquida (ovos quentes).
5-6 min.	Gema cremosa e clara coagulada (ovos moles).
8-10 min.	Gemas e claras completamente coaguladas (ovos duros).

Para um melhor resultado, é necessário cozinhar o ovo sempre em água no ponto de ebulição. Outras técnicas são possíveis, como brasear e assar, porém demandam cuidados no controle da temperatura a fim de que a casca não se rompa. Caso o ovo seja colocado sobre a brasa, recomendamos que não seja muito próximo da fonte de calor.

COCÇÃO SEM CASCA

Diferentes métodos e técnicas de cocção podem ser aplicados em ovos sem a casca – a escolha dependerá do resultado a ser atingido.

OVO FRITO E OVO ESTALADO

O ovo frito e o estalado são cozidos por método de condução (ver página 129). O que os diferencia é a quantidade de gordura utilizada. Os ovos fritos são colocados sobre grande quantidade dela. No caso do estalado, a gordura é adicionada para evitar que o ovo grude na superfície de contato (panela, frigideira, chapa).

Para fazer ovo frito ou ovo estalado, execute os passos a seguir.

1. Separe os ingredientes que serão utilizados na receita, bem como os seguintes equipamentos e utensílios: itens para o pré-preparo (como bowls apropriados, por exemplo), espátula, superfície de contato (panela, frigideira, chapa), termômetro culinário.

2. Quebre os ovos e avalie sua qualidade (ver página 102).
3. Coloque a gordura na frigideira (no caso do frito, gordura para imergir; no caso do estalado, somente para untar).

4. Aqueça a panela, frigideira ou chapa até que a gordura atinja 180 ºC.
5. Acrescente o ovo e não mexa até que esteja todo cozido.
6. Polvilhe com sal.
7. Retire com a espátula.

OVO MEXIDO

Na cocção, a gema e a clara devem ser misturadas. Para obter maior cremosidade, podemos colocar creme de leite ou leite integral na preparação.

Para fazer ovo mexido, execute os passos a seguir.

1. Separe os ingredientes que serão utilizados na receita, bem como os seguintes equipamentos e utensílios: itens para o pré-preparo (como bowls apropriados, por exemplo), bowl, colher, frigideira.

2. Quebre os ovos e avalie sua qualidade (ver página 102).
3. Em um bowl, misture os ovos com a colher e polvilhe com sal. Atente para que a mistura preserve partes da clara e da gema, evitando que se homogeneízem.

4. Coloque a misture sobre a frigideira com gordura ainda fria e deixe aquecer em fogo médio.
5. Prossiga misturando, para evitar que as partes mais próximas ao calor queimem, até que todos os ovos estejam cozidos.
6. Se necessário, incorpore creme de leite ou leite, para conferir cremosidade à produção.

OMELETE

No pré-preparo, devemos misturar a gema e a clara até se homogeneizarem, porém durante a cocção estas não devem ser mexidas até que coagulem (ou seja, comecem a firmar). É comum colocarmos recheios ou incorporarmos aromas no preparo.

Para fazer omelete, execute os passos a seguir.

1. Separe os ingredientes que serão utilizados na receita, bem como os seguintes equipamentos e utensílios: itens para o pré-preparo (como bowls apropriados, por exemplo), bowl, concha, espátula, frigideira, garfo comum ou fouet.

2. Quebre os ovos e avalie sua qualidade (ver página 102).
3. Em um bowl, misture os ovos com o garfo ou o fouet e polvilhe com sal.
4. Coloque gordura na frigideira apenas para untar e aqueça em fogo médio.
5. Despeje a mistura (se necessário, com o auxílio de uma concha), de modo que cubra toda a superfície em uma fina espessura (0,5 cm).

6. Prossiga a cocção e, quando perceber que se formou uma crosta na parte de baixo, faça uma dobra simples de 3 com o auxílio da espátula (ou seja, traga para dentro as duas extremidades do círculo). Um lado da omelete terá coloração mais intensa do que outro.

OBSERVAÇÕES
Caso vá rechear, coloque o recheio antes de fechar a omelete.

O recheio inserido na omelete como se fosse uma "panquequinha" é a receita clássica. O preparo em que os recheios são misturados aos ovos batidos é uma adaptação que permite diferentes possibilidades de ingredientes e bastante popular nos restaurantes brasileiros. Entre os ingredientes mais utilizados estão tomate, cebola, frios e queijos. Eles devem ser acrescentados no bowl em que está o ovo batido antes de a mistura ser levada à frigideira.

OVO POCHÉ

Neste preparo, o ovo é cozido em água sem gordura e com o auxílio de um elemento ácido para auxiliar no formato e na coagulação da clara. A proporção é 1 ℓ de água para 100 mℓ do elemento ácido (vinho branco ou vinagre).

Para fazer ovo poché (pronúncia: "pochê"), execute os passos a seguir.

1. Separe os ingredientes que serão utilizados na receita, bem como os seguintes equipamentos e utensílios: itens para o pré-preparo (como bowls apropriados, por exemplo), bowls, concha, escumadeira, panela.
2. Em uma panela, misture a água com vinho branco ou vinagre.
3. Leve ao fogo, deixe ferver e então reduza para fogo médio.
4. Em um bowl, quebre o ovo e avalie sua qualidade (ver página 102).
5. Salpique sal sobre o ovo.
6. Coloque o ovo sobre a concha.

7. Adicione-o cuidadosamente sobre a água.

8. Cozinhe-o por poucos minutos, até que a clara esteja toda cozida (branca).

9. Retire-o com o auxílio da escumadeira.

10. Passe o ovo levemente por água filtrada gelada, para interromper a cocção.

Da esquerda para a direita, ovo frito, ovos cozidos, omelete, ovo estalado e ovo poché.

Parte III

Produção e aplicação de bases culinárias

CAPÍTULO 12

Líquidos aromatizados

As bases culinárias são produtos formados por alimentos que passam por processos prévios para então se tornarem componente de um preparo culinário. Entre as bases temos os líquidos aromatizados, os espessantes e os molhos.

O molho de tomate nos mostra bem os processos prévios que caracterizam uma base.

Ingredientes →	Processo →	Produto (base culinária)
Tomate + azeite + aromáticos →	Cozinhar e/ou bater →	Molho de tomate (base culinária)

Como base culinária, o molho de tomate pode ser utilizado para produzir, por exemplo, um molho à bolonhesa:

Base culinária + Ingredientes →	Processo →	Preparação culinária
Molho de tomate + carne moída + aromáticos + temperos →	Cozinhar →	Molho à bolonhesa

No caso dos líquidos aromatizados, eles são utilizados como componentes de uma produção final ou mesmo como ingrediente de uma outra base culinária (ou seja, o líquido aromatizado, como base, reforçando um molho, que também é uma base). Isso ocorre porque os líquidos aromatizados têm a capacidade de adicionar sabor, aromas e – algumas vezes – textura aos produtos.

Os líquidos aromatizados podem ser elaborados a partir dos seguintes processos:
- **decocção** (ver página 172): ou seja, ingredientes cozidos em líquido. Por exemplo, fundos e caldos;
- **infusão** (ver página 172): ou seja, ingredientes imersos em líquido previamente aquecido. Por exemplo, azeites, óleos e vinagres aromatizados.

O resultado esperado são bases culinárias com alta concentração de sabor e aromas dos alimentos utilizados.

Fundos

Entre os líquidos aromatizados, temos os fundos, que são utilizados em diferentes receitas para acrescentar cor, sabor, aroma e textura à produção. Os fundos são considerados preparações de base em qualquer cozinha e amplamente empregados em cocções com proteínas, leguminosas, grãos, cereais, sopas e molhos, entre outras. Esses líquidos aromatizados são compostos por:

- **ingrediente principal:** ossos, carcaças e aparas de bovinos, vitelo, aves, caças, peixes, frutos do mar, vegetais e cogumelos (o ingrediente principal define o nome do fundo – por exemplo, fundo de carne, fundo de frango, etc.);
- **guarnição aromática:** mirepoix (ver página 108);
- **aromáticos:** sachet d'épices ou bouquet guarni (ver página 106);
- **líquido de cocção:** água;
- **espessante** (opcional, para um fundo levemente espessado): farinha de trigo.

Os fundos diferem dos caldos ou brodos por possuírem sabor e aromas (e, algumas vezes, coloração) mais intensos, em virtude principalmente do tempo de cocção mais prolongado e da redução.

Podem ser classificados de duas formas:

- **fundos claros:** aqueles em que os ingredientes são colocados diretamente na água e, então, cozidos em fogo brando;
- **fundos escuros:** aqueles em que os ingredientes são dourados antes de serem colocados na água e cozidos em fogo brando.

Há ainda o fumet (pronúncia: "fumê"), que é o fundo de peixes e/ou cogumelos. É considerado um fundo claro, pois, ainda que seus ingredientes possam ser suados (ver página 165), não devem dourar.

> **OBSERVAÇÃO**
> Se os ingredientes do fundo claro forem suados ou escaldados antes de ser iniciado o cozimento, é preciso tomar cuidado para que não fiquem dourados.

FUNDO CLARO DE AVE	
Ingrediente	Quantidade
Principal	
Carcaça de frango	1 kg
Base	
Água	1,8 kg
Temperos e aromáticos	
Mirepoix magro	100 g
Sachet d'épices	1 unid.
Rendimento aproximado: 1 kg	

MODO DE PREPARO

1. Separe os ingredientes que serão utilizados na receita, bem como os seguintes equipamentos e utensílios: itens para o pré-preparo (como tábuas, facas e bowls apropriados, por exemplo), chinois, colher, escumadeira, panela, recipientes para resfriamento ou ultrarresfriador.
2. No pré-preparo (ver página 96), retire o excesso de gordura das carcaças. Se necessário, escalde-as (ver página 143) e descarte essa água (a água da cocção deve ser outra).
3. Junte os ingredientes na panela e adicione água. A quantidade do líquido variará de acordo com o tamanho da panela, a intensidade de calor e a intenção de sabor, entre outras variáveis, como o tamanho dos ingredientes. Mas todos os ingredientes precisam estar cobertos com cerca de 1 palmo de água.
4. Cozinhe em fogo brando (aproximadamente, 80 °C a 90 °C) em panela destampada por cerca de 2 horas, sem deixar ferver.
5. Com a escumadeira, retire a espuma formada na superfície sempre que necessário.
6. Quando o líquido ganhar coloração intensa, desligue o fogo e coe no chinois.
7. Resfrie rapidamente com o auxílio de um ultrarresfriador (ver página 36) ou despejando o líquido em um recipiente e colocando esse recipiente em outro com gelo.
8. Com escumadeira, retire a gordura formada na superfície.
9. Utilize para diferentes produções.

OBSERVAÇÃO
Armazene o fundo em vidro esterilizado com tampa.

FUNDO CLARO DE VEGETAIS	
Ingrediente	Quantidade
Principal	
Mirepoix	500 g
Vegetais pobres em amido	500 g
Base	
Água fria	1,8 kg
Temperos e aromáticos	
Bouquet garni	1 unid.
Rendimento aproximado: 1 kg	

OBSERVAÇÃO
Exemplos de vegetais pobres em amido que formam um bom fundo de vegetais são cenoura, cebola, salsão, alho-poró e nabo.

MODO DE PREPARO

1. Separe os ingredientes que serão utilizados na receita, bem como os seguintes equipamentos e utensílios: itens para o pré-preparo (como tábuas, facas e bowls apropriados, por exemplo), chinois, colher, escumadeira, panela, recipientes para resfriamento ou ultrarresfriador.
2. Corte os ingredientes do mirepoix em cubos grandes.
3. Junte os ingredientes na panela e adicione água. A quantidade do líquido variará de acordo com o tamanho da panela, a intensidade de calor e a intenção de sabor, entre outras variáveis, como o tamanho dos ingredientes. Mas todos os ingredientes precisam estar cobertos com cerca de 1 palmo de água.
4. Cozinhe em fogo brando (aproximadamente, 80 °C a 90 °C) em panela destampada de 40 minutos a 1 hora, sem deixar ferver.
5. Com a escumadeira, retire a espuma formada na superfície sempre que necessário.
6. Quando o líquido ganhar coloração intensa, desligue o fogo e coe no chinois.
7. Resfrie rapidamente com o auxílio de um ultrarresfriador (ver página 36) ou despejando o líquido em um recipiente e colocando esse recipiente em outro com gelo.
8. Utilize para diferentes produções.

LÍQUIDOS AROMATIZADOS

FUMET	
Ingrediente	Quantidade
Principal	
Cabeças, espinhas e rabos de peixes (não gordurosos)	1 kg
Base	
Água	1,8 kg
Temperos e aromáticos	
Mirepoix branco (pode incluir aparas de cogumelo)	100 g
Sachet d'épices	1 unid.
Rendimento aproximado: 1 kg	

MODO DE PREPARO

1. Separe os ingredientes que serão utilizados na receita, bem como os seguintes equipamentos e utensílios: itens para o pré-preparo (como tábuas, facas e bowls apropriados, por exemplo), chinois, colher, escumadeira, panela, recipientes para resfriamento ou ultrarresfriador.
2. No pré-preparo, retire os olhos e guelras, caso esteja usando a cabeça dos peixes.
3. Na panela, sue a guarnição aromática (mirepoix), as cabeças e espinhas, sem deixar dourar.
4. Junte os demais ingredientes e adicione a água. Todos os ingredientes precisam estar cobertos com cerca de 1 palmo de água.
5. Cozinhe em fogo brando (aproximadamente, 80 °C a 90 °C) em panela destampada por cerca de 1 hora e 30 minutos a 2 horas, sem deixar ferver.
6. Com a escumadeira, retire a espuma formada na superfície sempre que necessário.
7. Quando o líquido ganhar coloração intensa, desligue o fogo e coe no chinois.
8. Resfrie rapidamente com o auxílio de um ultrarresfriador (ver página 36) ou despejando o líquido em um recipiente e colocando esse recipiente em outro com gelo.
9. Utilize para diferentes produções.

OBSERVAÇÃO

Alguns cozinheiros adicionam vinho branco seco ao fumet, para reforçar o aroma e o sabor.
A quantidade de vinho deve corresponder a 10% da quantidade de líquido, e ele deve ser adicionado à preparação junto com a água.

> **OBSERVAÇÃO**
> O termo "pinçage" ("pincer") corresponde à técnica de escurecer (dourar intensamente) um ingrediente, o que o deixa com aroma e sabor adocicado. É comum encontrar o termo, por exemplo, na produção do fundo escuro, quando usamos extrato de tomate para intensificar a coloração.

FUNDO ESCURO BOVINO	
Ingrediente	Quantidade
Principal	
Ossos bovinos (por exemplo, canela bovina em pedaços)	1 kg
Base	
Água	1,8 kg
Temperos e aromáticos	
Mirepoix	100 g
Extrato de tomate pinçage	15 g
Sachet d'épices	1 unid.
Rendimento aproximado: 1 kg	

MODO DE PREPARO

1. Separe os ingredientes que serão utilizados na receita, bem como os seguintes equipamentos e utensílios: itens para o pré-preparo (como tábuas, facas e bowls apropriados, por exemplo), assadeira, chinois, colher, escumadeira, panela, pincel.
2. Com o pincel, passe o extrato de tomate pinçage sobre os ossos.

> **OBSERVAÇÃO**
> Realizamos a etapa do forno para conferir cor ao fundo escuro e reforçar o sabor. O extrato de tomate pinçage (ver página 163) tem o objetivo de realçar ainda mais essas características.

3. Acomode os ossos em assadeira e leve ao forno em temperatura alta (acima de 250 °C). Não é necessário untar assadeira. Deixe no forno por 10 a 15 minutos, até que adquiram coloração caramelo. Tome cuidado para que não fiquem queimados.
4. Corte os ingredientes do mirepoix em cubos grandes.
5. Na panela, refogue o mirepoix até dourar. Junte os demais ingredientes (inclusive os ossos dourados) e adicione a água. Todos os ingredientes precisam estar cobertos com cerca de 1 palmo de água.
6. Cozinhe em fogo brando (aproximadamente, 80 °C a 90 °C) em panela destampada por 3 a 4 horas, sem deixar ferver.
7. Com a escumadeira, retire a espuma formada na superfície sempre que necessário.
8. Quando o líquido ganhar coloração intensa, desligue o fogo e coe no chinois.
9. Resfrie rapidamente com o auxílio de um ultrarresfriador (ver página 36) ou despejando o líquido em um recipiente e colocando esse recipiente em outro com gelo.
10. Com a escumadeira, retire a gordura formada na superfície.
11. Utilize para diferentes produções.

LÍQUIDOS AROMATIZADOS

Da esquerda para a direita, as etapas do fundo: os ingredientes crus imersos em água; os ingredientes cozidos; o líquido coado com gordura na superfície; líquido desengordurado (fundo pronto). No canto direito, o consommé (fundo fortificado e clarificado; ver página 206).

SUBPRODUTOS DOS FUNDOS

- **Glace:** redução do fundo que não foi espessado a ponto de se tornar xaroposo. São mais comuns glaces de fundo bovino e de aves, mas também é possível obtê-las de fundo de caças e de fumet de peixe. São mais utilizadas em molhos ou finalizações para, além de sabor, contribuírem para o brilho da produção (ver página 166).
- **Remouillage:** termo cujo significado é "adicionar água novamente" (pronúncia: "remuiage"). Ou seja, no caso dos fundos trata-se da ação de adicionar água pela segunda vez aos ingredientes que já foram utilizados na produção de um fundo. O produto gerado, mesmo quando reduzido, será menos intenso em sabor e aromas.
- **Consommé:** fundo fortificado (ou seja, com adição de proteínas como carne moída e clara de ovo) e clarificado (ou seja, em que foi retirado o excesso de gordura). Após temperado e ter os sabores ajustados, o consommé (pronúncia: "consomê") pode ser servido como uma sopa simples (apenas o caldo) e com guarnições (capeletti, pequenas quenelles, vegetais ou carnes fatiadas) ou usado como base para outras preparações.

CONSOMMÉ	
Ingrediente	Quantidade
Principal	
Carne moída	100 g
Clara de ovo ligeiramente batida	45 g
Tomate concassé	100 g
Base	
Fundo gelado	1 kg
Temperos e aromáticos	
Mirepoix	100 g
Sal	q.b.
Pimenta-do-reino preta moída	q.b
Rendimento aproximado: 1 kg	

MODO DE PREPARO

1. Separe os ingredientes que serão utilizados na receita, bem como os seguintes equipamentos e utensílios: coador de papel, colher de plástico, concha, panela preferencialmente funda e alta como um canudo, papel absorvente, peneira ou chinois, recipientes.

2. Na panela misture o mirepoix, a carne, a clara de ovo, o tomate e o fundo.

3. Leve ao fogo brando, mexendo delicadamente para que os ingredientes não grudem nas bordas ou no fundo da panela.

4. Quando a temperatura do líquido aumentar e os ingredientes começarem a agregar uns aos outros, pare de mexer e diminua a intensidade do calor.

5. Deixe cozinhando em fogo brando (não deve nunca ferver). Quando os ingredientes estiverem agregados, passe uma colher ou pão-duro nas laterais para evitar que os ingredientes grudem e queimem ao longo da cocção.

6. Com a colher, faça uma pequena abertura entre o líquido e o agregado, para auxiliar na saída de vapor (essa pequena abertura evita que a liberação do vapor rompa o agregado de carnes e vegetais).

7. Cozinhe em fogo brando por aproximadamente 1 hora.

8. Retire do fogo, sempre tomando cuidado para não romper o agregado de carnes e vegetais.

9. Coe o caldo para um recipiente realizando o seguinte procedimento: pegue a peneira ou o chinois, coloque um coador de papel embaixo e, com o auxílio de uma concha, vá coando o líquido. Não vire o consommé diretamente sobre a peneira, pois esse movimento poderá romper o agregado e afetar a clarificação do caldo.

10. Desengordure o caldo com papel absorvente (passando o papel delicadamente na superfície). Para facilitar esse processo, você pode colocar o caldo antes no refrigerador.

11. Esquente o consommé e corrija os temperos.

12. Coloque em uma taça para consommé ou em um prato fundo e sirva imediatamente.

Caldos

O caldo, também conhecido como "brodo" (em italiano) e "bouillon" (em francês), é um outro tipo de líquido aromatizado. Assim como os fundos, os caldos são elaborados por decocção, mas a elaboração é mais rápida. Além disso, são menos concentrados que os fundos e requerem menos etapas em sua elaboração.

Os caldos são compostos por:

- **ingrediente principal:** aparas de proteína animal (e não ossos, carcaças e espinhas, como nos fundos) ou vegetais. O ingrediente principal define o nome do caldo – por exemplo, caldo de carne, caldo de vegetais;
- **guarnição aromática:** mirepoix (ver página 108);
- **aromáticos:** sachet d'épices, bouquet garni (ver página 106).

> **OBSERVAÇÃO**
> Dentro do universo dos caldos, temos o court bouillon. É um caldo de vegetais feito com vinho ou vinagre, utilizado principalmente na cocção de peixes ou de crustáceos escalfados.

O modo de preparo é praticamente igual ao dos fundos. A diferença principal é que no caldo os ingredientes são sempre colocados diretamente em água e rapidamente fervidos. Caso se deseje mais coloração, os ingredientes são dourados em gordura diretamente na panela em que serão fervidos.

Na cozinha profissional, os caldos são feitos para reaproveitar as aparas de vegetais e proteínas animais que foram geradas durante os pré-preparos.

Já os fundos são líquidos aromatizados bastante concentrados. Como vimos, seu preparo requer ingredientes específicos, tempo, espaço para produção e armazenamento. Uma vez produzido, o fundo poderá ser diluído, caso o cozinheiro queira um sabor menos marcante na produção. (O termo "alongar" também é utilizado quando se deseja diluir determinada produção.)

FUNDOS E CALDOS: COMPARATIVO DE CARACTERÍSTICAS E APLICAÇÕES

		Ingrediente principal	Tempo de elaboração	Aplicações mais comuns	Cuidados no preparo
Fundo	Claro	Geralmente, carcaça de ave ou vegetais sem amido.	2 horas o de ave; 40 minutos a 1 hora o de vegetais.	Cozimento de leguminosas e cereais.	Não deixar ferver, para permitir a liberação lenta dos aromas dos ingredientes.
	Fumet (também considerado um fundo claro)	Espinha e cabeça (sem os olhos e as guelras) de peixe e/ou cogumelo.	2 horas.	Cocções de peixes que envolvam líquidos e molhos.	Suar os ingredientes (não devem ficar dourados); não deixar o líquido ferver, para permitir a liberação lenta dos aromas dos ingredientes.
	Escuro	Geralmente, ossos de carne bovina, de vitelo, de caça e outras.	3-4 horas.	Cocção de carnes e molhos.	Não deixar que os ossos queimem na etapa de dourar, para evitar gosto amargo; não deixar o líquido ferver, para permitir a liberação lenta dos aromas dos ingredientes.
Caldo		Aparas de proteína animal ou vegetais.	1 hora.	Sopas, cocção de leguminosas e cereais.	Atente-se para balancear os ingredientes, como geralmente é feito com aparas e sobras da produção, pois pode haver desequilíbrio nos sabores e aromas.

LÍQUIDOS AROMATIZADOS

Vinagres, azeites e óleos aromatizados

Óleos, vinagres e azeites se transformam em líquidos aromatizados por meio da infusão de ingredientes. Eles podem ser utilizados em diversos tipos de preparação, incorporando novos sabores e novas cores à produção. É possível fazer a infusão de diferentes ingredientes, a maioria ervas (que podem ser tanto as frescas como as desidratadas).

Geralmente utilizamos o azeite e o vinagre aromatizados no tempero de produções frias. Já o óleo é bastante empregado para incorporar os aromas no início das produções quentes.

Os preparos do azeite, do óleo e do vinagre aromatizados são iguais.

> **OBSERVAÇÃO**
> Não há uma especificação sobre o tipo de azeite a ser utilizado; podemos usar o virgem, o extravirgem, etc.

AZEITE AROMATIZADO	
Ingrediente	Quantidade
Azeite de oliva extravirgem	450 g
Tomilho	1 ramo
Pimenta dedo de moça	1 unid.
Louro	1 folha
Alho	1 dente
Alecrim	1 ramo
Rendimento aproximado: 500 kg	

MODO DE PREPARO

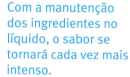

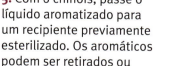

1. Separe os ingredientes que serão utilizados na receita, bem como os seguintes equipamentos e utensílios: itens para o pré-preparo (como tábua e centrífuga de folhas ou papel absorvente, por exemplo), chinois, panela, vidro esterilizado com tampa.
2. Higienize e seque os aromáticos.

3. Em uma panela, aqueça ligeiramente o líquido (azeite/óleo/vinagre) em fogo brando, sem deixar ferver.
4. Desligue o fogo, acrescente os aromáticos, tampe e deixe em infusão até que o líquido esteja completamente frio.

5. Com o chinois, passe o líquido aromatizado para um recipiente previamente esterilizado. Os aromáticos podem ser retirados ou mantidos.

6. Feche bem o recipiente e armazene em local fresco e sem iluminação. Recomendamos afixar uma etiqueta com as seguintes informações: data da elaboração, prazo de validade e, caso deseje, os aromáticos utilizados.

> **OBSERVAÇÕES**
> Com a manutenção dos ingredientes no líquido, o sabor se tornará cada vez mais intenso.
>
> O óleo e o azeite duram em média 45 dias, e o vinagre, 30 dias.

CAPÍTULO 13

Espessantes

Espessantes são bases utilizadas para alterar a textura de uma preparação. Entre eles temos:

- roux (pronúncia: "ru");
- slurry (pronúncia: "islãrri");
- beurre manié (pronúncia: "bêrr maniê"");
- singer ("sangê").

Roux

Esta base culinária, bastante utilizada para encorpar molhos, é obtida do cozimento da mistura de farinha de trigo e gordura, geralmente em proporções iguais. As etapas da cocção da farinha determinam a coloração, o sabor, os aromas e a textura. Quanto maior for o tempo de cozimento, menor será o poder de espessamento desta base culinária.

É comum usar manteiga clarificada (ver página 126), que, por não possuir proteínas e lactose, evita a formação de coloração quando submetida a altas temperaturas.

O roux pode ser de quatro tipos:
- **claro** (ou branco): utilizado em molhos claros, como béchamel (à base de leite) e alguns veloutés (os mais claros).
- **amarelo** (ou loiro, ou blond): empregado em alguns tipos de velouté, em razão de sua coloração dourada;
- **marrom**: usado em molhos feitos com fundo escuro, como o espanhol;
- **escuro** (ou negro): também destinado a molhos escuros. Exige cuidado em seu preparo, para que não confira um gosto amargo à produção.

O modo de preparo é o mesmo para os diversos tipos; o tempo de cozimento determina a coloração do roux.

Para prepará-lo, execute os passos a seguir.

1. Separe a farinha e a manteiga, bem como os seguintes equipamentos e utensílios: espátula de silicone, frigideira, termômetro culinário.

2. Na panela em fogo brando (aproximadamente, 70 °C), derreta a gordura, cuidando para não dourar.

3. Acrescente a farinha aos poucos, mexendo constantemente.

4. Quando estiver no ponto desejado, retire do fogo e acrescente o roux ao líquido a ser espessado. É possível também acrescentar o líquido a ser espessado na panela em que o roux foi preparado.

OBSERVAÇÃO
Diversos livros de gastronomia orientam que seja acrescentado líquido frio ao roux quente, ou roux frio ao líquido quente. Esse contraste de temperaturas não interfere na qualidade do espessamento; na verdade, o intuito do contraste é evitar o "empelotamento".

No caso do roux claro, ele é obtido já na primeira etapa de cocção, tão logo a farinha comece a cozinhar sem que haja coloração. O amarelo é obtido na segunda etapa de cozimento, até que a farinha fique com a coloração dourada. O marrom e o negro advêm das últimas etapas de cozimento, quando a farinha se torna mais escurecida.

ESPESSANTES

Slurry (pasta de amido)

A união de amido de milho e água fria forma uma pasta fluida que é acrescentada ao final de um preparo, espessando rapidamente a produção. A quantidade de amido deve ser de 50% em relação à quantidade de água.

Para preparar e aplicar o slurry, execute os passos a seguir.

1. Em um bowl, prepare a pasta de amido.

2. Verta a pasta de amido no líquido fervente, mexendo constantemente com uma colher.

3. Deixe cozinhar por alguns instantes e finalize a produção.

Beurre manié (manteiga com farinha de trigo)

Esta mistura deve ser feita com manteiga em pomada e farinha de trigo em partes iguais. Ao final, a mistura é separada em pequenas porções que serão utilizadas na finalização de alguns molhos montados na manteiga ou para corrigir a textura de alguma preparação.

Para fazer a beurre manié, execute os passos abaixo.

1. Em um bowl ou recipiente, acrescente a manteiga em textura de pomada.

2. Adicione a farinha e, com o auxílio de um fouet, misture.

3. Faça pequenas porções da mistura e reserve para uso posterior.

> **OBSERVAÇÃO**
> Como vimos anteriormente, molho montado na manteiga é aquele em que essa gordura é usada como emulsificante. Um exemplo de molho montado na manteiga é o beurre blanc (ver página 222).

Singer (farinha de trigo polvilhada)

Neste tipo de espessamento, polvilhamos com farinha de trigo os elementos sólidos e gordurosos de uma preparação antes de ser acrescentado o líquido de cocção.

É possível polvilhar antes ou depois de os ingredientes serem suados, refogados, selados ou dourados. Caso a farinha seja adicionada antes de qualquer técnica auxiliar, ela influirá na coloração e no aroma da produção. Além disso, apresentará menos poder de espessamento em relação às situações em que for utilizada após os ingredientes terem sido submetidos a qualquer técnica auxiliar.

O passo a passo do singer é o descrito abaixo.

1. Separe a farinha em um bowl.

2. Polvilhe com a farinha os ingredientes (o principal e as guarnições aromáticas).

3. Adicione o líquido de cocção.
4. Proceda conforme a técnica de cocção descrita.

CAPÍTULO 14

Molhos

Molhos são bases líquidas ou espessadas que acompanham produções culinárias para agregar sabor.

Geralmente, os molhos partem de uma redução na qual se aplicam diferentes técnicas de espessamento para garantir a untuosidade e a estabilidade da produção.

- Molhos espessados por emulsificação (ver página 167):
  » vinagrete;
  » maionese;
  » holandês;
  » beurre blanc/beurre rouge.
- Molhos espessados por géis e proteínas (ver página 168):
  » claros: béchamel, velouté;
  » escuros: espanhol, demi glace.
- Molho espessado por redução/concentração (ver página 172):
  » molho de tomate.

OBSERVAÇÃO
Na cozinha clássica francesa existe a expressão "molho mãe" para designar molhos básicos que integram uma seleção de preparações descritas primeiramente por Carême no final do século XVIII. A partir desses molhos, podem ser feitos diversos outros. Os "molhos mães" de Carême são o béchamel, o vermelho (de tomate), o espanhol, o holandês, o velouté e o demi glace.

Vinagrete

É um molho frio e instável (ou seja, depois de um tempo parados, os ingredientes que haviam sido juntados se separam, fazendo com que o vinagrete precise ser mexido antes de servido). É utilizado principalmente como molho para saladas. Também pode ser aplicado em marinadas e no tempero de proteínas, cereais, vegetais, macarrão e grãos.

Para um molho ser considerado vinagrete, é preciso que sua composição tenha vinagre, gordura e temperos. O aromático que é colocado dá nome à preparação. Em caso de frutas, temos vinagrete de maçã, por exemplo; de ervas, temos vinagrete de manjericão; de temperos, temos vinagrete de pimenta; de bebidas, temos vinagrete de saquê; de vegetais, temos vinagrete de pimentão; e, em caso de proteína, temos vinagrete de frutos do mar, entre outros exemplos.

VINAGRETE	
Ingrediente	Quantidade
Gordura	
Azeite ou óleo vegetal (por exemplo, de girassol ou de milho)	360 g
Base	
Vinagre (por exemplo, de vinho branco, de vinho tinto, de álcool)	160 g
Temperos e aromáticos	
Sal	q.b.
Pimenta-do-reino	q.b.
Rendimento aproximado: 550 g	

MODO DE PREPARO

1. Separe os ingredientes que serão utilizados na receita, bem como os seguintes equipamentos e utensílios: bowl ou outro recipiente, fouet.

2. No bowl ou recipiente, coloque o azeite (ou óleo). Ajuste os temperos com o sal e a pimenta-do-reino.

3. Com o auxílio do fouet, bata a mistura e adicione o vinagre (ou vinho) aos poucos (sem parar de bater).

4. Sirva imediatamente.

OBSERVAÇÕES

O vinagre e o óleo são ingredientes que não se misturam indefinidamente, por isso o vinagrete é uma "emulsão temporária". Para conseguir fazer com que ingredientes dessa natureza permaneçam juntos, é necessário um elemento aglutinador. Na cozinha, esse elemento pode ser, por exemplo, a gema de ovo. A maionese (ver página 220) é um exemplo clássico de emulsão estável, e o que faz a diferença em sua constituição é a gema.

Esta é a receita clássica de vinagrete. No Brasil, o nome vinagrete é popularmente usado para o molho campanha, embora sejam produtos bastante diferentes. O molho campanha, servido em geral como acompanhamento do churrasco, é feito com cebola, tomate, pimentão e salsa picados, além de azeite e vinagre (ver página 355).

Molho pesto genovês (ou pesto de manjericão)

O molho pesto também é um exemplo de emulsão. Apesar de frio, pode ser usado em produções quentes (por exemplo, acompanhando massas). No pesto, são emulsionados azeite, manjericão, queijo parmesão e/ou pecorino e oleaginosas (como nozes ou pinoli).

MOLHO PESTO GENOVÊS	
Ingrediente	Quantidade
Gordura	
Azeite de oliva extravirgem	50 g
Base	
Manjericão pequeno	40 folhas
Pinoli	10 g
Queijo pecorino	10 g
Queijo parmesão	10 g
Temperos e aromáticos	
Alho	1 dente
Sal grosso	q.b.
Rendimento aproximado: 100 g	

MODO DE PREPARO

1. Separe os ingredientes que serão utilizados na receita, bem como os seguintes equipamentos e utensílios: itens para o pré-preparo (como tábua e facas apropriadas, por exemplo), frigideira, pilão ou mixer, ralador.
2. Higienize o manjericão.
3. Higienize e descasque o alho.
4. Rale os queijos com o ralador fino.
5. Na frigideira, toste o pinoli.
6. Coloque no pilão ou no mixer as folhas de manjericão, o pinoli, uma pitada de sal grosso e o alho.
7. Macere a mistura. Quando os ingredientes estiverem bem triturados, adicione os queijos.
8. Continue a macerar, limpando as laterais do recipiente sempre que a mistura acumular nas bordas.
9. Quando a mistura estiver homogênea, acrescente o azeite aos poucos, mexendo sempre.
10. Certifique-se de que a mistura está emulsionada e ajuste os temperos.
11. Sirva imediatamente.

Maionese

Geralmente utilizada em preparações frias, a maionese é uma emulsão estável (ou seja, seus ingredientes se unem de forma definitiva) e que contém em sua composição óleo, gema e aromáticos. Na cozinha profissional, recomendamos a utilização de gemas pasteurizadas, para evitar a transmissão de doenças.

MAIONESE	
Ingrediente	Quantidade
Gordura	
Óleo vegetal (por exemplo, de girassol ou de milho)	450 g
Base	
Gema de ovo pasteurizada	50 g
Água	10 g
Temperos e aromáticos	
Suco de limão ou vinagre de vinho branco	50 g
Mostarda em pasta	5 g
Sal	q.b.
Rendimento aproximado: 600 g	

OBSERVAÇÕES

Caso a maionese não emulsione durante a preparação, isso pode significar que ela está saturada de óleo ou com excesso de líquido. Nesses casos, é possível acertá-la fazendo uma mistura de 20 g de gema com 3 g de água e adicionar essa combinação à maionese, batendo constantemente.

Esta versão não industrializada pode ser mantida por até 24 horas em refrigeração sem perder suas características.

MODO DE PREPARO

5. Quando a mistura estiver emulsionada, adicione o sal.
6. Acondicione em vidro esterilizado com tampa e conserve a maionese resfriada até sua utilização.

1. Separe os ingredientes que serão utilizados na receita, bem como os seguintes equipamentos e utensílios: bowl ou outro recipiente, fouet (em caso de preparo manual) ou liquidificador/mixer/processador (para preparo de grandes quantidades), vidro esterilizado com tampa.
2. Misture as gemas com a água, o suco de limão (ou vinagre) e a mostarda em pasta.
3. Bata a mistura até que se torne homogênea e espume.

4. Acrescente o óleo em fio, aos poucos, batendo constantemente.

220

MANUAL PRÁTICO DE COZINHA SENAC

Molho holandês

Trata-se de um molho emulsificado como a maionese, porém quente. O molho holandês é muito utilizado na cozinha clássica, mas, pelo fato de precisar ser usado logo após o preparo (caso contrário, pode ficar duro ou separar), tem sido pouco empregado nos cardápios.

Assim como a maionese, a produção utiliza gema de ovo. Embora haja um processo de cocção (o que não ocorre na maionese), ainda assim na cozinha profissional recomendamos o uso de gema pasteurizada.

MOLHO HOLANDÊS	
Ingrediente	Quantidade
Gordura	
Manteiga clarificada	160 g
Base	
Gema de ovo pasteurizada	50 g
Água fria	25 g
Vinho branco seco	25 g
Suco de limão	10 g
Pimenta-do-reino preta em grão	5 unid.
Temperos e aromáticos	
Sal	q.b.
Pimenta-do-reino preta moída	q.b.
Rendimento aproximado: 220 g	

OBSERVAÇÃO
O molho béarnaise (pronúncia: "bearnêse") é um derivado do molho holandês, com a presença de cebola e de estragão como aromáticos. É um clássico da culinária francesa e considerado um fino acompanhamento para aves, peixes e carnes grelhadas.

MODO DE PREPARO

OBSERVAÇÃO
Se, durante a preparação, o molho engrossar demais ou não emulsionar, incorpore um pouco de água e volte a bater. Fique atento para que a manteiga não esfrie durante a produção.

1. Separe os ingredientes que serão utilizados na receita, bem como os seguintes equipamentos e utensílios: fouet, panela para derreter a manteiga, panela para o banho-maria, peneira ou chinois, sauteuse, termômetro culinário.
2. Derreta a manteiga clarificada.
3. Coloque os grãos de pimenta em uma sauteuse com o vinho branco seco.
4. Deixe reduzir em fogo médio até que quase seque. Acrescente a água fria e peneire rapidamente para que não evapore.
5. Acrescente as gemas e leve em banho-maria. Somente o vapor deve entrar em contato com o recipiente.
6. Bata as gemas com um fouet até aumentarem o volume, para obter uma textura cremosa. A temperatura não deve passar de 60 °C, a fim de que não coagulem. Se isso começar a acontecer, leve a uma superfície fria, continue a bater até esfriar e em seguida volte ao vapor.
7. Comece a acrescentar à gema cremosa a manteiga clarificada derretida em ponto de fio, aos poucos, sem retirar do banho-maria e sem deixar de controlar a temperatura.
8. Quando faltar pouco para colocar a manteiga toda, adicione o sal, o suco de limão e a pimenta-do-reino moída.
9. Sirva o mais rápido possível, ou então conserve em temperatura próxima a 60 °C.

Beurre blanc/beurre rouge

Também está na categoria dos molhos emulsificados estáveis. Aqui, misturam-se manteiga e vinho, que pode ser branco (para produção do beurre blanc) ou tinto (no beurre rouge). É muito usado na culinária francesa: o blanc, com peixes; o rouge (pronúncia: "ruge"), com carnes vermelhas.

OBSERVAÇÃO
Tanto para o beurre blanc como para o rouge o vinho empregado deve ser o seco.

BEURRE BLANC/BEURRE ROUGE	
Ingrediente	Quantidade
Manteiga gelada	200 g
Vinho	200 g
Rendimento aproximado: 300 g	

MODO DE PREPARO

1. Separe os ingredientes que serão utilizados na receita, bem como os seguintes equipamentos e utensílios: colher de plástico ou fouet, faca de cozinha, sauteuse, termômetro culinário.
2. Corte a manteiga gelada em cubos.
3. Coloque o vinho na sauteuse, leve a fogo médio e deixe reduzir à metade.
4. Desligue o fogo e espere a temperatura baixar para 60 °C.

5. Acrescente a manteiga e com o auxílio do fouet ou da espátula de silicone misture energicamente para incorporar.

OBSERVAÇÃO
Usamos a manteiga gelada na produção do beurre blanc e do beurre rouge para o derretimento ser mais demorado, dando mais tempo para o processo de emulsificação.

6. O molho estará pronto quanto atingir o ponto nappé.
7. Sirva imediatamente.

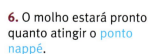

OBSERVAÇÃO
Ponto nappé (pronúncia: "napê") é aquele em que conseguimos passar o molho nas costas de uma colher e ele não escorre ao fazermos um risco nele.

Molho béchamel

O béchamel é um molho espessado pela gelatinização do amido presente na farinha de trigo utilizada em sua produção (na verdade, um roux claro, formado por manteiga e farinha de trigo; ver página 212). É popularmente chamado de "molho branco", pois acaba sendo utilizado "puro" para acompanhar massas e proteínas ou servindo como ponto de partida para outras produções, como molhos de queijo, por exemplo. O béchamel tem como líquido de base o leite.

> **OBSERVAÇÃO**
> Para armazenar o béchamel (para uso em outras produções), coloque-o em um bowl e cubra com filme plástico. O plástico deve ficar em contato com o molho, para evitar que se forme uma película. Faça esse procedimento com todos os molhos espessados com amido.

MOLHO BÉCHAMEL	
Ingrediente	Quantidade
Leite	1 kg
Roux claro	100 g
Noz-moscada ralada	q.b.
Sal	q.b.
Rendimento aproximado: 800-1.000 g, dependendo da textura	

MODO DE PREPARO

1. Separe os ingredientes que serão utilizados na receita, bem como os seguintes equipamentos e utensílios: colher de plástico, panela.

2. Na panela, coloque o leite e leve a fogo médio.

3. Quando começar a ferver, diminua o fogo e adicione o roux (precisa estar frio).

4. Mexa até que o roux seja incorporado.

5. Prossiga cozinhando em fogo baixo até que o molho atinja o ponto nappé.

6. Ajuste os temperos.

7. Sirva ou utilize para diferentes produções.

Velouté

O velouté (pronúncia: "velutê") tem modo de preparo igual ao do molho béchamel. A diferença é que, em vez de leite como líquido de base, utilizamos fundo claro (o que inclui o fumet, que é considerado um fundo claro; ver página 199). O processo de espessamento é o mesmo: o líquido de base espessado pela gelatinização do amido presente na farinha de trigo (um roux claro ou um roux amarelo; ver página 212). O nome "velouté", francês, faz referência à textura aveludada deste molho, utilizado principalmente em produções com aves ou com pescados.

VELOUTÉ	
Ingrediente	Quantidade
Fundo claro	1 kg
Roux amarelo	100 g
Sal	q.b.
Rendimento aproximado: 800-1.000 g, dependendo da textura	

MODO DE PREPARO

1. Separe os ingredientes que serão utilizados na receita, bem como os seguintes equipamentos e utensílios: colher de plástico, panela.

2. Em uma panela, coloque o fundo claro e leve a fogo alto.

3. Quando começar a ferver, diminua o fogo e adicione o roux (precisa estar frio).

4. Mexa até que o roux seja incorporado.

5. Prossiga cozinhando em fogo baixo até que o molho atinja o ponto nappé.

6. Ajuste o sal.

7. Sirva ou utilize para diferentes produções.

Molho espanhol

O molho espanhol também é um molho espessado pela gelatinização do amido presente na farinha de trigo (no caso, um roux marrom; ver página 212). Tem como líquido de base o fundo escuro (ver página 203), por isso geralmente acompanha carnes vermelhas e acaba sendo utilizado como ponto de partida para outros molhos de coloração intensa, como o demi glace e o madeira.

> **OBSERVAÇÃO**
> O demi glace, como vimos na página 45, consiste em partes iguais de molho espanhol e fundo escuro. Misturamos os dois líquidos em uma panela em fogo baixo e deixamos reduzir à metade, mexendo de vez em quando com uma colher de plástico. O resultado é um molho bastante escuro, espesso e brilhante, usado principalmente em produções que tenham proteína bovina.

MOLHO ESPANHOL	
Ingrediente	Quantidade
Fundo escuro	1 kg
Roux marrom	100 g
Extrato de tomate pinçage	10 g
Mirepoix magro	100 g
Sal	q.b.
Rendimento aproximado: 800-1.000 g, dependendo da textura	

MODO DE PREPARO

1. Separe os ingredientes que serão utilizados na receita, bem como os seguintes equipamentos e utensílios: colher, concha, espátula de silicone, panela.
2. Na panela, refogue o mirepoix em fogo médio.
3. Acrescente o roux, o extrato pinçage e mexa com a espátula de silicone até incorporar.
4. Com o auxílio da concha, acrescente aos poucos o fundo escuro, mexendo constantemente.
5. Prossiga cozinhando em fogo baixo até que o molho atinja o ponto nappé.
6. Ajuste o sal.
7. Sirva ou utilize para diferentes produções.

Sequência de preparo do molho béchamel (à esquerda) e do molho espanhol (à direita): os líquidos de base são misturados aos agentes espessantes e aos aromáticos com um fouet, em fogo baixo, até o ponto nappé. O velouté se difere do béchamel apenas pelo líquido de base (fundo claro ou fumet).

Componentes do molho béchamel (à esquerda), do velouté (centro) e do espanhol (à direita): no béchamel, aromáticos, roux claro e leite; no velouté, aromáticos, roux claro ou roux amarelo e fundo claro; no espanhol, ingredientes aromáticos, roux marrom e fundo escuro.

MOLHOS

Molho de tomate

Um dos molhos mais utilizados na cozinha, o molho de tomate é obtido por redução/concentração. Ou seja, é cozido lentamente para que, com a evaporação da umidade, obtenhamos um produto cada vez mais encorpado.

MOLHO DE TOMATE	
Ingrediente	Quantidade
Tomate italiano maduro	500 g
Manteiga	30 g
Cebola	½ unid.
Sal	q.b.
Rendimento aproximado: 300 g	

MODO DE PREPARO

1. Separe os ingredientes que serão utilizados na receita, bem como os seguintes equipamentos e utensílios: itens para o pré-preparo (como tábua e facas apropriadas, por exemplo), espátula ou colher de plástico, panela, pegador.
2. Faça o tomate concassé (ver página 61).

3. Na panela, aqueça a manteiga e coloque a cebola e os tomates.

4. Cozinhe em fogo brando por aproximadamente 45 minutos com a panela destampada.
5. Durante a cocção, mexa algumas vezes e certifique-se de que ainda há líquido suficiente para continuar a cocção (os tomates deverão ficar macios e desmanchar ao longo do processo).

6. Retire a cebola.
7. Ajuste o sal.
8. Sirva quente.

Fonte: adaptado de Hazan (1997).

CARACTERÍSTICAS DE MOLHOS CLÁSSICOS, DERIVAÇÕES E APLICAÇÕES

	Espessamento	Ingrediente principal	Aromáticos comuns	Exemplos de molhos derivados	Aplicações
Vinagrete	Emulsão instável.	Vinagre.	Sal, pimenta-do--reino, ervas.	Molho campanha, vinagrete de frutas.	Produções frias, churrasco.
Maionese	Emulsão (gema de ovo como fator de estabilização).	Óleo.	Sal, mostarda em pasta, limão.	Molho tártaro, molho rosé (pronúncia: "rosê").	Produções frias.
Beurre blanc/ beurre rouge	Emulsão.	Manteiga gelada em cubos.	–	–	Peixes (beurre blanc), carnes vermelhas (beurre rouge); usados também para molhos no final das produções.
Holandês	Emulsão (gema de ovo como fator de estabilização).	Manteiga clarificada.	Sal, pimenta-do--reino.	Béarnaise, mousseline.	Aves, carne bovina, ovos, vegetais.
Béchamel	Gel (roux claro).	Leite.	Sal, noz-moscada.	Molhos de queijo, molho de mostarda, mornay (pronúncia: "morné").	Aves, pescados, ovos, massas, vegetais.
Velouté	Gel (roux claro ou roux amarelo).	Fundo claro ou fumet.	Sal, pimenta-do--reino.	Bercy.	Aves, pescados, massas, vegetais.
Espanhol	Gel (roux marrom).	Fundo escuro.	Sal, pimenta-do--reino, mirepoix.	Demi glace, madeira, poivre (pronúncia: "puavre").	Carnes bovina, de vitelo, de cordeiro e de pato.
Tomate	Redução/ concentração.	Tomate.	Sal, cebola.	Bolonhesa, putanesca.	Massas, vegetais.

CAPÍTULO 15

Elaboração de massas

Massas são preparações culinárias que utilizam quase sempre os mesmos ingredientes (farinhas + líquidos), diferenciando-se nas quantidades e nas técnicas utilizadas. Os líquidos (que podem estar em sua forma integral ou na composição de outros alimentos) e a farinha formam a maioria das massas na cozinha, as quais estão presentes também na cozinha fria, na confeitaria e na panificação. Também podem ser adicionados alguns ingredientes diferentes, dependendo da textura que se espera obter.

Apesar de ser possível utilizar diversas farinhas nessas produções, a de trigo costuma render massas com maior elasticidade e melhor estrutura, graças ao glúten que ela desenvolve (ver página 232).

Os ingredientes das massas e suas funções

Para compreender o processo de produção, é importante conhecer os ingredientes que compõem a maioria das massas e a maneira como eles podem interferir na preparação, dependendo do resultado esperado.

FARINHAS, AMIDOS E FÉCULAS

O quadro a seguir traz definições da Anvisa para farinhas, amidos e féculas.

Definições da Anvisa para farinhas, amidos e fécula			
Farinha	Farinha de trigo	Amido	Fécula
Produto obtido pela moagem da parte comestível de vegetais. **Farinha simples:** obtida da moagem ou da raladura dos grãos, rizomas, frutos ou tubérculos de uma só espécie vegetal. **Farinha mista:** oriunda da mistura de farinhas de diferentes espécies vegetais.	Produto obtido pela moagem exclusivamente do grão de trigo. Classificada em farinha integral, farinha especial ou de primeira, farinha comum e sêmola.	Produto amiláceo extraído das partes aéreas comestíveis dos vegetais (sementes).	Produto amiláceo extraído das partes subterrâneas comestíveis dos vegetais (tubérculos, raízes e rizomas).

Fonte: adaptado de Anvisa, 1978.

Todos os tipos de farinha possuem em sua composição grande concentração de amido, o que auxilia na estruturação das massas. A farinha de trigo tem como diferencial um teor de proteína maior – assim, pode desenvolver glúten.

Massas que não necessitam de tanta elasticidade são elaboradas com técnicas nas quais o glúten é pouco trabalhado. Isso ocorre, por exemplo, nas massas quebradiças e nas cremosas. Já as massas fermentadas são um exemplo contrário: são bastante elásticas por causa do desenvolvimento do glúten.

GLÚTEN

O glúten é uma rede proteica que resulta da mistura de proteínas (gliadina e glutenina) que se encontram naturalmente nos cereais, principalmente o trigo, a cevada, o centeio e o triticale (cruzamento do trigo com o centeio). Essas proteínas, quando umedecidas e com o trabalho de amassamento, entrelaçam-se e formam a rede proteica. Portanto, sem a presença de água e sem o trabalho mecânico não temos a formação dessa rede. Em massas nas quais desejamos o desenvolvimento completo do glúten (como a de pães, por exemplo), precisamos sová-las. Já em massas nas quais o glúten não é desejado, realizamos o mínimo de trabalho (nesses casos, a farinha de trigo é o último ingrediente a ser colocado). Outra forma de reduzir a formação do glúten é retirar uma parte da farinha de trigo e substituí-la por outros tipos de farinha ou amido de milho.

Todas as proteínas são agentes estruturadores; assim, o glúten forma uma rede que consegue prender os gases oriundos do processo fermentativo (seja ele químico ou biológico). A textura final de produtos como pão e bolo é determinada pelo nível de desenvolvimento dessa rede proteica. No pão, ela é fundamental, pois o volume e a maciez são obtidos pela retenção dos gases produzidos pelas leveduras (fermento biológico) ao longo do tempo de fermentação da massa antes de ser forneada. Nos bolos, ao contrário dos pães, a ação desejada é aquela obtida pelo fermento químico, que faz a liberação rápida do gás carbônico ao entrar em contato com a umidade e com o calor do forno. A estrutura é obtida pela gelatinização do amido presente, resultando no produto macio, aerado e sem resistência ao corte ou à mordida.

> **OBSERVAÇÃO**
> A frase "Contém glúten" encontrada na embalagem de diversos produtos alimentícios serve para alertar as pessoas que apresentam sensibilidade ao glúten ou que são intolerantes a ele (doença celíaca).

As fotos acima exemplificam a rede de glúten. Em um teste simples, fazemos uma massa de farinha de trigo e água e a deixamos para descansar submersa em água. Depois, "lavamos" a massa para que o amido seja extraído, retiramos o excesso de água e levamos a bolinha ao forno. É possível ver, na parte interior, a rede proteica, com a formação das bolsas de ar (alvéolos).

ÁGUA E OUTROS LÍQUIDOS

Os líquidos colaboram para definir a textura da massa antes de sua cocção. Por essa razão, é comum encontrar receituários que sugerem, ao final do processo de produção, acrescentar água ou algum tipo de líquido para amaciar a massa.

A água também hidrata a massa e solubiliza com facilidade os componentes presentes, como o sal e o açúcar – porém, em massas muito amanteigadas, como as quebradiças e cremosas, é necessário utilizar a técnica de emulsão (ver página 167).

A água tem outra função importante nas massas cozidas (como a massa choux): durante a cocção, o vapor-d'água é liberado, expandido a massa e possibilitando que seja recheada.

Além da água, os líquidos mais utilizados nas produções são sucos de frutas e leite, por possuírem componentes que trazem outros benefícios às massas, como sabor e coloração.

GORDURA

As gorduras de origem vegetal ou animal influem no processo de produção, nas características do produto pronto e na possibilidade de armazenamento das massas.

Durante a produção, elas dificultam o desenvolvimento do glúten por impermeabilizarem a farinha de trigo, evitando que esta tenha contato com o líquido. As gorduras também influenciam a textura, deixando a massa mais macia, folheada ou quebradiça. No que diz respeito ao armazenamento, as gorduras aumentam a durabilidade do produto.

A gordura hidrogenada e a margarina (que são de origem vegetal), em virtude de sua composição, são mais fáceis de trabalhar em temperatura ambiente (ver página 124). Porém podem apresentar grande concentração de gordura transesterificada e acrescentar um gosto gorduroso ao produto final.

Óleos e azeites, também de origem vegetal, são pouco utilizados na produção de massas, embora tenham as mesmas funções das outras gorduras (ver página 123).

> **OBSERVAÇÃO**
> Em um preparo, mesmo que uma massa crua pareça estar muito líquida, não se preocupe: se você seguiu todas as etapas do processo, durante a cocção a água se tornará vapor, alterando a textura final da massa.

A manteiga e a banha (gorduras de origem animal) possuem um gosto mais leve, mas tendem a demandar mais cuidados na utilização em razão do controle de temperatura que exigem. No caso da manteiga, é possível clarificá-la (ver página 126), facilitando esse controle.

OVO

O ovo é composto, em sua maior parte, por água e lipídeos (gordura), ou seja, ele pode exercer a mesma função desses componentes. As partes do ovo – a clara e a gema – podem ter funções separadas, mas também se complementam quando colocadas juntas.

Claras em neve são a base das massas espumosas utilizadas na confeitaria. Essa técnica, porém, é pouco utilizada na cozinha (ver página 170).

As gemas, por serem amareladas, contribuem para a coloração das produções.

Por coagularem em temperaturas mais altas, os ovos também dão suporte à estruturação de quase todas as massas em que estão presentes.

AÇÚCAR

Nas massas da cozinha, o açúcar costuma ser colocado em pequenas proporções, apenas para equilibrar o sabor, ou para auxiliar na coloração nos casos de caramelização. Na panificação e na confeitaria, desempenha esses papéis com maior intensidade. Pode ser encontrado de diversas formas, como mel, glucose, melaço, açúcar refinado, mascavo, demerara ou cristal, ou ainda dentro de algum ingrediente, como o leite (pela lactose).

SAL

O sal auxilia no fortalecimento do glúten, facilitando a aproximação das proteínas da farinha de trigo e tornando a massa mais elástica. Além disso, realça, reforça ou neutraliza os aromas e sabores das massas – no entanto, para isso é preciso ter controle sobre a quantidade a ser colocada. Como muitas massas serão recheadas ou adicionadas de molhos, esse controle se faz necessário para que o produto final não fique demasiadamente salgado.

AGENTES DE FERMENTAÇÃO

São os agentes biológicos ou químicos responsáveis pela formação de bolhas de gás nas massas após sua cocção, o que deixa as preparações mais leves.

Os fermentos biológicos atuam principalmente na panificação e entram em ação conforme a temperatura. Os agentes químicos, como o bicarbonato de sódio e o fermento químico em pó, são adicionados sempre ao final das preparações, pois dissolvem-se em meio aquoso, liberando as bolhas de gás.

OBSERVAÇÕES

Na confeitaria, existem duas técnicas específicas para a produção de bolos: as massas espumosas e as cremosas.

As massas quebradiças são muito encontradas na literatura como "massas secas". No entanto, como a nomenclatura "massa seca" também é utilizada para a classificação de proporção de ingredientes, adotamos o termo "quebradiça" para facilitar a compreensão das diferentes classificações.

Técnicas de preparo

As características finais esperadas de cada tipo de massa são definidas pela composição dos ingredientes (em suas devidas proporções), associada aos diferentes métodos e/ou às técnicas com aplicações de diferentes ações mecânicas.

Assim, temos as seguintes classificações de massas na cozinha:

- massas cozidas;
- massas líquidas;
- massas quebradiças (também chamadas de "massas de torta" ou "massas secas");
- massas alimentícias (conhecidas como "massas de macarrão" ou "pastas");
- massas fermentadas.

MASSAS COZIDAS

São as únicas que passam por dois processos de cocção: um para a produção e outro para sua finalização. Como exemplos temos a pâte à choux (pronúncia: "patachú"). A pâte à choux, também chamada de "massa choux" (pronúncia: "massa chu"), é usada na confeitaria para a produção de itens como éclair (pronúncia: "eclér", conhecido no Brasil como "bomba") e profiterole (pronúncia: "profiterroll", conhecido no Brasil como "carolina"). A massa cozida é a aplicada na elaboração de salgadinhos como coxinhas e rissoles.

Receituário de massas cozidas				
Ingredientes	Coxinha	Rissole	Choux	Churro
Base				
Líquido	Fundo claro 500 g	Fundo claro 500 g	Leite 500 g	Água 500 g
Gordura	Margarina 30 g	Margarina 30 g	Manteiga 160 g	Manteiga 140 g
Farinha	Trigo 350 g	Trigo 350 g	Trigo 220 g	Trigo 220 g
Ovo	-	-	± 250 g	± 150 g
Aromáticos e temperos				
Sal	5 g	5 g	2 g	2 g
Açúcar	-	-	5 g	5 g
Noz-moscada ralada	q.b.	q.b.	-	-
Finalização				
Recheio (sug.)	Frango refogado e desfiado 500 g (ver receita na página 302)	Muçarela (300 g) e presunto cozido (200 g) ralados	Creme de confeiteiro 500 g	Doce de leite 400 g
Empanamento/ cobertura	3 ovos batidos + farinha de rosca 300 g	3 ovos batidos + farinha de rosca 300 g	Chocolate 400 g	Açúcar + canela q.b.
Gordura	Óleo, para fritar 1,8 kg	Óleo, para fritar 2 1,8 kg	Manteiga, para untar q.b.	Óleo, para fritar 1,8 kg
Rendimento aproximado				
	500 g de massa (25 unidades)		40 unidades	20 unidades

MODO DE PREPARO

1. Separe os ingredientes que serão utilizados na receita, bem como os seguintes equipamentos e utensílios: aro cortador (para coxinha e rissoles), assadeira (para éclair e profiterole), batedeira planetária (acessório gancho ou, no caso de churro, acessório raquete), bicos perlê (para éclair e profiterole) e pitanga (para churro), bowls, colher de plástico, escumadeira ou cesta de fritura (para coxinha, rissoles e churro), faca serrilhada (para éclair e profiterole), fritadeira (para coxinha, rissoles e churro), manga de confeitar (para éclair, protiferole e churro), panelas, peneira, rolo (para coxinha e rissoles), silpat (opcional).
2. Em um bowl, peneire os ingredientes secos e reserve.
3. Em uma panela, coloque o líquido, a gordura e os aromáticos.
4. Leve para o fogo alto e deixe o líquido ferver.

5. Abaixe o fogo e acrescente a farinha de uma única vez na panela.

6. Mexa constantemente com uma colher de plástico até formar uma massa homogênea que desgrude das laterais e do fundo da panela.

7. Despeje a massa sobre em uma superfície ou bancada, deixe esfriar um pouco e sove manualmente até que termine de esfriar, ou faça o processo na batedeira (acessório gancho ou pá). Em caso de massa choux e de churros, incorpore os ovos até a massa se tornar uniforme.

8. Para a cocção final e a finalização, siga o procedimento de cada produção específica. No caso de éclair e profiterole, coloque a massa na manga de confeitar (bico perlê) e aperte sobre uma assadeira untada com manteiga ou com silpat, formando bolinhas de 4 cm (profiterole) ou formatos alongados de 7 cm (éclair). Leve ao forno a 200 ºC por 4 minutos, até expandirem, e após esse período reduza para 160 ºC e deixe as massas ficarem totalmente secas. Após esfriarem, corte com uma faca serrilhada no sentido longitudinal, coloque o recheio e aplique a cobertura. Para churros, coloque a massa na manga de confeitar (bico pitanga), aperte até obter bastões de 10 cm e faça a fritura por imersão em óleo a 170 ºC. Passe em uma mistura de açúcar com canela e recheie com doce de leite ou ganache. Para fazer coxinhas e rissoles, recheie, modele e frite de acordo com o apresentado na página 303.

236

MANUAL PRÁTICO DE COZINHA SENAC

MASSAS LÍQUIDAS

Nesta preparação, os ingredientes são incorporados em poucas etapas, resultando em uma massa líquida. As diferenças estão nos ingredientes utilizados: em alguns casos, é incorporado o fermento químico em pó, deixando a massa mais leve. Por ser líquida, a massa adquire o formato do utensílio dentro do qual passa por cocção.

Receituário de massas líquidas		
Ingredientes	Crepe	Panqueca
Base		
Líquido	Leite 500 g	Leite 500 g
Gordura	Manteiga 50 g	Óleo vegetal 50 g
Farinha	Trigo 250 g	Trigo 250 g
Ovo (inteiro)	150 g	150 g
Fermento químico em pó	-	5 g
Aromáticos e temperos		
Sal	2 g	5 g
Açúcar	5 g	2 g
Noz-moscada ralada	-	q.b.
Finalização		
Recheio (sug.)	Opcional	Carne 700 g
Cobertura	Calda de laranja 500 g	Molho de tomate 1 kg (ver página 228)
Gordura	Manteiga, para cocção q.b.	Manteiga, para cocção q.b.
Rendimento aproximado		
	1 kg (15 discos)	1 kg (15 discos)

MODO DE PREPARO

1. Separe os ingredientes que serão utilizados na receita, bem como os seguintes equipamentos e utensílios: bowl, concha, espátula, fouet ou liquidificador, frigideira antiaderente, papel-manteiga ou filme plástico, peneira, pincel, prato ou travessa.

2. Em um bowl, peneire e misture os ingredientes secos e reserve.

3. Com o fouet, faça uma mistura homogênea com os líquidos, a gordura (se manteiga, em ponto de pomada) e os ovos.

5. Com o pincel, unte com gordura a frigideira.

4. Despeje o líquido sobre os ingredientes secos vagarosamente e mexa com o fouet até obter uma mistura lisa e homogênea. Também é possível usar um mixer ou o liquidificador.

7. Quando começar a dourar, vire-a e cozinhe o outro lado.

8. Quando estiver pronta, retire da frigideira e coloque no prato ou na travessa e continue procedendo da mesma forma até finalizar a massa. Coloque um papel-manteiga ou filme plástico entre elas para que não grudem, facilitando o trabalho no momento de sua utilização.

6. Com a frigideira em fogo baixo, adicione uma fina camada de massa com o auxílio de concha, espalhando por toda a superfície.

OBSERVAÇÃO

Em alguns lugares do Brasil, esta massa é chamada de "massa podre". Também encontramos variações na receita em que, além da manteiga (ou da margarina), é acrescentado creme de leite para elevar o teor de gordura e, assim, aumentar o efeito de "quebradiça".

MASSAS QUEBRADIÇAS

São massas que, ao serem consumidas, desmancham com facilidade na boca, sem trazer muita resistência durante a mastigação, em razão do alto teor de gordura.

Receituário de massas quebradiças			
Ingredientes	Quiche	Empada	Cookie
Base			
Gordura	Manteiga 125 g	Margarina 125 g	Manteiga 225 g
Farinha	Trigo 250 g	Trigo 250 g	Trigo 380 g
Ovo (inteiro)	75 g	100 g	50 g
Aromáticos e temperos			
Sal	q.b.	q.b.	4 g
Açúcar	-	Refinado 5 g	Refinado 170 g + mascavo 170 g
Fermento	-	-	Químico em pó 4 g
Finalização			
Recheio (sug.)	Lorraine 400 g (ver receita na página 316)	Camarão 400 g (ver receita na página 304)	Gotas de chocolate 250 g
Empanamento/ Cobertura	-	Ovo inteiro batido 1 unid.	-
Rendimento aproximado			
	400 g de massa (3 forminhas abauladas de 10 cm)	450 g de massa (10 unidades)	25 unidades (50 g cada)

Existem três modos de preparo de massas quebradiças:

- **cremagem:** o preparo é iniciado a partir de um creme feito geralmente com a gordura ou os ovos. Em massas doces, o açúcar é acrescentado nesta etapa. A farinha será sempre um dos últimos ingredientes a serem incorporados, para que o processo de homogeneização da massa seja rápido, evitando o desenvolvimento do glúten. Um exemplo de aplicação da massa quebradiça pelo método cremagem são os cookies.
- **sablagem:** inicia-se pela junção de farinha e gordura até a obtenção de uma mistura arenosa, com o objetivo de que, quando o líquido entrar em contato na massa, o glúten não tenha muito espaço para se desenvolver. Um exemplo de aplicação é a massa da quiche (ver receita completa na página 316).
- **folhada:** apresenta a etapa de "folhar" a massa com gordura, com dobras durante o processo. Assim como na cremagem e na sablagem, não há muito trabalho na massa, para que não desenvolva muita elasticidade, resultando em um produto amanteigado e quebradiço. Na cozinha, a massa folhada é utilizada em produções como filé Wellington e vol-au-vent (ver página 322).

CREMAGEM

O nome vem da expressão francesa "crémage" (pronúncia: "cremage"), que remete a "cremoso". Veja o passo a passo da massa quebradiça feita por este método.

1. Separe os ingredientes que serão utilizados na receita, bem como os seguintes equipamentos e utensílios: batedeira (acessório pá) ou fouet, bowl, filme plástico, peneira, refrigerador.

2. Peneire os ingredientes secos em um bowl e reserve separadamente.

4. Adicione os ovos e o açúcar, incorporando-os à gordura.

6. Bata na batedeira em baixa velocidade até a massa estar lisa ou misture os ingredientes com a palma da mão delicadamente.

7. Envolva a massa em filme plástico e deixe descansar no refrigerador até a massa estar firme para abri-la (aproximadamente 20 minutos).

5. Acrescente a farinha de trigo com o sal.

3. Bata a gordura na batedeira em velocidade baixa (acessório pá) até a manteiga esbranquiçar (para facilitar esta etapa, é importante que a gordura esteja em temperatura ambiente), ou bata manualmente com o fouet.

> **OBSERVAÇÃO**
> Como a base desta massa é gordura, ela amolece com facilidade em temperatura ambiente. Ao colocá-la em temperatura refrigerada, a gordura volta a solidificar, facilitando a moldagem da produção. Mas é preciso ficar atento, pois, se a massa ficar muito tempo refrigerada, poderá endurecer e se quebrar na modelagem. Caso isso ocorra, deixe em temperatura ambiente por alguns minutos antes de iniciar a modelagem.

SABLAGEM

O nome vem da expressão francesa "sablage", que remete a "arenoso". Veja o passo a passo da massa quebradiça feita por este método.

> **OBSERVAÇÃO**
> Tanto a cremagem como a sablagem podem ser usadas em qualquer receita de massa seca. No entanto, é mais comum utilizarmos a cremagem nas preparações doces, pois o açúcar auxilia na obtenção do creme inicial que caracteriza este método. Além disso, na sablagem temos a "farofa" no início do processo, e o açúcar entraria depois. Assim, seria necessário sovar muito a massa para incorporar os ingredientes, o que não seria recomendado, pois, como vimos, nas massas quebradiças devemos evitar o desenvolvimento do glúten.

1. Separe os ingredientes que serão utilizados na receita, bem como os seguintes equipamentos e utensílios: batedeira (acessório pá), bowl, filme plástico, peneira, refrigerador.
2. Peneire os ingredientes secos no bowl.

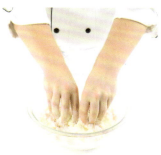

5. Acrescente o líquido (caso esteja sendo utilizado) e sove levemente, apenas para que a massa se forme. É necessário ter cuidado para não desenvolver o glúten ou esquentar a massa de forma que a gordura se separe.
6. Envolva a massa em filme plástico e deixe descansar no refrigerador até estar firme para abri-la (aproximadamente 20 minutos).

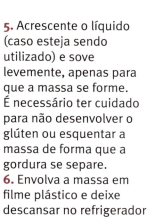

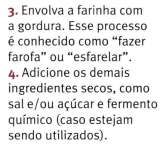

3. Envolva a farinha com a gordura. Esse processo é conhecido como "fazer farofa" ou "esfarelar".
4. Adicione os demais ingredientes secos, como sal e/ou açúcar e fermento químico (caso estejam sendo utilizados).

MASSA FOLHADA

Neste método, a massa é sovada para a incorporação dos ingredientes e, depois, passa por um processo de dobras para chegar à folhagem característica. As dobras do processo de folhagem resultam em um produto amanteigado e quebradiço, utilizado em produções doces, como mil-folhas, por exemplo, e salgadas, como vol-au-vent (pronúncia: "voluvã").

MASSA FOLHADA	
Ingrediente	Quantidade
Farinha de trigo	250 g
Açúcar	15 g
Sal	2 g
Água	130 g
Manteiga	15 g
Margarina	175 g
Rendimento aproximado: 500 g de massa	

OBSERVAÇÕES

Esta quantidade de massa folhada rende 30 unidades de vol-au-vents (ver receita na página 322).

Armazene a massa folhada refrigerada por até dois dias, coberta por filme plástico.

1. Separe os ingredientes que serão utilizados na receita, bem como os seguintes equipamentos e utensílios: assadeira, bowls, filme plástico, peneira, refrigerador, rolo.
2. Deixe a manteiga em ponto de pomada.
3. Peneire a farinha e reserve.
4. Cubra a margarina com plástico e com o rolo abra até formar um quadrado de aproximadamente 25 cm × 25 cm. Deixe sob refrigeração.
5. Em um bowl, misture a farinha, o açúcar e o sal e faça uma abertura central.
6. Misture a água e a manteiga em pomada no centro dos ingredientes secos.
7. Incorpore os ingredientes, de dentro para fora.
8. Amasse até obter uma massa lisa e homogênea.

9. Com as mãos ou o rolo, abra a massa em um retângulo aproximado de 40 cm × 25 cm.

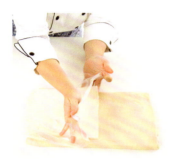  

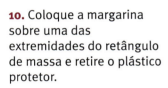 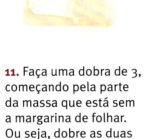  

10. Coloque a margarina sobre uma das extremidades do retângulo de massa e retire o plástico protetor.

11. Faça uma dobra de 3, começando pela parte da massa que está sem a margarina de folhar. Ou seja, dobre as duas extremidades do retângulo maior em direção ao centro, para formar um retângulo menor.

12. Polvilhe levemente com farinha de trigo o retângulo formado (em cima e embaixo) e abra novamente com o rolo.

13. Faça novamente uma dobra de 3, cubra com filme plástico e deixe descansar por no mínimo 20 minutos em refrigerador.

14. Execute mais quatro vezes o processo de abrir a massa com o rolo e fazer a dobra de 3, com descansos de 20 minutos em refrigerador (a massa sempre deve descansar coberta com filme plástico). Sempre que for abrir a massa com o rolo, polvilhe com um pouco de farinha em cima e embaixo.
15. Abra a massa na espessura desejada e modele para diferentes tipos de produção.
16. Leve ao forno (preaquecido) a 200 °C até a massa triplicar de volume e então abaixe para 160 °C, para o cozimento interno.
18. Quando dourar, retire do forno.
19. Utilize para diferentes produções.

ELABORAÇÃO DE MASSAS

COMO ABRIR AS MASSAS QUEBRADIÇAS

O objetivo é obter uma espessura fina e uniforme; assim, veja os passos para abrir massas quebradiças.

1. Separe os utensílios que serão utilizados: folhas de plástico ou filme plástico e rolo de abrir massa.
2. Pese a massa para determinar o tamanho da fôrma (ver quadro adiante, neste capítulo).

4. Posicione um rolo de abrir massa no centro da bola e faça uma leve pressão, empurrando-a para a frente de forma a amassar a bola.

7. O tamanho da massa aberta deve ficar maior que o tamanho da fôrma, para que seja possível forrar as laterais.

OBSERVAÇÃO
É possível também abrir a massa sobre mesa polvilhada com farinha, porém esse método pode alterar a textura da massa. Além disso, a farinha pode permanecer no produto após a cocção, o que é indesejável para algumas montagens.

3. Forme uma bola com a massa e coloque-a entre duas folhas plásticas, em uma superfície lisa.

5. Volte o rolo ao centro e faça o mesmo movimento para trás, amassando a outra parte da massa.
6. Gire a massa em 90° e repita o processo até obter a espessura desejada.

Quantidade de massa crua × Tamanho de fôrma		
Diâmetro do aro (cm)	Peso da massa (g)	Espessura da massa (mm)
10	50	2
16	120	2
18	150	2,5
20	200	2,5
24	300	3

Fonte: adaptado de Suas (2011, p. 167).

OBSERVAÇÃO
Para tortas menores, a espessura da massa pode ser mais fina; para tortas maiores, a espessura deve ser maior.

COMO FORRAR A FÔRMA

> **OBSERVAÇÃO**
> Na elaboração de tortinhas individuais, é possível usar um cortador para dar formato à massa antes de forrar a forminha.

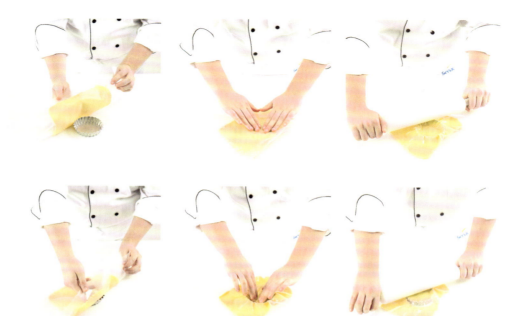

1. Após abrir a massa, retire a folha plástica superior.

2. Coloque a massa sobre a fôrma, deixando para cima o lado ainda coberto com plástico.

3. Com as mãos, faça delicadamente a massa aderir à fôrma.

4. Pressione o rolo por cima para dar o acabamento na lateral e retire o plástico restante.

DESENHO DA MASSA NA FÔRMA

ANTES DA COCÇÃO

APÓS A COCÇÃO

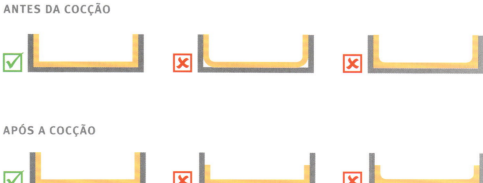

ELABORAÇÃO DE MASSAS

FORMAS CORRETAS DE COCÇÃO

SOMENTE A BASE

1. Abra a massa e forre a fôrma com ela.
2. Fure a massa com um garfo e coloque um pedaço de papel-manteiga sobre ela, de forma que o papel fique em contato com a massa. Ou então, em vez de furar, coloque pesinhos sobre o papel – podem ser bolinhas de cerâmica ou grãos, como o feijão. O objetivo dessas duas alternativas é evitar que a massa cresça.
3. Leve para forno médio (aproximadamente 160 °C) até que a lateral da massa fique seca.
4. Após esse tempo, retire o peso e o papel-manteiga e verifique se o fundo da torta também está seco.
5. Caso a cor esteja clara, considere a massa como pré-assada. Nesse momento, pode-se colocar um recheio e levar o produto de volta ao forno.
6. Caso a cor esteja totalmente dourada, considere a massa como assada, deixe esfriar e monte uma torta com recheios que não necessitam de cocção no forno.

COM RECHEIO (TORTA ABERTA/QUICHE)

1. Abra a massa e forre a fôrma. (Utilize massa crua ou pré-assada para a montagem da torta.)
2. Coloque o recheio gelado ou em temperatura ambiente sobre a massa.
3. Finalize com a decoração desejada e leve para forno médio até ficar dourada.

COM RECHEIO (TORTA FECHADA)

1. Abra a massa considerando uma quantidade que sirva para cobrir a torta.
2. Recheie a massa.
3. Coloque a massa da cobertura sobre a torta já recheada.
4. Faça uma leve pressão nas bordas para unir as duas massas.

5. Com a ajuda de uma espátula, de um rolo de abrir massa ou até das próprias mãos, pressione a borda da assadeira para retirar o excesso da massa.
6. Leve ao forno até ficar dourada.

Erros de produção

em massas quebradiças

MASSA ELÁSTICA APÓS O PREPARO OU MASSA MUITO DURA
Possíveis causas:
- Farinha com alto teor de proteína.
- Mistura dos ingredientes em excesso.
- Não deixou a massa descansar após a mistura.
- Falta de gordura na receita.

MASSA MUITO QUEBRADIÇA
Possíveis causas:
- Farinha com baixo teor de proteína.
- Excesso de gordura.
- Falta de umidade.
- Ingredientes não foram misturados o suficiente.

MASSA DA TORTA ENCRUADA APÓS A COCÇÃO
Possíveis causas:
- Temperatura do forno baixa.
- Falta de tempo de cocção.
- Recheio colocado na massa ainda quente.

MASSA DA TORTA ENCOLHEU APÓS A COCÇÃO
Possíveis causas:
- Farinha com alto teor de proteína.
- Excesso de mistura dos ingredientes.
- Falta de gordura.

MASSAS ALIMENTÍCIAS

A massa alimentícia, muitas vezes denominada como macarrão, pela classificação da Anvisa é "o produto obtido, exclusivamente, a partir de farinha de trigo comum e/ou sêmola/semolina de trigo e/ou farinha de trigo durum e/ou sêmola/semolina de trigo durum" (Anvisa, 2000).

A chamada "massa fresca" é aquela que passa por um processo parcial de secagem. A "massa seca" é a que sofre processo de secagem e pode ser encontrada nas prateleiras dos mercados fora de refrigeração.

Os tipos, variados, são comumente divididos em massa comprida (espaguete e talharim, entre outras), massa curta (fusilli e penne, entre outras) e massa recheada (capeletti, ravióli).

As massas podem obter colorações a partir de ingredientes que são adicionados, como cenoura, espinafre, beterraba, tinta de lula e cacau, entre outros. A forma como esses elementos corantes se apresentam pode alterar a quantidade dos demais ingredientes da massa. Precisamos descontar da farinha o peso de um elemento corante em pó utilizado, para a massa não ficar seca. Da mesma forma, descontamos do peso do ovo o peso de um elemento corante considerado líquido. Por exemplo, o espinafre em pó é um elemento seco; já um espinafre fresco processado é um item líquido.

A massa de pastel também é considerada uma massa alimentícia.

OBSERVAÇÕES

No Brasil, chamamos macarrão de "massa", termo utilizado para todas as outras preparações com base de farinha de trigo. No exterior, é mais usual utilizar a palavra "pasta" para a produção de massa de macarrão e suas derivações.

O detalhamento da classificação das massas pela Anvisa é apresentado na Resolução - RDC nº 93, de 31 de outubro de 2000. Disponível em http://www.anvisa.gov.br/anvisalegis/resol/2000/93_00rdc.htm. Acesso em 22/1/2018.

Receituário de massas alimentícias		
Ingredientes	Macarrão	Pastel
Base		
Líquido	–	Água 200 g + aguardente 60 g
Farinha	Trigo 500 g	Trigo 500 g
Ovo (inteiro)	250 g (aproximadamente 5 unidades)	–
Aromáticos e temperos		
Sal refinado		8 g
Finalização		
Cocção	Água, para escalfar 5 kg	Óleo, para fritar 1,8 kg
Rendimento aproximado		
	750 g	20 unidades (médios)

1. Separe os ingredientes que serão utilizados na receita, bem como os seguintes equipamentos e utensílios: bowl, cilindro de macarrão e saco plástico.
2. Na bancada ou em um bowl, peneire os ingredientes secos e faça uma abertura central.

OBSERVAÇÃO
Nas massas em que o processo de sova é muito intenso, o descanso é recomendado para que haja o "relaxamento" do glúten. Esse processo facilita a abertura da massa, pois assim ela não fica se comprimindo após ser aberta.

4. Incorpore a farinha de dentro para fora.

7. Cubra com saco plástico e deixe descansar por aproximadamente 1 hora.

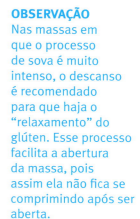

9. Corte a massa em retângulos e reserve-os enfarinhados entre plásticos, para que não grudem.
10. Finalize de acordo com o procedimento específico de cada produção.

3. Caso esteja usando corante, misture-o ao ovo e acrescente a mistura no furo central.

5. Sove até obter uma massa lisa e homogênea.
6. Se, durante o processo, sentir que a massa está muito seca e difícil de trabalhar, molhe as mãos e continue a sovar, até estar tudo incorporado.

8. Cilindre a massa por etapas. Inicie com a massa mais grossa e afine o cilindro até alcançar a espessura desejada.

ELABORAÇÃO DE MASSAS

MASSAS LONGAS OU DE FITA

Algumas podem ser cortadas com a faca, como o talharim e o pappardelle. Basta enrolar o retângulo, unindo os lados menores, e cortar. Existem cilindros próprios para isso, que cortam nestes e em outros formatos, como espaguete e fettuccine. Após cortadas, as massas devem ser enfarinhadas para não grudarem.

Para obter massas secas, podemos usar um "varal de macarrão" ou deixar os fios esticados em algum utensílio em temperatura ambiente. Cubra com filme plástico para evitar que ocorra qualquer tipo de contaminação.

MASSAS CURTAS

Formatos como fusilli, penne e rigatoni precisam de maquinário próprio. Eles dispensam a etapa de cilindrar, pois a massa é colocada inteira dentro do equipamento, sendo necessário controlar o tamanho do corte. Massas como farfalle podem ser feitas manualmente: para isso, é necessário cortar o retângulo maior em pedaços menores e comprimi-los no centro, para formar a "gravatinha".

LASANHA

Para esta finalidade, é necessário pré-cozinhar os retângulos de massa, escorrer o excesso de água e, na montagem, intercalar molhos e recheios com a massa. Depois, a montagem é levada ao forno para que a cocção seja finalizada e também para a lasanha gratinar.

Existe uma discussão sobre a forma correta de servir a lasanha: se com muito molho, desmanchando no prato, ou mais firme, de forma que se torne possível emprată-la. No Brasil, não existe uma forma "correta" de servir, porém, para fins estéticos, podemos resfriar a lasanha após estar pronta, assim ela irá liberar todo o vapor e permanecerá mais firme no serviço.

OBSERVAÇÃO
Na Itália, a lasanha é geralmente servida com bastante molho.

CANELONE

O processo é semelhante ao da lasanha: pré-cozinhe as massas retangulares, escorra o excesso de água, recheie e enrole. Adicione o molho e leve ao forno, para a cocção ser finalizada e os canelones ficarem gratinados.

MASSAS RECHEADAS

Entre as mais conhecidas estão o ravióli, o torteloni, o capeletti, o sfogliatti, o sorrentino e o tortelli, e os recheios são diversos. É possível produzir essas massas de forma totalmente manual, mas alguns utensílios aceleram o processo e padronizam o resultado, como o carimbo para massas recheadas.

Os recheios devem ser firmes, para que seja possível modelar a massa. Recheios moles ou com muito líquido não só dificultam a modelagem como também trazem problemas no momento da cocção (a massa abre e o recheio escapa).

Para fazer massas recheadas, execute os passos abaixo.

1. Separe os ingredientes que serão utilizados na receita, bem como os seguintes equipamentos e utensílios: fôrma ou carimbo para massa recheada, rolo.

2. Em caso de fôrma, polvilhe o utensílio com farinha de trigo. Caso vá usar o carimbo, abra a massa com o rolo em superfície levemente enfarinhada.

3. Em caso de uso da fôrma, faça bolinhas de massa com recheio dentro e acondicione essas nos espaços da fôrma. Em caso de carimbo, coloque pequenas porções de recheio na massa aberta, deixando espaço de 2 dedos entre elas.

4. Em caso de fôrma, cubra com outra massa retangular e force com um rolo de massa para poder retirar o excesso.
Em caso de uso do carimbo, feche a massa e faça pressão com o utensílio em cada "montinho" de massa recheada, como se estivesse carimbando.

5. No caso de fôrma, vire-a e torça levemente para que as massas caiam sobre a bancada. No caso do carimbo, destaque a massa recheada.

> **OBSERVAÇÃO**
> O nhoque, conhecido e consumido como "massa", na verdade é um purê de vegetais (batata) espessado (ver receita nas páginas 294 e 308).

ELABORAÇÃO DE MASSAS   251

MASSAS FERMENTADAS

São assim chamadas porque têm seu crescimento proporcionado pela adição de agentes fermentadores, como os fermentos químicos e os fermentos biológicos. Entre os fermentos biológicos temos o natural e os comerciais; esses fermentos biológicos comerciais podem ser encontrados na versão seca ou na versão fresca.

O principal exemplo da massa fermentada é o pão e suas variações, como croissants e pizzas (ver página 312). Também são massas fermentadas fogazza e blinis (receita clássica que consiste em um tipo de panqueca tradicional da Rússia).

Para fazer pão manualmente, siga os passos abaixo. A "regra básica" é primeiro misturar os ingredientes secos, depois adicionar os líquidos, e, por último, acrescentar a gordura e, então, iniciar a sova.

1. Separe os ingredientes que serão utilizados na receita, bem como os seguintes equipamentos e utensílios: bowl, espátula/raspador (para o caso de mistura na bancada e para porcionar a massa, plástico (para cobrir), pincel, assadeira furada ou lisa, óleo ou desmoldante (para untar a assadeira), silpat (tapete de silicone que substitui o óleo para untar a assadeira).

2. Misture os ingredientes secos em um bowl ou em uma bancada. Se o fermento utilizado na receita for o seco, ele entra nesta etapa. Caso o pão esteja sendo preparado em bancada, forme um monte com os secos e faça um buraco (para a colocação dos líquidos depois).

3. Adicione a água e os outros elementos líquidos. O ovo é considerado um elemento líquido, então deve entrar neste momento. Mas, se estiver sendo usado ovo em pó, ele terá entrado na etapa anterior. Quanto ao fermento, caso o utilizado seja o biológico fresco, ele deve ser acrescentado neste momento.

4. Misture os elementos secos com os líquidos. Comece com os dedos, do centro para as bordas. Em um segundo momento, utilize utensílios como espátulas para juntar a farinha das bordas para o centro, misturando até que os líquidos sejam incorporados.

OBSERVAÇÕES

Em ambientes profissionais, é comum o uso de masseira para fazer pães. Esse equipamento – que se assemelha a uma grande batedeira de cozinha – mistura e sova a massa, permitindo um melhor desenvolvimento do glúten.

O filme plástico pode ser usado com sucesso em bowls, porém quando uma massa é deixada para descansar em bancada o mais indicado é um plástico comum, que não se contrai como o filme plástico e, assim, permite total cobertura da massa, evitando seu ressecamento.

O desmoldante é um spray de gordura, como os sprays de manteiga ou azeite encontrados no mercado.

5. Adicione a gordura e inicie o processo de sova.

6. Para sovar, faça movimentos contínuos de puxar e empurrar a massa até que ela alise totalmente. Esse processo pode levar cerca de 15 minutos.

7. Boleie a massa com movimentos circulares.

8. Cubra a massa boleada com plástico e a deixe descansar por aproximadamente 10 a 30 minutos (é o que os padeiros chamam de "fermentação intermediária").

9. Porcione a massa que descansou, para obter massas menores de acordo com os pães finais pretendidos, e reboleie.

10. Cubra com plástico e deixe descansar por mais 10 minutos em superfície levemente untada com óleo.

11. Se necessário, abaixe a fermentação (pressionando a massa), faça a modelagem desejada e acondicione os pães em assadeira untada, deixando espaço de cerca de 5 cm entre as unidades.

12. Deixe em ambiente fechado até dobrar de volume. Esta etapa é o que os padeiros denominam "fermentação final". O forno já deve ser aquecido pelo menos 15 minutos antes de os pães serem levados para a cocção.

13. Depois da fermentação final, faça os acabamentos pretendidos: corte (com bisturi próprio de panificação), e/ou ovo batido pincelado e/ou ingredientes secos polvilhados.

14. Leve ao forno pelo tempo recomendado.

ELABORAÇÃO DE MASSAS

Parte IV

Receituário

CAPÍTULO 16

Composição de pratos e cardápios

Em cada área da alimentação existem profissionais especializados e qualificados. No entanto, é necessário que as diferentes áreas se inter-relacionem em benefício do consumidor final, possibilitando o acesso a uma alimentação segura, diversificada, equilibrada e que proporcione prazer – em todas as fases da vida e também de acordo com as diferentes condições clínicas que uma pessoa possa apresentar.

Por isso, é importante que o cozinheiro esteja atento a todos os assuntos relacionados à alimentação e que compreenda e respeite eticamente o espaço de outros profissionais da área.

Para a elaboração de pratos e cardápios em diferentes tipos de serviços de alimentação, o cozinheiro também deve considerar as características de cada operação e, principalmente, as especificidades do público-alvo.

Não é preciso calcular a quantidade de macro e micronutrientes na elaboração de um prato ou um cardápio (quando essa especificidade se faz necessária, o cardápio deve ser elaborado com o auxílio de um nutricionista), mas o profissional de cozinha deve pensá-lo de forma que fique equilibrado (principalmente em relação aos grupos alimentares utilizados) e que traga benefícios e satisfação ao comensal.

Alguns exemplos de cuidados ao montar um cardápio:

- visualmente, tente evitar a monotonia de cores: pratos naturalmente coloridos são mais interessantes e proporcionam maior variedade de vitaminas e minerais. Simetrias, assimetrias e alturas devem ser bem pensadas e executadas para trazer ao prato a beleza e a ideia original do cozinheiro.
- texturas contrastantes, como alimentos cremosos e outros crocantes, podem estimular a mastigação, a salivação e a ação de sinais relacionados à saciedade. Um prato com texturas diferentes é mais interessante ao paladar e possibilita diferenciar os alimentos e sabores produzidos. Para isso, é de extrema importância que o cozinheiro tenha domínio das diferentes técnicas de cocção.

O *Guia alimentar para a população brasileira* (2014) traz algumas informações que também podem ser bastante úteis:

- faça de alimentos *in natura* ou minimamente processados a base da alimentação;
- no caso de cardápio e pratos vegetarianos, utilize combinações como: cereais com leguminosas; cereais com legumes e verduras; tubérculos com leguminosas e cereais; tubérculos com frutas. Quando cabível, introduza proteínas de origem animal, como ovos e laticínios;
- utilize óleos, gorduras, sal e açúcar em pequenas quantidades ao temperar e cozinhar. Ervas e especiarias também podem ser utilizadas como realçadores de sabor.

OBSERVAÇÃO
Recomendamos ler o *Guia alimentar para a população brasileira* (2014) na íntegra para acompanhar como a alimentação está sendo pensada e trabalhada para a população.

CAPÍTULO 17

Entradas e saladas

Carpaccio de lagarto com molho mostarda

Este clássico italiano, feito com lagarto, geralmente combina melhor com cardápios de verão. Muitas produções levam o nome "carpaccio" em referência ao fino corte que é aplicado ao ingrediente principal. As variações trazem em sua composição peixes, frutos do mar e, para os consumidores vegetarianos e veganos, frutas (como melancia, por exemplo).

Carpaccio de lagarto com molho mostarda	
Ingrediente	Quantidade
Gordura	
Azeite de oliva extravirgem, para o molho	140 g
Azeite de oliva extravirgem, para o principal	25 g
Principal	
Lagarto (peça)	700 g
Folhas verdes variadas (sugestão: rúcula)	60 g
Queijo parmesão (peça)	30 g
Alcaparra	10 g
Temperos e aromáticos	
Alecrim	1 ramo
Sálvia	4 folhas
Tomilho	1 ramo
Alho	1 dente
Vinagre de vinho branco	20 g
Mostarda em pasta	30 g
Louro	4 folhas
Sal	q.b.
Pimenta-do-reino preta moída	1 cls
Rendimento aproximado: de acordo com o peso do lagarto e o peso e a espessura das fatias (para 1 pessoa, 10 fatias em média)	

MODO DE PREPARO

Pré-preparo

1. Separe os ingredientes que serão utilizados na receita, bem como os seguintes equipamentos e utensílios: balança, barbante, bowls, centrífuga de folhas ou papel absorvente, colher de sopa, congelador, descascador de legumes, faca de cozinha, faca de legumes, fatiador de frios ou faca de fiambre, filme plástico, fouet, pegador de alimentos, pegador de carne, pratos redondos, refratário, tábuas (para carnes e para hortifrúti).

2. Higienize e seque as folhas verdes.
3. Higienize e seque o tomilho, o alecrim e a sálvia.
4. Separe as folhas do tomilho e do alecrim e corte a sálvia em chiffonade (ver página 63).
5. Com o descascador, faça lascas do parmesão.
6. Dessalgue (ver página 111) as alcaparras.
7. No bowl, misture o vinho branco, a mostarda e o azeite. Bata com o fouet até emulsionar.

8. Acrescente sal e pimenta-do-reino moída, incorporando ao molho.
9. Descasque e fatie o alho.
10. Retire o excesso de gordura do lagarto e sobre uma tábua, com o barbante, amarre com pelo menos 3 cm de distância entre os círculos do barbante.

Preparo

1. Em um bowl, faça uma marinada seca com o azeite, o sal, a pimenta-do-reino moída, o louro, as ervas e o alho fatiado.
2. Passe a marinada no lagarto e o envolva com filme plástico, deixando-o com um formato cilíndrico e firme.
3. Leve a carne ao congelador até ela ficar bem firme (aproximadamente 2 horas, mas verifique ao longo do processo: o ponto certo para fatiar é aquele em que a carne está firme, porém não completamente congelada, muito dura e esbranquiçada).
4. Para fatiar, coloque a peça na tábua para carnes, retire o filme plástico e com a faca de fiambre faça fatias muito finas (de 1 mm a 2 mm) ou utilize o fatiador de frios.
5. Para porcionar o carpaccio, podemos cobrir um prato redondo com uma folha de filme plástico (um quadrado que seja pelo menos 3 cm maior que as bordas), distribuir as fatias de carne e cobri-las com outro quadrado de filme plástico. Repita esse processo e armazene os pratos montados no congelador.

Finalização

1. Caso tenha congelado porções em pratos com filme plástico, retire o plástico e acomode a carne no prato em que será servido, deixando descongelar naturalmente.
2. Faça um buquê com as folhas e coloque no centro do prato.
3. Espalhe o molho de mostarda no carpaccio e nas folhas.
4. Finalize o prato com alcaparras e lascas de parmesão. O carpaccio pode ser servido com torradas, pães e chips de tubérculos.

Casquinha de siri

Consumido como aperitivo, petisco de praia ou entrada, este prato de origem caiçara consiste em um refogado de carne de siri gratinado com pão ralado (ou farinha de rosca) e servido dentro da sua própria carapaça ou casquinha. Admite variações no tempero, no tipo de carne (por exemplo, casquinha de camarão) e nos gratinados (uso de parmesão).

Casquinha de siri	
Ingrediente	Quantidade
Gordura	
Azeite de dendê	70 g
Azeite de oliva extravirgem	15 g
Base aromática	
Cebola	100 g
Pimentão vermelho	60 g
Tomate concassé	60 g
Pimenta dedo de moça	1 unid.
Principal	
Carne de siri	600 g
Leite de coco	100 g
Pão de fôrma sem casca	2 fatias
Gema de ovo	2 unid.
Farinha de rosca	60 g
Queijo parmesão (peça)	60 g
Temperos e aromáticos	
Salsa	2 g
Coentro	2 g
Cebolinha	2 g
Sal	q.b.
Rendimento aproximado: 10 unidades	

MODO DE PREPARO

Pré-preparo

1. Separe os ingredientes que serão utilizados na receita, bem como os seguintes equipamentos e utensílios: itens para fazer o tomate concassé (ver página 61), balança, bowls, centrífuga de folhas ou papel absorvente, espátula de silicone, faca de cozinha, faca de legumes, panela média funda, pegador de alimentos, pincel, ramequins e casquinha para servir, ralador, tábuas (para pescados e para hortifrúti).

2. Higienize e seque a salsa, a cebolinha e o coentro.

3. Pique finamente a salsa e o coentro (ver página 64) e corte a cebolinha em chiffonade (ver página 63).

4. Higienize o pimentão vermelho, corte a parte superior, retire as sementes e as partes internas brancas e corte em macédoine (ver página 57).

5. Descasque a cebola e corte em brunoise (ver página 60).

6. Coloque o leite de coco em um bowl e acrescente o pão sem casca. Adicione as gemas. Deixe por pelo menos 5 minutos.

7. Faça o tomate concassé (ver página 61).

8. Coloque a carne de siri sobre uma tábua e retire eventuais pedaços da casca dos siris.

9. Higienize a pimenta dedo de moça e corte em brunoise. Para um resultado menos picante, retire as sementes.

10. Rale o parmesão (ralador fino).

Preparo
1. Aqueça a panela com azeite de oliva e o dendê em fogo médio.
2. Refogue a cebola até dourar.
3. Acrescente o pimentão, o tomate e a pimenta dedo de moça, sempre mexendo.
4. Coloque a carne de siri e refogue até ficar levemente dourada.
5. Acrescente a mistura de pão, leite de coco e gemas na panela e mexa constantemente para incorporar a gema.
6. Tempere com as ervas frescas e sal.

Finalização
1. Acrescente a mistura nas casquinhas de siri.
2. Cubra com farinha de rosca e parmesão e leve para gratinar em salamandra ou em forno alto.

OBSERVAÇÕES
Use luvas descartáveis ao lidar com a pimenta, para evitar irritação na pele.

A casquinha de siri pode ser armazenada antes de ser gratinada, coberta com filme plástico ou embalada a vácuo.

Ceviche

A receita original deste prato sul-americano tem como base apenas quatro ingredientes: peixe, sal, limão e pimenta fresca. No entanto, são comuns variações que agregam vegetais como cebola, milho, batata-doce, coentro fresco, cheiro-verde, pimentões e caldos de outras frutas ácidas. Pode também ser feito com frutos do mar no lugar do filé de peixe.

Ceviche	
Ingrediente	Quantidade
Gordura	
Azeite de oliva extravirgem	90 g
Base aromática	
Cebola roxa	50 g
Principal	
Filé de peixe branco	300 g
Suco de limão taiti	65 g
Temperos e aromáticos	
Coentro fresco	10 folhas
Pimenta dedo de moça	1 unid.
Sal	q.b.
Rendimento aproximado: 1 entrada para 2 pessoas	

MODO DE PREPARO

Pré-preparo
1. Separe os ingredientes que serão utilizados na receita, bem como os seguintes equipamentos e utensílios: balança, bowls, colher de sopa, espremedor de cítricos, faca de cozinha, faca de legumes, prato ou travessa para servir, tábuas (para pescados e para hortifrúti).
2. Descasque a cebola e corte em julienne (ver página 62).
3. Higienize a pimenta dedo de moça e corte em brunoise (ver página 60). Para um resultado menos picante, retire as sementes.
4. Higienize, seque e pique finamente o coentro (ver página 64).
5. Corte os filés de peixe em cubos de 2 centímetros.
6. Com o espremedor, obtenha o suco de limão.

Preparo
1. Em um bowl, faça uma emulsão com o sal, o suco de limão, a cebola, a pimenta, o coentro e o azeite.
2. Acrescente os cubos de filé de peixe à emulsão.

Finalização
1. Corrija o sal se necessário.
2. Decore como desejado e sirva.

OBSERVAÇÕES
O nome "cheiro-verde" é usado para designar a mistura de salsa e cebolinha. Em algumas localidades brasileiras (especialmente na região Nordeste), a salsa é substituída por coentro.

Use luvas descartáveis ao lidar com a pimenta, para evitar irritação na pele.

Escabeche

Apreciado como aperitivo, o escabeche é uma conserva usada para temperar e conservar alimentos há séculos. São inúmeras as receitas ao redor do mundo, especialmente na Espanha e em Portugal. Sua base consiste em vinagre, azeite, cebola e louro, mas é muito comum a elaboração do escabeche com fatias finas de pimentão e acompanhado de peixe.

Escabeche	
Ingrediente	Quantidade
Gordura	
Azeite de oliva extravirgem	45 g
Base aromática	
Pimentão verde	1 unid.
Cebola	1 unid.
Principal	
Filé de sardinha	200 g
Temperos e aromáticos	
Louro	3 folhas
Vinagre de vinho branco	100 g
Salsa	q.b.
Sal	q.b.
Pimenta-do-reino preta moída	q.b.
Pimenta-do-reino preta em grão	q.b.
Rendimento aproximado: 1 entrada para 2 pessoas	

MODO DE PREPARO

Pré-preparo

1. Separe os ingredientes que serão utilizados na receita, bem como os seguintes equipamentos e utensílios: itens para despelar o pimentão (ver página 66), balança, bowls, colher, centrífuga de folhas ou papel absorvente, espátula de silicone, garfo, faca de cozinha, faca de legumes, panela média, tábuas (para pescados e para hortifrúti), vidro esterilizado com tampa.

2. Higienize o pimentão verde e retire a pele (ver página 66). Também retire a parte superior, as sementes e as partes internas brancas. Corte em julienne (ver página 62).
3. Descasque a cebola e corte em julienne.
4. Higienize, seque e pique finamente a salsa (ver página 64).
5. Tempere a sardinha com sal e pimenta-do-reino moída.

Preparo

1. Aqueça a panela com azeite em fogo médio.
2. Refogue a cebola e o pimentão.
3. Adicione a pimenta-do-reino em grão, o louro, o vinagre de vinho branco e a salsa.
4. Acrescente a sardinha e escalfe (ver página 142) em fogo médio até ficar macia.

Finalização

1. No pote de vidro, acomode a sardinha com a conserva. Essa preparação pode ser armazenada no refrigerador e consumida em até 7 dias. O escabeche costuma ser servido em temperatura ambiente, acompanhado de pão.

Salada Caesar

Esta salada de origem norte-americana tem diferentes histórias sobre sua criação: algumas a associam ao chef Caesar Cardini; outras, ao Hotel Caesar's, no México. Tradicionalmente, a produção leva alface romana (substituída pela americana no Brasil), croûton e molho à base de limão, anchova, molho inglês e azeite. Com o tempo, a salada ganhou diversas adaptações, como a adição de queijo parmesão e de proteínas como frango e bacon, entre outras.

Salada Caesar	
Ingrediente	Quantidade
Gordura	
Azeite de oliva extravirgem	180 g
Base aromática	
Alho	2 dentes
Principal	
Filé de anchova	5 g
Gema de ovo pasteurizada	25 g
Alface americana	1 unid. grande
Queijo parmesão (peça)	100 g
Pão de fôrma sem casca	5 fatias
Temperos e aromáticos	
Molho inglês	5 g
Suco de limão taiti	80 g
Mostarda em pasta	15 g
Sal	q.b.
Pimenta-do-reino preta moída	q.b.

OBSERVAÇÕES

Croûtons são pequenos pedaços de pão assados que, ao perderem umidade, tornam-se crocantes. Acompanham saladas, e em seu preparo podem ser adicionadas ervas picadas e azeite de oliva extravirgem.

As anchovas são vendidas em conserva com sal; portanto, cuidado no momento de fazer o molho, para que a produção não fique excessivamente salgada.

MODO DE PREPARO

Pré-preparo

1. Separe os ingredientes que serão utilizados na receita, bem como os seguintes equipamentos e utensílios: assadeira, balança, bowls, centrífuga de folhas, descascador de legumes, espremedor de cítricos, faca de cozinha, faca de legumes, faca serrilhada, fouet, ramequim, saladeira, tábuas (para pescados e para laticínios).

2. Descasque o alho e corte em brunoise (ver página 60).

3. Corte o filé de anchova em pequenos cubos.

4. Higiene e seque na centrífuga as folhas de alface. Rasgue as folhas em aproximadamente 4 pedaços.

5. Com o descascador, faça lascas do parmesão.

6. Corte o pão de fôrma em cubos de 2 cm × 2 cm.

7. Com o espremedor, obtenha o suco de limão.

8. Preaqueça o forno (alto).

Preparo

1. Prepare o molho Caesar emulsificando em um bowl, com fouet, os seguintes ingredientes: metade do azeite (90 g), alho, filé de anchova, gema, molho inglês, suco de limão, mostarda em pasta, sal e pimenta-do-reino moída.

2. Misture a outra metade do azeite aos cubos de pão de fôrma.

3. Leve os cubos de pão ao forno alto até dourarem e ficarem crocantes.

Finalização

1. Monte a produção em uma saladeira, acomodando as folhas de alface e colocando o molho. Esse processo deve ser feito no momento do serviço, para evitar que as folhas murchem.

2. Salpique os croûtons e o parmesão.

Salada caprese com molho pesto genovês

De origem italiana – mais especificamente, da ilha de Capri –, a salada caprese é apreciada no mundo todo, em razão da composição harmoniosa de ingredientes (não só nos sabores como também nas texturas). É também uma produção rica em termos nutricionais. Os componentes clássicos desta salada costumam ser usados em massas e risotos, que ganham assim o nome de "caprese" (por exemplo, o risoto caprese é aquele elaborado com tomate, manjericão e muçarela de búfala).

Salada caprese com molho pesto genovês	
Ingrediente	Quantidade
Principal	
Muçarela de búfala (bola)	200 g
Tomate caqui	1 unid.
Rúcula	5 folhas
Manjericão italiano	6 folhas
Temperos e aromáticos	
Molho pesto genovês	100 g
Rendimento aproximado: 1 porção	

MODO DE PREPARO

Pré-preparo

1. Separe os ingredientes que serão utilizados na receita, bem como os seguintes equipamentos e utensílios: itens para fazer o molho pesto genovês (ver página 219), balança, bowls, centrífuga de folhas ou papel absorvente, faca de cozinha, pinça, prato, tábuas (para laticínios e para hortifrúti).

2. Higienize e seque as folhas de rúcula e de manjericão.

3. Higienize e fatie o tomate caqui (0,5 cm de espessura).

4. Escorra o soro da muçarela de búfala e corte as bolas pela metade.

Preparo

1. Prepare o molho pesto genovês (ver página 219).

2. Em um prato, disponha as folhas de rúcula e, sobre elas, as fatias de tomate.

3. Sobre o tomate, distribua a muçarela de búfala e as folhas de manjericão de forma intercalada.

Finalização

1. No prato montado, regue a salada com o molho pesto.

Salpicão de frango defumado

Salada tradicional brasileira, faz parte do cardápio principalmente das ceias natalinas e de ano-novo. Sua refrescância se deve ao fato de ser consumida fria e com frutas. A original é feita com frango, mas podem existir variações na proteína. Algumas famílias têm a tradição de finalizar com batata-palha.

Salpicão de frango defumado	
Ingrediente	Quantidade
Base aromática	
Salsão	50 g
Cenoura	200 g
Principal	
Maçã verde	200 g
Suco de limão taiti	1 cls
Uva passa branca ou preta	100 g
Frango defumado	400 g
Milho verde (espiga)	2 unid.
Azeitona verde	100 g
Creme de leite UHT	200 g
Maionese	100 g
Batata-palha (opcional)	250 g
Temperos e aromáticos	
Salsa	1 colher de café
Sal	q.b.
Pimenta-do-reino preta moída	q.b.
Rendimento aproximado: 1 salada para 5 pessoas	

OBSERVAÇÕES
Para defumar o frango, siga os passos apresentados na página 174.

O frango defumado pode ser substituído por salmão (fresco ou defumado), filé de frango cozido, peito de peru ou presunto cru.

MODO DE PREPARO

Pré-preparo
1. Separe os ingredientes que serão utilizados na receita, bem como os seguintes equipamentos e utensílios: balança, bowls, centrífuga de folhas ou papel absorvente, espátula de silicone, espremedor de cítricos, faca de cozinha, faca de legumes, 2 garfos, panela funda, peneira, processador de alimentos ou liquidificador, ralador, tábuas (para aves e para hortifrúti), taças de serviço ou saladeira.
2. Higienize e descasque a cenoura. Corte em brunoise (ver página 60).
3. Higienize e corte o salsão em cubos pequenos.
4. Com o espremedor, obtenha o suco de limão.
5. Higienize e descasque a maçã verde. Retire o pedúnculo e as sementes, rale a polpa (ralador médio) e conserve em suco de limão.
6. Desfie o frango defumado com a ajuda dos garfos.
7. Tire o caroço das azeitonas e corte-as em rodelas.
8. Higienize e debulhe o milho.
9. Higienize, seque e pique finamente a salsa (ver página 64).

Preparo
1. Na panela, escalfe a cenoura, o milho e o salsão. Deixe esfriar.
2. Em um bowl grande, acrescente a cenoura, o milho, o salsão, a maçã verde, o frango defumado desfiado, as azeitonas, o creme de leite, a maionese e as uvas passas.
3. Misture os ingredientes e adicione salsa, sal e pimenta-do-reino moída.

Finalização
1. Coloque o salpicão nas taças de serviço ou na saladeira.
2. Decore com a batata-palha (caso esteja usando).

Tartare de salmão

É um prato derivado do clássico steak tartare. Nesta iguaria, a proteína (imprescindivelmente fresca e sem gordura) é finamente picada na ponta da faca até atingir a consistência de uma pasta grossa. O tartare de salmão é servido com guarnições que também cumprem função de tempero, como alcaparras por exemplo.

Tartare de salmão	
Ingrediente	Quantidade
Principal	
Suco de limão taiti	30 g
Suco de laranja pera	50 g
Açúcar refinado	q.b.
Filé de salmão	250 g
Alcaparra	6 g
Temperos e aromáticos	
Gengibre	5 g
Cebolinha	2 g
Mostarda em pasta	5 g
Sal	q.b.
Pimenta-do-reino preta moída	q.b.
Rendimento aproximado: 1 entrada para 2 pessoas	

MODO DE PREPARO

Pré-preparo

1. Separe os ingredientes que serão utilizados na receita, bem como os seguintes equipamentos e utensílios: aro redondo (10 cm), balança, bowls, centrífuga de folhas ou papel absorvente, espátula de silicone, espremedor de cítricos, faca de legumes, facas de cozinha 6" (para picar o salmão) e 8" (para os vegetais), ralador, tábuas (para pescados e para hortifrúti), taças de serviço, verrines ou prato raso.

2. Descasque e rale o gengibre (ralador fino).
3. Higienize e seque a cebolinha. Corte em chiffonade (ver página 63).
4. Dessalgue (ver página 111) as alcaparras.
5. Corte o salmão na ponta da faca.
6. Com o espremedor, obtenha o suco dos cítricos.

Preparo

1. Em um bowl, misture o salmão, o suco das frutas, o açúcar, o gengibre, a cebolinha e a mostarda.
2. Tempere com sal e pimenta-do-reino moída.

Finalização

1. No centro do prato, coloque o aro redondo e disponha o tartare de salmão com pouco líquido.
2. Retire o aro e decore com as alcaparras. O tartare de salmão é servido frio, geralmente acompanhado de torradas.

Terrine de cogumelos

Terrine é um patê estruturado em fôrma e que, em sua preparação, leva ingredientes espessantes como queijos, claras, creme de leite, espinafre, gelatinas e carnes processadas, além de itens como bacon, presunto, alho-poró e até massas.

Terrine de cogumelos	
Ingrediente	Quantidade
Gordura	
Azeite de oliva extravirgem	50 g
Base aromática	
Alho	1 dente
Cebola	1 unid.
Principal	
Shiitake	300 g
Cogumelo-de-paris	300 g
Creme de leite fresco	700 g
Gelatina incolor em pó	12 g
Água	60 g
Temperos e aromáticos	
Salsa	2 g
Estragão	2 g
Sal	q.b.
Pimenta-do-reino preta moída	q.b.
Rendimento aproximado: 1 fôrma	

MODO DE PREPARO

Pré-preparo
1. Separe os ingredientes que serão utilizados na receita, bem como os seguintes equipamentos e utensílios: balança, bowl médio de vidro, bowls, centrífuga de folhas ou papel absorvente, colher de sopa, espátula de silicone, faca de cozinha, faca de legumes, filme plástico, fôrma retangular para terrine, micro-ondas, panela funda, ramequins, sauteuse, travessa de serviço para a terrine, tábua.
2. Higienize os cogumelos e corte em cubos médios.
3. Descasque a cebola e o alho e corte em brunoise (ver página 60).
4. Higienize, seque e pique finamente a salsa e o estragão (ver página 64).
5. Em um ramequim, dissolva a gelatina em pó na água.
6. Leve o ramequim com a gelatina dissolvida para o micro-ondas por 15 segundos. Após esse tempo, retire do equipamento e mexa até ficar líquido e homogêneo. Esse processo pode ser feito em banho-maria, sem parar de mexer.
7. Corte o filme plástico utilizando a fôrma de terrine como medida: deixe filme plástico sobrando nas laterais, pois será necessário forrar a fôrma e cobrir a preparação.

Preparo
1. Aqueça a sauteuse com azeite em fogo médio.
2. Refogue a cebola e o alho até dourar.
3. Acrescente os cogumelos e salteie até ficarem macios.
4. Tempere com sal e pimenta-do-reino moída.
5. Aqueça a panela funda em fogo médio com o creme de leite e reduza o creme à metade.
6. Retire do fogo e incorpore as ervas picadas, os cogumelos refogados e a gelatina.
7. Acerte o sal e a pimenta-do-reino moída.
8. Coloque a mistura na fôrma de terrine forrada com filme plástico e cubra com o filme plástico restante.
9. Leve ao refrigerador. Deixe até ficar firme e consistente (aproximadamente 2 horas).

Finalização
1. Desenforme na travessa de serviço, retirando o filme plástico. A terrine é servida fria, geralmente acompanhada de torradas, pães e chips de tubérculos.

OBSERVAÇÃO
A expressão "pâté en croûte" se refere a uma preparação clássica francesa em que a terrine é acomodada dentro de uma massa seca e, então, levada ao forno.

CAPÍTULO 18

Sopas, cremes e purês

Caldinho de feijão

Este caldo, tradicional em todo o Brasil, é muito apreciado como aperitivo em bares ou como prato em dias frios. Pode ser encontrado feito com feijão-preto ou com o carioquinha, dependendo da localidade. Para acompanhar, torresmo ou pedaços de bacon frito e cheiro-verde.

Caldinho de feijão	
Ingrediente	Quantidade
Gordura	
Óleo vegetal	50 g
Base aromática	
Cebola branca	50 g
Alho	5 g
Principal	
Feijão carioquinha ou feijão-preto	250 g
Linguiça calabresa	200 g
Torresmo	q.b.
Líquido de cozimento	
Fundo de vegetais	1 kg
Temperos e aromáticos	
Louro	1 folha
Salsa	1 colher de café
Pimenta-malagueta	2 unid.
Sal	q.b.
Rendimento aproximado: 4 porções	

OBSERVAÇÃO
Para fazer o torresmo, utilize barriga de porco fresca cortada em pequenos retângulos (aproximadamente 5 cm × 1,5 cm). Frite na própria gordura em fogo alto em panela com tampa, para evitar respingos. O torresmo ficará ainda mais saboroso se, após o corte em retângulos, for feita uma marinada de sal e pimenta-do-reino moída (deixe por 5 horas em refrigeração).

MODO DE PREPARO

Pré-preparo
1. Separe os ingredientes que serão utilizados na receita, bem como os seguintes equipamentos e utensílios: balança, bowls, centrífuga de folhas ou papel absorvente, espátula de silicone, faca de legumes, facas de cozinha, panela de pressão, panela média funda, processador de alimentos ou liquidificador, ramequins, sauteuse, sopeiras ou copos americanos de shot, tábuas (para embutidos e para hortifrúti).
2. Em um bowl, hidrate o feijão (ver página 186), cobrindo com água e deixando em refrigeração por 12 horas.
3. Descasque a cebola e o alho e corte em brunoise (ver página 60).
4. Retire a pele externa da calabresa e fatie em meia-lua (0,5 cm de espessura).
5. Higienize, seque e pique finamente a salsa (ver página 64).
6. Higienize e pique as pimentas-malaguetas.

Preparo
1. Escalfe o feijão no fundo de vegetais com o louro em panela de pressão. Assim que iniciar a pressão, espere 30 minutos, desligue e deixe sair o vapor. Reserve o feijão com o líquido de cocção.
2. Aqueça a sauteuse com o óleo e a calabresa em fogo alto. Salteie.
3. Acrescente a cebola e o alho. Salteie até dourar.
4. Na mesma sauteuse, acrescente a pimenta-malagueta, o feijão cozido e o fundo de vegetais. Ferva por 5 minutos.
5. Retire a sauteuse do fogo e coloque a mistura no processador ou no liquidificador.
6. Bata até formar uma pasta líquida e homogênea.
7. Aqueça a panela média funda e coloque o caldinho de feijão.
8. Mexa com espátula de silicone até espessar.
9. Tempere com sal.

Finalização
1. Coloque em sopeiras ou em copos americanos de shot.
2. Salpique com salsa e sirva com torresmo.

Caldo verde

Esta sopa de origem portuguesa tem como base batatas cozidas até reduzirem em ponto de purê ou o suficiente para passarem por uma peneira, guarnecidas com carne picada bem fina. É comum ser servida com embutidos e muito azeite de oliva.

Caldo verde	
Ingrediente	Quantidade
Gordura	
Azeite de oliva extravirgem	50 g
Base aromática	
Cebola branca	50 g
Alho	2 dentes
Principal	
Batata	1 kg
Paio	100 g
Linguiça portuguesa (fresca ou defumada)	100 g
Couve	8 folhas
Líquido de cozimento	
Fundo de vegetais	2 kg
Temperos e aromáticos	
Sal	q.b.
Pimenta-do-reino preta moída	q.b.
Rendimento aproximado: 4 porções	

MODO DE PREPARO

Pré-preparo

1. Separe os ingredientes que serão utilizados na receita, bem como os seguintes equipamentos e utensílios: balança, bowls, centrífuga de folhas, descascador de legumes, espátula de silicone, faca de legumes, facas de cozinha, garfo, panela média funda, prato, processador de alimentos ou liquidificador, ramequins, sauteuse, sopeiras ou cumbucas para sopa, tábuas (para embutidos e para hortifrúti),

2. Descasque a cebola e o alho e corte em brunoise (ver página 60).

3. Higienize e descasque as batatas (com uma faca de legumes ou com descascador de legumes).

4. Corte grosseiramente as batatas e reserve em um bowl (cubra com água para que não escureçam).

5. Retire a pele do paio e da linguiça portuguesa. Corte o paio e a linguiça em cubos (1 cm × 1 cm).

6. Higienize e seque a couve. Corte em chiffonade (ver página 63).

Preparo

1. Aqueça a sauteuse com o azeite em fogo alto e salteie o paio e a linguiça. Assim que dourarem levemente, deixe escorrer em um prato com papel absorvente. Reserve.

2. Na mesma sauteuse, refogue a cebola e o alho até que dourem.

3. Aqueça a panela média funda e acrescente o fundo de vegetais e as batatas.

4. Acrescente a mistura de refogado de alho e cebola ao fundo de vegetais e cozinhe até que as batatas fiquem macias. Estará no ponto quando, ao espetar a batata com um garfo e levá-la à superfície, ela cair.

5. Retire a panela do fogo.

6. No processador de alimentos ou no liquidificador, bata a batata cozida até obter um creme.

7. Coloque o creme de batatas na panela média funda (em que ficou o fundo de vegetais), leve ao fogo médio e mexa até ficar espesso.

8. Acrescente o salteado de paio e linguiça e a couve, incorporando rapidamente ao creme.

9. Tempere com sal e pimenta-do-reino moída.

Finalização

1. Coloque nas sopeiras e sirva.

Canja de frango

Sopa bastante popular à base de arroz e frango, pode levar guarnições como cenoura e cebola. Por ser uma preparação muito simples, torna-se mais aromática quando usamos um bom caldo e partes da ave que conferem mais sabor, como osso, pescoço, asas e miúdos bem selados.

Canja de frango	
Ingrediente	Quantidade
Gordura	
Azeite de oliva extravirgem	50 g
Óleo vegetal	20 g
Base aromática	
Cebola	80 g
Cenoura	50 g
Salsão	50 g
Alho	1 dente
Principal	
Arroz agulhinha	120 g
Peito de frango com osso	1 unid.
Milho verde (espiga)	1 unid.
Líquido de cozimento	
Água	2 ℓ
Temperos e aromáticos	
Louro	1 unid.
Salsa	1 colher de café
Sal	q.b.
Pimenta-do-reino preta moída	q.b.
Rendimento aproximado: 8 porções	

MODO DE PREPARO

Pré-preparo

1. Separe os ingredientes que serão utilizados na receita, bem como os seguintes equipamentos e utensílios: balança, bowls, caçarola, caldeirão pequeno, centrífuga de folhas ou papel absorvente, espátula de silicone, faca de desossa, faca de legumes, facas de cozinha, filme plástico, refratário para o frango salteado, panela funda, pegador de alimentos, peneira ou chinois, sauteuse, sopeiras, tábuas (para aves e para hortifrúti).

2. Higienize, seque e pique finamente a salsa (ver página 64).

3. Higienize e descasque a cenoura, a cebola e o salsão (para formar o mirepoix) e corte em brunoise (ver página 60).

4. Descasque o alho e corte em brunoise.

5. Desosse o frango da carcaça do peito e corte em cubos pequenos. Reserve a carcaça.

6. Em um bowl, coloque o frango em cubos e tempere com sal e pimenta-do-reino moída. Cubra com filme plástico e deixe em refrigeração por 20 minutos.

7. Em um bowl, após higienizar o milho, debulhe, retirando a espiga. Cuidado para não deixar nenhum fiapo, por isso faça a separação manualmente.

8. Prepare um líquido aromatizado: no fogo baixo, aqueça a caçarola e acrescente a carcaça do peito de frango, os 2 ℓ de água em temperatura ambiente e o mirepoix composto por cebola, cenoura e salsão. Não deixe ferver: os ingredientes devem ficar em infusão por aproximadamente 30 minutos.

9. Com o pegador de alimentos, retire a carcaça e coe o líquido em um bowl, passando pela peneira ou pelo chinois. Reserve e cubra com filme plástico. Reserve a caçarola.

Principal
1. Aqueça a sauteuse com azeite em fogo alto.
2. Coloque os frangos em cubos aos poucos para dourar e não soltar líquidos. Salteie. Reserve em um bowl os cubos de frangos conforme ficarem dourados.
3. Aqueça a caçarola com o óleo em fogo alto.
4. Acrescente o alho e o milho na caçarola e refogue, mexendo com uma espátula de silicone até dourarem.
5. Coloque o arroz na caçarola e mexa sem parar.
6. Acrescente o líquido aromatizado preparado previamente com o louro e cozinhe até o arroz ficar macio.
7. Tempere com sal e pimenta-do-reino moída.

Finalização
1. Retire o louro e disponha em sopeiras para o serviço. Decore com salsa picada.

Capeletti in brodo

"Brodo", em italiano, é o equivalente ao nosso caldo base para sopas e risotos. Capeletti consiste em uma massa recheada à base de farinha, ovo, água e manteiga. As variações deste prato podem ser tanto no tipo de caldo utilizado como nos recheios da massa. As possibilidades são inúmeras.

Capeletti in brodo	
Ingrediente	Quantidade
Gordura	
Azeite de oliva extravirgem	50 g
Base aromática	
Cebola	100 g
Salsão	50 g
Cenoura	50 g
Principal	
Carne bovina (músculo)	200 g
Macarrão tipo capeletti com recheio de carne	200 g
Líquido de cozimento	
Fundo claro bovino	1,5 kg
Água quente	q.b.
Temperos e aromáticos	
Sal	q.b.
Pimenta-do-reino preta moída	q.b.
Rendimento aproximado: 4 porções	

MODO DE PREPARO

Pré-preparo

1. Separe os ingredientes que serão utilizados na receita, bem como os seguintes equipamentos e utensílios: balança, bowls, descascador de legumes, espátula de silicone, faca de legumes, facas de cozinha, panela média funda, peneira ou chinois, ramequins, sauteuse, sopeiras ou cumbucas para sopa, tábuas (para carnes e para hortifrúti).
2. Descasque a cebola e corte em brunoise (ver página 60).
3. Higienize a cenoura, descasque e corte em macédoine (ver página 57).
4. Higienize o salsão e corte em macédoine.
5. Retire o excesso de gordura da carne e corte em émincé (ver página 59).

Preparo

1. Aqueça a sauteuse com metade do azeite (25 g) em fogo alto e adicione o mirepoix (cebola, cenoura e salsão). Refogue até dourar e reserve o mirepoix (cebola, cenoura e salsão) em um bowl.
2. Na mesma sauteuse, em fogo alto, coloque a outra metade do azeite e salteie a carne.
3. Assim que a carne estiver dourada, acrescente o mirepoix.
4. Coloque a panela média funda em fogo baixo com a mistura da sauteuse de mirepoix e músculo.
5. Acrescente o fundo. Não deixe ferver, permitindo que os ingredientes façam infusão no fundo por aproximadamente 30 minutos. Se começar a secar, vá acrescentando água quente, para sempre manter os ingredientes cobertos com líquido.
6. Após o tempo de infusão, retire a panela do fogo e coe na peneira ou no chinois.
7. Coloque o líquido coado na panela média funda e leve à fervura.
8. Acrescente o capeletti. Se necessário, complete com água para conseguir cobrir o macarrão. Cozinhe até a massa ficar macia e consistente.
9. Tempere com sal e pimenta-do-reino.

Finalização

1. Disponha em sopeiras e sirva.

Creme de milho

Esta produção, bastante popular, é geralmente servida acompanhando pratos elaborados com frango. O creme pode ser feito com milho batido ou inteiro. A receita que apresentamos aqui tem como base o molho béchamel (ver página 223), mas o creme pode ser elaborado apenas reduzindo creme de leite com o milho batido.

Creme de milho	
Ingrediente	Quantidade
Gordura	
Manteiga clarificada	40 g
Base aromática	
Cebola	80 g
Principal	
Milho verde (espiga)	5 unid.
Farinha de trigo	30 g
Líquido de cozimento	
Leite	500 g
Temperos e aromáticos	
Sal	q.b.
Noz-moscada	q.b.
Rendimento aproximado: 4 porções	

MODO DE PREPARO

Pré-preparo

1. Separe os ingredientes que serão utilizados na receita, bem como os seguintes equipamentos e utensílios: balança, bowls, espátula de silicone, faca de cozinha, faca de legumes, liquidificador, ralador, ramequim, panela média funda, sauteuse, tábua.

2. Descasque a cebola e corte em brunoise.

3. Em um bowl, após higienizar o milho, debulhe, retirando a espiga. Cuidado para não deixar nenhum fiapo, por isso faça a separação manualmente.

4. Rale a noz-moscada.

Principal

1. Aqueça a panela média funda com a manteiga clarificada em fogo médio.

2. Acrescente a cebola. Com auxílio da espátula de silicone, refogue a cebola somente até suar (sem dourar).

3. Adicione o milho verde debulhado. Refogue o milho e retire metade da mistura refogada, reservando em um ramequim.

4. Bata com leite no liquidificador essa metade que foi reservada no ramequim.

5. Na panela funda em que está a outra metade do milho refogado, adicione farinha, criando um roux claro.

6. Acrescente o milho com leite batido aos poucos, até espessar.

7. Tempere com sal e noz-moscada ralada.

Finalização

1. Sirva como acompanhamento das produções conforme desejado.

Escondidinho de carne-seca

A receita, oriunda do Nordeste do Brasil, leva esse nome por conta da montagem do prato, em que a proteína é coberta por uma camada de purê gratinado. O "escondidinho" se popularizou e admite diferentes combinações, com queijo coalho, vegetais e carnes diversas (camarão, bacalhau e frango, entre outras). É geralmente servido em travessas, como entrada ou como prato principal.

Escondidinho de carne-seca	
Ingrediente	Quantidade
Gordura	
Manteiga de garrafa	120 g
Base aromática	
Cebola roxa	150 g
Principal	
Carne-seca (traseiro)	500 g
Mandioca descascada	1 kg
Requeijão cremoso	250 g
Queijo coalho	200 g
Leite de coco	200 g
Líquido de cozimento	
Água	q.b.
Temperos e aromáticos	
Coentro	q.b.
Sal	q.b.
Rendimento aproximado: 1 travessa para 4 pessoas	

MODO DE PREPARO

Pré-preparo

1. Separe os ingredientes que serão utilizados na receita, bem como os seguintes equipamentos e utensílios: balança, bowls, centrífuga de folhas ou papel absorvente, espátula de silicone, faca de legumes, facas de cozinha, filme plástico, panela funda, processador de alimentos ou liquidificador, ralador, refratário, sauteuse, tábuas (para carnes, para hortifrúti e para laticínios), travessa ou ramequim.

2. Retire o excesso de gordura da carne-seca e a hidrate (ver página 111), cobrindo com água e deixando em refrigeração por 2 horas (coberta com filme plástico). Troque a água pelo menos 4 vezes durante o processo.

3. Descasque e corte a cebola roxa em julienne (ver página 62).

4. Corte a mandioca em pequenos pedaços. Reserve em bowl com água fria.

5. Rale o queijo coalho (ralador grosso).

6. Higienize, seque e pique finamente o coentro (ver página 64).

7. Preaqueça o forno ou uma salamandra (alto).

Preparo

1. Coloque a mandioca em pedaços na panela funda, cubra com água e escalfe até que o vegetal esteja macio.

2. Escorra a água e, no processador de alimentos ou no liquidificador, processe a mandioca ainda quente até obter um purê.

3. Aqueça a sauteuse com metade da manteiga de garrafa em fogo alto e, com auxílio da espátula de silicone, salteie a cebola.

4. Adicione a carne-seca e o coentro e salteie. Reserve o salteado de carne-seca no refratário.

5. Aqueça a panela funda e adicione o purê de mandioca com a outra metade da manteiga de garrafa e o leite de coco. Misture até homogeneizarem. Tempere com sal.

Finalização

1. Monte em travessa ou em ramequim, iniciando com o purê. Acrescente a carne-seca e feche com o restante do purê.

2. Com o auxílio da espátula de silicone, cubra com queijo cremoso e polvilhe com o queijo coalho.

3. Em forno ou salamandra, gratine o escondidinho até que a superfície fique dourada. Retire com o auxílio de luvas térmicas e sirva.

Gaspacho

Esta sopa fria, proveniente do sul da Espanha, tem como base tomate, pepino, cebola e miolo de pão batidos. No Brasil, é comum ser servida como aperitivo em coquetéis, guarnecida com salsão, molho de pimenta e um cubo de gelo para manter a temperatura.

Gaspacho	
Ingrediente	Quantidade
Gordura	
Azeite de oliva extravirgem	50 g
Base aromática	
Cebola branca	50 g
Alho	1 dente
Principal	
Pão de fôrma sem casca	2 fatias
Pimentão vermelho	100 g
Pepino japonês	380 g
Salsão (talo)	20 g
Tomate concassé	800 g
Líquido	
Água gelada	q.b.
Temperos e aromáticos	
Cebolinha	1 colher de café
Hortelã	1 colher de café
Molho de pimenta	q.b.
Sal	q.b.
Pimenta-do-reino preta em grão	q.b.
Rendimento aproximado: 4 porções	

MODO DE PREPARO

Pré-preparo

1. Separe os ingredientes que serão utilizados na receita, bem como os seguintes equipamentos e utensílios: itens para despelar o pimentão (ver página 66), itens para fazer o tomate concassé (ver página 61), balança, bowls, centrífuga de folhas ou papel absorvente, espátula de silicone, faca de cozinha, faca de legumes, faca serrilhada, filme plástico, fôrma de metal, panela média funda, pegador de alimentos, peneira, processador de alimentos ou liquidificador, sacos de polietileno, sauteuse, tábuas (para hortifrúti e para pão), tacinhas ou sopeiras.

2. Descasque a cebola e o alho e corte em brunoise (ver página 60).
3. Corte o pão de fôrma em cubos médios.
4. Higienize o pimentão vermelho e retire a pele (ver página 66). Também retire a parte superior, as sementes e as partes internas brancas. Corte em cubos médios.
5. Higienize, descasque os pepinos, retire as sementes e fatie finamente.
6. Higienize o salsão e corte em cubos pequenos.
7. Faça o tomate concassé (ver página 61).
8. Higienize e seque a cebolinha e a hortelã. Corte em chiffonade (ver página 63).

Preparo

1. Polvilhe os pepinos com um pouco de sal e coloque sobre uma peneira, deixando escorrer o líquido por 5 minutos.
2. Coloque a peneira com os pepinos sob água corrente, para retirar o sal.
3. Em um bowl, marine o pimentão vermelho, o tomate concassé, os pepinos e o salsão com sal, pimenta-do-reino, azeite e molho de pimenta por 1 hora (cubra o bowl com filme plástico e o leve ao refrigerador).
4. Coloque os ingredientes da marinada sobre o pão por 10 minutos, para que possa ficar umedecido.

5. No processador ou no liquidificador, processe o alho, a cebola e o pão com a marinada.
6. Adicione a água gelada aos poucos, até que a mistura fique cremosa.

Finalização

1. Confira o tempero.
2. Adicione a cebolinha e a hortelã sobre o creme.
3. Disponha em sopeiras ou tacinhas.

Purê de batatas

Produção que agrada a um público amplo – inclusive o infantil –, é servida geralmente com proteínas assadas, grelhadas e cozidas.

Purê de batatas	
Ingrediente	Quantidade
Gordura	
Manteiga	80 g
Principal	
Batata	500 g
Creme de leite fresco	200 g
Líquido para cozimento	
Água	2 kg
Temperos e aromáticos	
Sal	q.b.
Pimenta-do-reino preta moída	q.b.
Rendimento aproximado: 4 porções	

OBSERVAÇÕES

O aligot (pronunciamos "aligô") é um purê de origem francesa que utiliza batatas e uma grande quantidade de queijo (no Brasil, geralmente, o meia-cura) para deixá-lo com elasticidade.

Em produções nas quais vamos amassar a batata após cozida (por exemplo, purês, pão de batata, nhoque) e colocar outros ingredientes (por exemplo, creme de leite, farinha, queijo), cozinhamos o vegetal com casca para reduzir a absorção de água. Dessa forma, facilitamos a incorporação dos ingredientes.

MODO DE PREPARO

Pré-preparo

1. Separe os ingredientes que serão utilizados na receita, bem como os seguintes equipamentos e utensílios: 2 panelas médias, balança, bowls, escorredor, espátula de silicone, espremedor de batatas, faca de cozinha, peneira (malha fina), tábuas (para hortifrúti e para laticínios).
2. Corte a manteiga em cubos pequenos.

Preparo

1. Aqueça uma panela com água em fogo alto.

2. Adicione as batatas ainda com casca e escalfe até estarem macias.
3. Desligue o fogo e despeje as batatas no escorredor. Despreze a água do cozimento.
4. Retire a casca das batatas.

5. Corte as batatas em pedaços médios.

6. Coloque as batatas cortadas dentro do espremedor e aperte. Caso necessário, passe o purê em uma peneira com malha mais fina, para garantir que não fiquem grumos.

7. Na outra panela, leve a batata espremida ao fogo médio.
8. Mexa com a espátula de silicone e acrescente de uma única vez o creme de leite fresco e a manteiga.
9. Tempere com sal e pimenta-do-reino moída e mexa com a espátula de silicone até estar uniforme.

Finalização

1. Sirva como acompanhamento nas produções conforme desejado.

Purê de raízes e tubérculos

É uma derivação do purê de batata que explora ingredientes brasileiros (inhame e mandioca, por exemplo) e que permite a elaboração de pratos com diferentes apresentações, em razão da diversidade de cores dos componentes.

Purê de raízes e tubérculos	
Ingrediente	Quantidade
Gordura	
Manteiga	100 g
Principal	
Cenoura	300 g
Mandioquinha (batata-baroa)	300 g
Batata	300 g
Leite integral	300 g
Líquido de cozimento	
Água	q.b.
Temperos e aromáticos	
Sal	q.b.
Noz-moscada	q.b.
Rendimento aproximado: 8 porções	

OBSERVAÇÃO
A cenoura, a mandioquinha e a batata podem ser substituídas por outros tipos de raízes e tubérculos, como inhame, batata-doce ou mandioca.

MODO DE PREPARO

Pré-preparo
1. Separe os ingredientes que serão utilizados na receita, bem como os seguintes equipamentos e utensílios: balança, bowls, escorredor, espátula de silicone, espremedor de batatas, faca de cozinha, faca de legumes, panela funda, peneira (malha fina), pratos ou réchauds, ralador, tábua.
2. Rale a noz-moscada.

Preparo
1. Aqueça uma panela com água em fogo alto.
2. Escalfe as raízes e os tubérculos em água levemente salgada, por ordem de textura (cenoura, mandioquinha e batata), até que estejam macios.
3. Desligue o fogo e despeje a cenoura, a batata e a mandioquinha em um escorredor. Despreze a água do cozimento.
4. Retire a casca da cenoura, da batata e da mandioquinha e corte esses vegetais em cubos médios.
5. Na panela, leve os vegetais escalfados em fogo brando, mexendo constantemente com a espátula de silicone para retirar a umidade. Não deixe que dourem ou grudem.
6. Quando os vegetais estiverem mais secos, passe no espremedor de batatas. Faça esse processo com os alimentos ainda quentes. Caso necessário, passe o purê em uma peneira com malha mais fina, para garantir que não fiquem grumos.
7. Acrescente o leite e a manteiga e misture até obter um purê liso e macio.

Finalização
1. Tempere com sal e noz-moscada ralada.
2. Coloque em pratos ou réchauds para o serviço.

Pirão

Produção bastante difundida pelo Brasil, o pirão se parece com um mingau. O preparo consiste em um fundo bastante aromático espessado com farinha de mandioca – esta que é, talvez, o mais brasileiro dos ingredientes culinários. Nas cidades litorâneas, a versão elaborada com fundo à base de peixe (chamado na cozinha de "fumet") é um tradicional acompanhamento de pratos que tenham pescados como item principal.

Pirão	
Ingrediente	Quantidade
Gordura	
Azeite de oliva extravirgem	50 g
Base aromática	
Cebola	50 g
Principal	
Farinha de mandioca crua	200 g
Líquido para cozimento	
Fundo (de vegetais, ou de peixe, ou bovino, ou de ave)	600 g
Temperos e aromáticos	
Cebolinha	q.b.
Sal	q.b.
Rendimento aproximado: 4 porções	

MODO DE PREPARO

Pré-preparo

1. Separe os ingredientes que serão utilizados na receita, bem como os seguintes equipamentos e utensílios: balança, bowls, centrífuga de folhas ou papel absorvente, espátula de silicone, faca de legumes, faca de cozinha, panela média, repiciente, tábua.

2. Descasque a cebola e corte em brunoise (ver página 60).

3. Higienize e seque a cebolinha. Corte em em chiffonade (ver página 63).

Preparo

1. Aqueça a panela com o azeite em fogo alto.

2. Acrescente o fundo e deixe ferver.

3. Adicione a farinha de mandioca aos poucos, mexendo com a espátula de silicone.

4. Mexa constantemente até espessar o fundo em fogo baixo.

5. Tempere com sal.

Finalização

1. Coloque no recipiente para apresentação e salpique a cebolinha.

Vichyssoise

Esta famosa sopa francesa (pronúncia: "vichissoase") pode ser servida tanto quente como fria. Embora tenha um preparo fácil, é uma produção que confere certa sofisiticação ao cardápio, justamente pela singeleza e também pela textura aveludada.

Vichyssoise	
Ingrediente	Quantidade
Gordura	
Óleo vegetal	30 g
Base aromática	
Alho-poró (talo)	350 g
Cebola	100 g
Bouquet garni	1 unid.
Principal	
Batata	1 kg
Creme de leite fresco	350 g
Líquido de cozimento	
Fundo claro de ave	1,5 kg
Temperos e aromáticos	
Cebolinha	1 colher de café
Sal	q.b.
Pimenta-do-reino branca moída	q.b
Rendimento aproximado: 4 porções	

OBSERVAÇÃO
A vichyssoise pode ser servida fria ou quente. Se desejar servi-la fria, deixe em refrigeração por no mínimo 2 horas.

MODO DE PREPARO

Pré-preparo
1. Separe os ingredientes que serão utilizados na receita, bem como os seguintes equipamentos e utensílios: itens para fazer o bouquet garni (ver página 106), balança, bowls, centrífuga de folhas ou papel absorvente, espátula de silicone, faca de cozinha, faca de legumes, panela média funda, processador de alimentos ou liquidificador, sauteuse, sopeiras ou cumbucas para sopas, tábua.
2. Descasque a cebola e corte em brunoise (ver página 60).
3. Higienize o talo de alho-poró e corte em meia-lua.
4. Higienize e seque a cebolinha. Corte em chiffonade (ver página 63).
5. Faça o bouquet garni (ver página 106).

Preparo
1. Aqueça a panela média funda com óleo em fogo alto. Refogue a cebola e o alho-poró até dourarem.
2. Adicione o fundo de ave, o bouquet garni e deixe ferver.
3. Escalfe a batata no fundo de ave em fogo médio até que esteja macia e cozida. Retire o bouquet garni e descarte.
4. Bata o escalfado no processador ou no liquidificador até que a mistura fique homogênea.
5. Aqueça a mistura na panela média funda em fogo baixo, deixando reduzir até ficar cremosa, mexendo constantemente com espátula de silicone para não grudar.
6. Adicione o creme de leite ao creme de batata ainda na panela em fogo baixo, misturando com a espátula de silicone até que incorpore e a sopa fique aveludada.

Finalização
1. Tempere com sal e pimenta-do-reino branca moída.
2. Coloque em sopeiras para o serviço e salpique a cebolinha.

De baixo para cima: canja de frango, vichyssoise e caldinho de feijão.

CAPÍTULO 19

Massas

Coxinha de frango

Este aperitivo genuinamente brasileiro é composto por massa cozida de farinha e fundo de ave que envolve a carne de frango (depois, há o empanamento e a fritura). Esse recheio pode ser feito com a carne desfiada ou com a coxa inteira (esta versão é conhecida como "coxinha creme"). A massa admite variações, com acréscimo de tubérculos (como batata, por exemplo).

Coxinha de frango	
Ingrediente	Quantidade
Gordura	
Manteiga	40 g
Óleo vegetal	1,8 kg
Base aromática	
Alho	10 g
Cebola	100 g
Principal	
Massa de coxinha	500 g
Peito de frango sem osso	500 g
Tomate concassé	200 g
Extrato de tomate	20 g
Azeitona sem caroço	50 g
Ovo	2 unid.
Farinha de rosca	200 g
Líquido de cozimento	
Fundo claro de ave	2 kg
Temperos e aromáticos	
Noz-moscada	q.b.
Salsa	2 g
Manjericão	2 g
Sal	q.b.
Pimenta-do-reino preta moída	q.b.
Rendimento aproximado: 25 unidades	

OBSERVAÇÃO
Podemos reservar parte do fundo utilizado para cozinhar o frango na elaboração da massa da coxinha.

MODO DE PREPARO

Pré-preparo

1. Separe os ingredientes que serão utilizados na receita, bem como os seguintes equipamentos e utensílios: itens para a elaboração da massa (ver página 236), itens para fazer o tomate concassé (ver página 61), 2 garfos, balança, bowls, centrífuga de folhas ou papel absorvente, escumadeira, espátula de silicone, faca de legumes, facas de cozinha, filme plástico, panela média funda, papel absorvente, pegador de alimentos, peneira média ou chinois, ralador, ramequins, refratário para a fritura, refratário para o empanamento, refratário para o frango, refratário para servir, tábuas (para ave e para hortifrúti), tacho ou fritadeira, termômetro culinário.

2. Escalfe (ver página 142) o peito de frango no fundo de ave por 30 minutos em fogo médio com a panela tampada.

3. Com os garfos, desfie o frango.

4. Descasque a cebola e o alho, e corte em brunoise (ver página 60).

5. Faça o tomate concassé (ver página 61).

6. Higienize, seque e pique finamente a salsa e o manjericão (ver página 64).

7. Fatie as azeitonas.

8. Rale a noz-moscada.

Preparo
1. Faça a massa de coxinha (ver página 236).
2. Na panela, aqueça a manteiga e refogue o alho, a cebola e o tomate concassé.
3. Acrescente o extrato de tomate, o manjericão, as azeitonas e a salsa.
4. Adicione o frango desfiado e tempere com sal e pimenta-do-reino preta moída.

Finalização

1. Faça pequenas bolinhas de massa com aproximadamente 20 g (dependerá do tamanho desejado) e abra com o rolo até 0,5 cm de espessura ou abra a massa inteira com o rolo.

2. Se tiver aberto a massa inteira, faça círculos com o aro cortador.

3. Coloque o recheio no centro da massa cortada.

4. Feche a massa, puxando as extremidades para o meio.

5. Modele com as palmas das mãos, aplicando pressão para que a ponta fique bem formada.
6. Empane: passe em ovo batido e, depois, na farinha de rosca.
7. No tacho ou na fritadeira, coloque o óleo reservado para fritura e leve ao fogo para aquecer até 160 °C. Confira a temperatura com o termômetro.

8. Com a escumadeira, coloque cuidadosamente as coxinhas em pequenas porções no óleo quente.
9. Frite em imersão até que as coxinhas estejam com aspecto dourado.
10. Retire do óleo com auxílio da escumadeira e leve ao refratário para fritura forrado com papel absorvente.

Para o rissole
1. Coloque em um bowl aproximadamente 300 g de muçarela e 200 g de presunto cozido ralados e misture.
2. Execute os passos 1 a 3 da finalização da coxinha.

3. Una as laterais da massa, para formar uma meia-lua. Aperte bem as extremidades que foram unidas, a fim de que a massa não abra depois da fritura.
4. Execute os passos 6 a 10 apresentados na finalização da coxinha.

Empada de camarão

Invenção brasileira derivada das famosas empadas de Portugal, é servida em porções pequenas, como aperitivo, ou como entrada acompanhada de salada. Na região centro-oeste do Brasil, temos o famoso empadão goiano, cujo nome nome faz referência não apenas ao tamanho do produto como também à variedade dos ingredientes que compõem o recheio: frango, linguiça, queijo, pequi e guariroba (palmeira que tem como característica o sabor amargo; usamos o palmito no empadão).

Empada de camarão	
Ingrediente	Quantidade
Gordura	
Manteiga	20 g
Principal	
Massa de empada	450 g
Farinha de trigo	50 g
Alho	5 g
Cebola	50 g
Camarão pequeno limpo	400 g
Tomate concassé	100 g
Leite integral	200 g
Gema de ovo, para o egg wash	45
Água, para o egg wash	100 g
Temperos e aromáticos	
Salsa	q.b.
Sal	q.b.
Pimenta-do-reino preta moída	q.b.
Rendimento aproximado: 10 unidades	

MODO DE PREPARO

Pré-preparo

1. Separe os ingredientes que serão utilizados na receita, bem como os seguintes equipamentos e utensílios: itens para a elaboração da massa (ver página 241), itens para fazer o tomate concassé (ver página 61), balança, bowls, centrífuga de folhas ou papel absorvente, colher de chá ou de sopa, espátula de silicone, faca de cozinha, faca de legumes, filme plástico, fôrmas para empada, panela média funda, pincel, recipiente, refratário para o serviço, rolo, tábuas (para pescados e para hortifrúti).
2. Higienize, seque e pique finamente a salsa (ver página 64).

3. Descasque a cebola e o alho e corte em brunoise (ver página 60).
4. Faça o tomate concassé (ver página 61).
5. Preaqueça o forno (médio).
6. Prepare o egg wash.

Preparo

1. Faça a massa de empada (ver página 241).
2. Na panela, aqueça a manteiga em fogo alto e refogue o alho, a cebola e o tomate concassé, misturando com a espátula de silicone.
3. Adicione os camarões limpos e o leite, deixando apurar por alguns minutos.

4. Acrescente por último a farinha de trigo e a salsa. Misture com a espátula de silicone.
5. Deixe o recheio engrossar, mexendo sempre que necessário.
6. Tempere com sal e pimenta-do-reino e coloque no recipiente, cobrindo com filme plástico em contato com o alimento.
7. Resfrie no refrigerador.
8. Em uma superfície lisa, abra a massa com o auxílio de um rolo de massas (ver página 244).
9. Modele a massa nas fôrmas, deixando massa suficiente para cobrir cada uma das empadas.

> **OBSERVAÇÃO**
> O egg wash é usado para conferir coloração e brilho a massas que vão ao forno e consiste na mistura de ovo e um líquido.

10. Com a colher, adicione o recheio em cada uma das empadas.

11. Abra mais massa e tampe cada uma das empadas, apertando com os dedos as laterais para que as fôrmas fiquem bem vedadas.

12. Pincele o topo das empadas com o egg wash.
13. Leve as empadas ao forno médio até dourarem (aproximadamente 25 minutos).

Finalização
1. Retire do forno com auxílio de luvas térmicas.
2. Espere esfriar para desenformar (assim, evitamos que a massa se despedace) e sirva.

Espaguete à carbonara

Presente em menus internacionais de todo o mundo, este prato, embora leve poucos ingredientes, é consistente e agrada aos apreciadores de sabores mais intensos. Para ser bem executado, é necessário cozinhar a massa al dente e controlar a temperatura para as gemas não cozinharem.

Espaguete à carbonara	
Ingrediente	Quantidade
Gordura	
Azeite extravirgem (opcional)	15 g
Principal	
Espaguete	300 g
Pancetta	100 g
Ovo pasteurizado	1 unid.
Gema de ovo pasteurizada	2 unid.
Queijo parmesão (peça)	50 g
Líquido de cozimento	
Água	2 kg
Temperos e aromáticos	
Sal	q.b.
Pimenta-do-reino preta moída	q.b.
Rendimento: 2 porções	

MODO DE PREPARO

Pré-preparo
1. Separe os ingredientes que serão utilizados na receita, bem como os seguintes equipamentos e utensílios: balança, bowls, escorredor, espátula de silicone, faca de cozinha, fouet, panela, papel absorvente, pegador, prato, ralador, sauteuse, tábua.
2. Corte a pancetta em cubos pequenos.
3. Rale o parmesão (ralador fino).
4. Em um bowl, bata com o fouet o ovo, as gemas, o parmesão, o sal e a pimenta.

Preparo

1. Na sauteuse, frite a panceta em sua própria gordura ou, caso seja necessário, adicione azeite.
2. Leve a panela com água para o fogo alto. Quando a água ferver, adicione o espaguete e deixe cozinhar em fogo alto até estar al dente.

3. Com o pegador, coloque a massa na sauteuse em fogo médio com a panceta. O líquido que vem junto com a massa não deve ser desprezado, pois ajudará na consistência final da produção.

4. Reduza o fogo e adicione o creme de ovos à massa com a panceta.
5. Incorpore, com a sauteuse em fogo baixo (a temperatura não deve ultrapassar os 60 ºC, para evitar que as gemas cozinhem).

Finalização
1. Sirva imediatamente.

Nhoque ao sugo

Conta a história que este prato foi inventado por italianos pouco abastados que reaproveitavam pão velho, ralando-o e misturando-o com um pouco de farinha e água. A versão mais popular, feita com batatas, surgiu no século XVIII. Atualmente, existem versões de massa utilizando outros tubérculos que contenham amido, com inúmeras possibilidades de molhos para acompanhar.

Nhoque ao sugo	
Ingrediente	Quantidade
Principal	
Batata asterix	500 g
Queijo parmesão (peça)	100 g
Ovo	1 unid.
Farinha de trigo	100 g
Molho de tomate	450 g
Líquido de cozimento	
Água	3 kg
Temperos e aromáticos	
Sal	q.b.
Pimenta-do-reino preta moída	q.b.
Rendimento aproximado: 3 porções	

OBSERVAÇÕES

Como dissemos anteriormente, em termos técnicos o nhoque consiste em um purê de batatas espessado. Apresentamos a receita neste capítulo porque, no hábito de consumo, o nhoque é uma produção apreciada como massa – tanto que ele substitui o macarrão em diversas ocasiões.

A batata asterix é a mais recomendada por possuir pouca umidade interna. Por esse mesmo motivo, também é usada na produção de fritas.

MODO DE PREPARO

Pré-preparo
1. Separe os ingredientes que serão utilizados na receita, bem como os seguintes equipamentos e utensílios: itens para fazer o molho de tomate (ver página 228), balança, bancada, bowls, escorredor, escumadeira, espátula de silicone, espremedor de batatas, faca de cozinha, faca de legumes, filme plástico, garfo, panela grande funda, panela pequena funda, peneira (malha fina), ralador, ramequins, refratário para o serviço, tábuas (para laticínios e para hortifrúti), travessa para o serviço.
2. Rale o parmesão (ralador fino).

Preparo
1. Faça o molho de tomate (ver página 228).
2. No fogo, leve a panela grande funda com água suficiente para cobrir as batatas. Quando a água ferver, coloque as batatas com casca.
3. Cozinhe as batatas em fogo médio até estarem macias.
4. Desligue o fogo e despeje as batatas em um escorredor. Despreze a água do cozimento.
5. Retire a casca das batatas com o auxílio da faca de legumes.
6. Corte as batatas em pedaços médios.
7. Coloque as batatas cortadas dentro do espremedor e aperte. Caso necessário, passe o purê em uma peneira com malha mais fina, para garantir que não fiquem grumos.
8. Coloque o purê em um bowl e cubra com filme plástico e resfrie em refrigerador.
9. Assim que o purê de batatas estiver frio, coloque-o em bancada levemente enfarinhada.

10. Adicione o ovo, o queijo parmesão ralado, a farinha, o sal e a pimenta-do-reino moída.

11. Homogeneíze a mistura delicadamente, sem sovar.
12. Divida a massa em 4 partes iguais e faça cordões com aproximadamente 2 cm de diâmetro.

13. Com uma espátula ou uma faca de cozinha, corte os filões, para obter os nhoques.
14. Cozinhe o nhoque em água fervente, colocando-os no líquido com auxílio da escumadeira.
15. Ao subirem à superfície, retire-os com a escumadeira e acomode na travessa para serviço.

Finalização
1. Sirva o nhoque coberto com o molho de tomate. Se preferir, rale um pouco mais de queijo parmesão sobre a massa.

OBSERVAÇÃO
Para um melhor resultado visual, podemos marcar os nhoques cortados com rigagnocchi, um utensílio específico que faz riscos na massa. Esse efeito pode ser obtido também pressionando os dentes de um garfo (deitado) sobre cada nhoque.

Pizza margherita

Um dos pratos mais conhecidos e consumidos no mundo, a pizza tem sua invenção creditada à Itália. Com massa grossa, média ou fina e quebradiça, admite uma infinidade de coberturas, quase sempre acompanhadas de molho de tomate e queijo. As variações no preparo vão desde a farinha ao tipo de forno utilizados.

Pizza margherita	
Ingrediente	Quantidade
Gordura	
Azeite de oliva extravirgem, para a massa	20 g
Azeite de oliva extravirgem, para a cobertura	q.b.
Principal	
Farinha de trigo	500 g
Açúcar	15 g
Fermento biológico seco	5 g
Água	275 g
Tomate italiano maduro, para o molho	4 unid.
Tomate italiano maduro, para a cobertura	2 unid.
Muçarela (peça)	600 g
Azeitona preta ou verde	q.b.
Temperos e aromáticos	
Orégano seco	q.b.
Manjericão fresco	q.b.
Sal	10 g
Rendimento aproximado: 2 unidades	

MODO DE PREPARO

Pré-preparo
1. Separe os ingredientes que serão utilizados na receita, bem como os seguintes equipamentos e utensílios: assadeira ou pedra para pizza, balança, bowls, concha, escova de farinha, espátula/raspador, faca de legumes, pá de madeira, plástico para cobrir, rolo, ralador.
2. Rale a muçarela (ralador grosso).

Preparo
1. Misture a farinha, o açúcar, o sal e o fermento biológico seco em um bowl ou em uma bancada. Forme um monte e faça um buraco no centro.

2. Adicione a água no buraco e misture. Comece com os dedos, do centro para as bordas. Em um segundo momento, utilize utensílios como espátulas para juntar a farinha das bordas para o centro, misturando até que os líquidos sejam incorporados.
3. Adicione o azeite e sove (faça movimentos contínuos de puxar e empurrar a massa até que ela alise totalmente). Esse processo pode levar cerca de 15 minutos.
4. Boleie a massa com movimentos circulares em superfície levemente untada com óleo, cubra com plástico e deixe descansar por 10 minutos.

5. Prepare o molho: rale os 4 tomates maduros (ralador médio) e em um bowl misture-o com o azeite e o manjericão.
6. Porcione a massa (2 porções de 400 g cada), reboleie, cubra com plástico e deixe descansar por mais 10 minutos.
7. Fatie os tomates da cobertura.
8. Se necessário, abaixe a fermentação (pressionando a massa), reboleie e acondicione em assadeira.
9. Deixe fermentar em ambiente fechado até dobrar de volume.

10. Abra a massa em superfície enfarinhada. Comece com as mãos e depois, se preferir, utilize o rolo.

11. Com a escova, retire o excesso de farinha.

12. Faça a borda da massa.

13. Polvilhe a massa com um pouco de farinha e dobre levemente a massa, para levá-la até a pá de madeira, na qual será acomodada para então receber a cobertura. (Polvilhe também a pá com a farinha, para evitar que a massa grude.)

14. Retire o excesso de farinha com a escova e coloque o molho sobre a massa.

15. Acrescente a muçarela ralada, as fatias de tomate e as azeitonas. Polvilhe com o orégano.
16. Leve ao forno por aproximadamente 5 minutos. Em fornos profissionais (turbo ou de lastro), a 300 °C. Em forno doméstico (que não alcança os 300 °C), é preciso pré-cozer a massa por 10 minutos a 200 °C com um peso na parte central (para que ela não suba). Esse peso pode ser uma assadeira menor (neste caso, não retire o excesso de farinha da massa). Depois do pré-cozimento, coloque a cobertura e leve a pizza de volta ao forno, por 5 minutos, na maior temperatura que o equipamento doméstico permitir.

Finalização
1. Retire do forno com auxílio da pá para pizza e sirva.

OBSERVAÇÕES
Embora vejamos discos de pizza com furinhos, não fure a massa. Caso contrário, o molho penetrará e se perderá a crocância.

É possível fazer a pizza em assadeira convencional ou sobre pedra própria (existem versões menores que podem ser acomodadas em forno doméstico). Quando cozida em pedra, pode ser necessário utilizar pá para colocar e retirar a pizza do forno. A de madeira é usada para colocar a pizza, porque a madeira, por ser porosa, evita que a massa crua grude. A de metal serve para retirar o produto do forno.

Quiche Lorraine

Quiche Lorraine

Esta receita francesa designa uma torta aberta com recheio à base de queijo, ovos e creme de leite. A quiche Lorraine, de tão apreciada, ficou famosa no mundo todo. O preparo leva, além da base, bacon ou toucinho defumado.

Quiche Lorraine	
Ingrediente	Quantidade
Gordura	
Óleo vegetal	12 g
Principal	
Massa de quiche	400 g
Toucinho de porco	100 g
Creme de leite fresco	100 g
Ovo	100 g
Queijo emmental	80 g
Temperos e aromáticos	
Noz-moscada	q.b
Sal	q.b
Pimenta-do-reino preta moída	q.b.
Rendimento aproximado: 3 forminhas abauladas de 10 cm	

OBSERVAÇÕES
Note que, no preparo da quiche, a massa é pré-cozida para então ser colocado o recheio, diferentemente do que é feito na elaboração da empada (ver página 304).

Furar a massa ou colocar peso sobre ela evita que se formem bolhas (em decorrência da liberação de vapor).

MODO DE PREPARO
Pré-preparo
1. Separe os ingredientes que serão utilizados na receita, bem como os seguintes equipamentos e utensílios: itens para a elaboração da massa (ver página 241), balança, bowls, espátula de silicone, faca de cozinha, filme plástico, folhas plásticas, fôrma ou forminhas para quiche, garfo, papel absorvente, papel-manteiga, peneira, raladores (para o queijo e para a noz-moscada), refratário para o serviço, rolo, sauteuse, tábuas (para embutidos e para laticínios).
2. Corte o toucinho em cubos.
3. Rale o emmental (ralador grosso).
4. Rale a noz-moscada.
5. Preaqueça o forno (médio).

Preparo
1. Faça a massa de quiche (ver página 241).
2. Leve a sauteuse com o óleo e o toucinho e refogue em fogo alto com auxílio da espátula de silicone. Retire o toucinho assim que estiver dourado e reserve em papel absorvente.
3. Em um bowl, misture o creme de leite e os ovos com auxílio da espátula.
4. Tempere com sal, pimenta-do-reino moída e noz-moscada ralada.
5. Em uma superfície lisa, coloque a massa entre duas folhas plásticas.

6. Passe o rolo por cima do plástico e abra a massa até a espessura de 0,3 cm.

7. Retire o plástico superior.

8. Coloque a massa sobre a forminha, deixando para cima o lado ainda coberto com plástico. Não é necessário untar.

10. Passe o rolo por cima, para tirar o excesso de massa nas laterais e deixar apenas a forminha forrada.

13. Com um garfo, faça furinhos na base da massa ou coloque um papel--manteiga com algum peso (bolinhas de cerâmica ou leguminosas).

14. Leve ao forno por 10 minutos, sem que a massa fique muito dourada, pois ela voltará ao forno.

15. Espere esfriar e retire o papel-manteiga com o peso.

16. Espalhe o toucinho e o queijo emmental sobre a massa.

17. Acrescente delicadamente a mistura de creme com ovos e leve ao forno por aproximadamente 30 minutos, ou até que o recheio esteja completamente coagulado.

Finalização
1. Retire do forno com auxílio de luvas térmicas.
2. Espere esfriar para desenformar (assim, evitamos que a massa se despedace) e sirva.

Para a quiche de alho-poró
1. Leve uma sauteuse com 10 g de manteiga em refogue de 2 a 3 bulbos de alho-poró cortados em rodelas finas, em fogo alto. Tempere com sal e pimenta-do-reino preta moída.
2. Coloque o refogado de alho-poró na massa pré-assada e cubra com a mistura de creme e ovos. Leve ao forno até que a mistura fique firme.

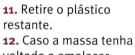

9. Acomode a massa no fundo e nas laterais.

11. Retire o plástico restante.
12. Caso a massa tenha voltado a amolecer no processo, leve ao refrigerador até que fique novamente firme.

Suflê de queijos

Massa leve e aerada, que admite diversos sabores. A base consiste em um béchamel espesso, um saborizante, claras em neve e gemas (sempre em quantidade menor que as claras, para contribuir para a leveza da produção). É um prato que exige técnica no preparo e agilidade ao servir, pois perde a aeração tão logo sai do forno.

Suflê de queijos	
Ingrediente	Quantidade
Principal	
Molho béchamel	300 g
Gema de ovo	70 g
Queijo parmesão (peça)	40 g
Queijo gruyère (peça)	40 g
Clara	280 g
Temperos e aromáticos	
Salsa	4 g
Rendimento aproximado: 8 porções	

> **OBSERVAÇÃO**
> Nas produções doces – por exemplo, suflê de chocolate –, o béchamel é substituído por creme de confeiteiro.

MODO DE PREPARO

Pré-preparo

1. Separe os ingredientes que serão utilizados na receita, bem como os seguintes equipamentos e utensílios: itens para fazer o béchamel (ver página 223), balança, batedeira (acessório globo) ou fouet, bowls, centrífuga de folhas ou papel absorvente, colher, espátula de silicone, faca de cozinha, ramequins, tábuas (para laticínios e para hortifrúti).

2. Higienize, seque e pique finamente a salsa (ver página 64).

3. Rale os queijos (ralador fino).

4. Preaqueça o forno (médio).

Preparo

1. Faça o béchamel (ver página 223).

2. Em um bowl, incorpore o béchamel com as gemas, os queijos ralados e a salsa, mexendo com a espátula de silicone.

3. Bata as claras em neve na batedeira ou no bowl com o fouet (ver técnica na página 39).

4. Incorpore as claras em neve na mistura de béchamel com auxílio de uma espátula de silicone, mexendo delicadamente de baixo para cima.

5. Divida o creme nos ramequins sem untar e deixando 1 dedo de espaço sem preencher.

Finalização

1. Leve ao forno médio por aproximadamente 15 minutos ou até que o suflê cresça e fique dourado.

2. Retire com auxílio de luvas térmicas e sirva rapidamente.

Talharim com frutos do mar

O talharim pode variar na espessura, na cor e na versão (fresca ou seca). Independentemente das características, deve ser servido sempre al dente, com um molho aromático. Neste prato, a perfeição é alcançada com a combinação de massa bem preparada e frutos do mar cozidos no ponto certo.

Talharim com frutos do mar	
Ingrediente	Quantidade
Gordura	
Azeite de oliva extravirgem	70 g
Base aromática	
Alho	5 dentes
Principal	
Mexilhão com concha	350 g
Cabeça de lula	4 unid.
Camarão rosa	200 g
Talharim	500 g
Líquido de cozimento	
Água	5 kg
Vinho branco seco	150 g
Temperos e aromáticos	
Salsa	q.b.
Sal	q.b.
Pimenta-do-reino preta moída	q.b.
Rendimento aproximado: 4 porções	

MODO DE PREPARO

Pré-preparo

1. Separe os ingredientes que serão utilizados na receita, bem como os seguintes equipamentos e utensílios: balança, bowls, centrífuga de folhas ou papel absorvente, espagueteira, espátula de silicone, faca de cozinha, faca de legumes, pegador, prato ou refratário para servir, sauteuse, tábuas (para pescados e para hortifrúti).

2. Com auxílio da faca de legumes, limpe os frutos do mar (ver página 88).

3. Descasque o alho e corte em brunoise (ver página 60).

4. Higienize, seque e pique finamente a salsa (ver página 64).

Preparo

1. Leve a espagueteira com água para o fogo alto. Quando a água ferver, adicione o talharim e deixe cozinhar em fogo alto até estar al dente.

2. Enquanto a massa cozinha, leve a sauteuse com azeite em fogo alto e refogue o alho.

3. Salteie os frutos do mar na seguinte ordem: camarão, cabeça de lula e mexilhão. Acrescente o vinho.

4. Escorra o macarrão.

5. Adicione o macarrão ao salteado de frutos do mar.

6. Tempere com sal e pimenta-do-reino moída.

7. Adicione salsa picada e desligue o fogo.

Finalização

1. Disponha em prato e sirva.

Vol-au-vent com recheio de creme de cogumelo

Inventado por Carême quando era chef de Napoleão Bonaparte, este prato (cujo nome significa "voo ao vento") tem como característica a leveza. Pode ser feito em porções grandes ou individuais e com recheios cremosos salgados ou doces.

Vol-au-vent com recheio de creme de cogumelo	
Ingrediente	Quantidade
Gordura	
Manteiga	60 g
Base aromática	
Cebola	170 g
Alho	1 dente
Principal	
Massa folhada	500 g
Shiitake	900 g
Creme de leite fresco	240 g
Gema de ovo, para montar o vol-au-vent	4 unid.
Gema de ovo, para o egg wash	1 unid.
Água, para o egg wash	500 g
Temperos e aromáticos	
Salsa	4 g
Cebolinha	q.b.
Sal	q.b.
Pimenta-do-reino preta moída	q.b.
Rendimento aproximado: 30 unidades	

OBSERVAÇÕES

No preparo do vol-au-vent, o aro maior fará os primeiros cortes na massa, e o menor será usado depois. A decisão sobre o aro que será usado primeiro é estética, mas ressaltamos que optar por aro quadrado para fazer os cortes iniciais permite maior aproveitamento da massa.

Aumente as camadas de massa caso queira vol-au-vents mais altos.

MODO DE PREPARO

Pré-preparo

1. Separe os ingredientes que serão utilizados na receita, bem como os seguintes equipamentos e utensílios: aros cortadores redondos ou quadrados (sendo um maior e outro menor), assadeira, balança, bowls, centrífuga de folhas ou papel absorvente, colher de sopa ou de chá, espátula de silicone, faca de cozinha, faca de legumes, fouet, garfo, pincel, processador de alimentos ou liquidificador, ramequins, refratário para serviço, rolo, sauteuse, silpat, tábua.
2. Descasque a cebola e o alho e corte em brunoise (ver página 60).
3. Higienize os cogumelos e fatie.
4. Higienize, seque e pique finamente a salsa (ver página 64).
5. Higienize e seque a cebolinha. Corte em chiffonade (ver página 63).
6. Prepare o egg wash.
7. Bata as 4 gemas.
8. Preaqueça o forno (médio).

Preparo do vou-au-vent

1. Disponha o silpat sobre a assadeira e reserve.

2. Em uma superfície enfarinhada, abra a massa folhada com o rolo até que fique com 0,5 cm de espessura.

3. Use o cortador de tamanho maior para fazer círculos ou em quadrados em toda a massa aberta.

4. Com o aro de tamanho menor, vaze o centro de metade das unidades maiores que foram cortadas.

5. Pincele com gema batida a base de cada vol-au-vent e coloque a massa vazada com o aro menor.

6. Coloque cada unidade de vou-au-vent sobre o silpat.
7. Pincele com o egg wash.
8. Leve ao forno médio até ficarem dourados e crocantes.

Preparo do recheio

1. Leve ao fogo médio a sauteuse com a manteiga. Assim que derreter, adicione a cebola e o alho e refogue com auxílio da espátula de silicone.
2. Acrescente o shiitake e refogue até que esteja cozido.
3. Adicione o creme de leite e tempere com sal e pimenta-do-reino moída.
4. Deixe reduzir à metade e, então, desligue o fogo.
5. No processador ou no liquidificador, processe metade do creme e leve de volta para a sauteuse com o restante dos cogumelos que não foram batidos.
6. Incorpore a salsa picada com auxílio da espátula de silicone e coloque o creme de cogumelos em um bowl.

Finalização

1. Com o auxílio de uma colher, recheie os vol-au--vents já assados com o creme de cogumelos.
2. Decore com a cebolinha cortada e disponha no refratário para o serviço.

CAPÍTULO 20

Acompanhamentos

Arroz 7 grãos

Como diz o nome, este tipo de arroz possui 7 grãos em sua composição. Os grãos podem variar, pois atualmente existem diferentes marcas que fazem essa composição para comercialização. Os componentes mais frequentes são arroz integral (componente principal e em maior quantidade), outros tipos de arroz (arroz selvagem, arroz vermelho ou arroz negro), grãos e cereais variados (aveia, cevada, trigo, quinoa, linhaça, semente de girrassol ou canola). Pelo fato de os componentes terem diferentes texturas, o tempo de cozimento é determinado pelo grão em maior quantidade e com textura mais firme – geralmente, o arroz integral. Esta é uma produção muito rica em fibras.

Arroz 7 grãos	
Ingrediente	Quantidade
Gordura	
Azeite de oliva extravirgem	30 g
Base aromática	
Alho	1 dente pequeno
Cebola	50 g
Principal	
Arroz 7 grãos	300 g
Líquido para cozimento	
Fundo claro de vegetais	1 kg
Temperos e aromáticos	
Sal	q.b.
Rendimento aproximado: 4 porçoes	

MODO DE PREPARO

Pré-preparo
1. Separe os ingredientes que serão utilizados na receita, bem como os seguintes equipamentos e utensílios: 2 panelas, balança, bowls, colher, faca de cozinha, faca de legumes, garfo, tábua.
2. Descasque a cebola e o alho e corte em brunoise (ver página 60).

Preparo
1. Em uma panela, coloque o fundo de vegetais para ferver.
2. Aqueça a outra panela com o azeite em fogo médio.
3. Adicione a cebola e o alho ao azeite e refogue até dourar.
4. Adicione o arroz 7 grãos todo de uma única vez e refogue. Com a colher, mexa para que o refogado envolva os grãos (assim, será criada uma "cobertura" que reduzirá o desprendimento do amido, contribuindo para que o arroz não fique empapado).
5. Coloque o fundo quente todo de uma vez e acrescente sal.
6. Mexa para incorporar todo o arroz ao líquido e aos temperos.
7. Tampe e deixe cozinhar em fogo baixo.
8. Após todo o líquido ser absorvido, desligue o fogo e espere alguns minutos.

Finalização
1. Antes da utilização, solte os grãos com um garfo.

Arroz à grega

Não existem muitas referências sobre a origem do nome, porém sabe-se que o arroz não tem origem na Grécia. Este prato acompanha diferentes vegetais (cenoura, ervilha, vagem, milho, pimentão), uva passa e salsa. É possível encontrar diferentes versões, mas seu resultado é sempre um arroz bem colorido.

Arroz à grega	
Ingrediente	Quantidade
Gordura	
Azeite de oliva extravirgem, para o arroz	30 g
Azeite de oliva extravirgem, para os vegetais	30 g
Base aromática	
Alho	1 dente pequeno
Cebola	50 g
Principal	
Pimentão vermelho	80 g
Cenoura	80 g
Vagem	80 g
Uva passa preta sem semente	50 g
Arroz agulhinha	300 g
Líquido para cozimento	
Fundo claro de vegetais	600 g
Temperos e aromáticos	
Salsa	q.b.
Sal	q.b.
Pimenta-do-reino preta moída	q.b.
Rendimento aproximado: 4 porções	

MODO DE PREPARO

Pré-preparo

1. Separe os ingredientes que serão utilizados na receita, bem como os seguintes equipamentos e utensílios: 2 panelas, balança, bowls, centrífuga de folhas ou papel absorvente, colher, espátula de silicone, faca de cozinha, faca de legumes, garfo, sauteuse, tábua.
2. Higienize a cebola e o alho e corte em brunoise (ver página 60).
3. Higienize e descasque a cenoura. Corte em brunoise.
4. Higienize o pimentão vermelho e corte em brunoise.
5. Higienize, seque e pique finamente a salsa (ver página 64).
6. Higienize a vagem e corte em diagonal (espessura de 1,5 cm).

Preparo

1. Aqueça a sauteuse com o azeite em fogo alto e salteie a vagem, o pimentão vermelho e a cenoura, mexendo com a espátula de silicone, se necessário.
2. Desligue o fogo, tempere com sal e pimenta-do--reino e acrescente as uvas passas e a salsa. Reserve.
3. Em uma panela, coloque o fundo de vegetais para ferver.
4. Aqueça a outra panela com o azeite para o arroz em fogo médio.
5. Adicione a cebola e o alho ao azeite e refogue até dourar.
6. Adicione o arroz todo de uma única vez e refogue. Com a colher, mexa para que o refogado envolva os grãos (assim, será criada uma "cobertura" que reduzirá o desprendimento do amido, contribuindo para que o arroz não fique empapado).
7. Coloque o fundo quente todo de uma vez e acrescente sal. Lembre que o refogado de vegetais está com sal.
8. Mexa para incorporar todo o arroz ao líquido e aos temperos.
9. Tampe e deixe cozinhar em fogo baixo.
10. Após todo o líquido ser absorvido, desligue o fogo e espere alguns minutos.

Finalização

1. Solte os grãos com um garfo.
2. Incorpore o arroz ao refogado de vegetais e sirva.

ACOMPANHAMENTOS

Couve refogada

Item indispensável para acompanhar produções com feijão – como feijoada, tutu de feijão ou feijão-tropeiro –, a couve refogada pode ter diferentes intensidades de aromáticos (cebola e alho principalmente). O sucesso do prato está em fazer o chiffonade bem fino e preparar a couve apenas no momento de ser servida, para que não fique aguada.

Couve refogada	
Ingrediente	Quantidade
Gordura	
Azeite	90 g
Base aromática	
Alho	2 dentes pequenos
Principal	
Couve manteiga	2 maços
Temperos e aromáticos	
Sal	q.b.
Rendimento aproximado: 4 porções	

MODO DE PREPARO

Pré-preparo
1. Separe os ingredientes que serão utilizados na receita, bem como os seguintes equipamentos e utensílios: balança, bowls, centrífuga de folhas, espátula de silicone, faca de cozinha, faca de legumes, sauteuse, tábua.
2. Descasque o alho e corte em brunoise (ver página 60).
3. Higienize e seque a couve.
4. Retire o talo do meio da folha e corte em chiffonade (ver página 63).

Preparo
1. Aqueça a sauteuse com azeite em fogo alto.
2. Adicione o alho e refogue até dourar.
3. Adicione toda a couve de uma única vez e mexa com a espátula de silicone até murchar, mantendo o fogo alto.
4. Tempere com sal.

Finalização
1. Sirva imediatamente como acompanhamento nas produções, conforme desejado.

Farofa

A culinária brasileira tem por tradição adicionar a farinha de alimentos como mandioca e milho para equilibrar as texturas de um prato, desde produções mais líquidas (cozidos de proteínas ou leguminosas, por exemplo) às mais secas, como a farofa. Com os anos, as farinhas de mandioca e de milho foram tendo acréscimo de ingredientes como proteínas (miúdos, bacon, calabresa), vegetais, condimentos e temperos, criando a diversidade de farofas que se encontram espalhadas nas regiões do país.

Farofa	
Ingrediente	Quantidade
Gordura	
Manteiga	60 g
Base aromática	
Cebola	100 g
Principal	
Bacon	200 g
Farinha de milho em flocos	150 g
Farinha de mandioca em flocos	150 g
Temperos e aromáticos	
Salsa	q.b.
Sal	q.b.
Pimenta-do-reino preta moída	q.b.
Rendimento aproximado: 4 porções	

MODO DE PREPARO

Pré-preparo

1. Separe os ingredientes que serão utilizados na receita, bem como os seguintes equipamentos e utensílios: balança, bowls, centrífuga de folhas ou papel absorvente, espátula de silicone, faca de cozinha, faca de legumes, sauteuse, tábuas (para embutidos e para hortifrúti).

2. Descasque a cebola e corte em brunoise (ver página 60).

3. Retire o couro do bacon (caso tenha) e corte em cubos pequenos.

4. Higienize, seque e pique finamente a salsa (ver página 64).

Preparo

1. No fogo alto, aqueça a sauteuse e adicione os cubos de bacon, mexendo com a espátula de silicone, se necessário.

2. Deixe o bacon fritar em sua própria gordura. Não a descarte, pois ela contribui para a textura final da farofa.

3. Quando o bacon estiver quase dourado, adicione a cebola e deixe dourar junto com o bacon.

4. Adicione na sauteuse as farinhas de uma única vez, mexendo com a espátula de silicone, se necessário.

5. Acrescente a manteiga e deixe que incorpore toda a farinha, mexendo constantemente.

6. Desligue o fogo e tempere com salsa, sal e pimenta-do-reino moída.

Finalização

1. Sirva como acompanhamento nas produções conforme desejado.

Panachê de legumes

A característica principal desta produção é a variedade de vegetais. Para manter a coloração viva e a textura, os alimentos devem ser servidos al dente.

Panachê de legumes	
Ingrediente	Quantidade
Gordura	
Manteiga	50 g
Principal	
Brócolis	150 g
Couve-flor	150 g
Cenoura baby	150 g
Batata bolinha	150 g
Vagem	150 g
Líquido de cozimento	
Água	q.b.
Temperos e aromáticos	
Tomilho	1 clc
Sal	q.b.
Rendimento aproximado: 4 porções	

MODO DE PREPARO

Pré-preparo

1. Separe os ingredientes que serão utilizados na receita, bem como os seguintes equipamentos e utensílios: balança, bowls, escumadeira, espátula de silicone, faca de cozinha, faca de legumes, panela média, sauteuse, tábua.
2. Higienize o brócolis e a couve-flor e, com a faca de cozinha, faça floretes desses vegetais.
3. Higienize a cenoura baby.
4. Higienize e descasque a batata. Corte em rodelas.
5. Higienize a vagem e, com a faca de cozinha, faça bastonetes.

Preparo

1. Ferva a água na panela média e, com o auxílio da escumadeira e de bowls com água gelada, branqueie os vegetais separadamente (ver técnica na página 173).
2. Aqueça a manteiga na sauteuse em fogo alto e salteie os vegetais, com o auxílio da espátula de silicone.

Finalização

1. Tempere os vegetais com tomilho e sal.
2. Sirva como acompanhamento nas produções conforme desejado.

Vegetais grelhados

Esta produção pode ser feita com itens variados, como aspargos, cenoura, berinjela, abobrinha, vagem e quiabo, entre outros. A técnica empregada possibilita cozinhar os alimentos sem que percam muito de suas propriedades nutricionais, visto que têm pouco contato com líquidos (água e óleo). Quanto maior for a variedade de itens, mais atraente ficará a apresentação.

Vegetais grelhados	
Ingrediente	Quantidade
Gordura	
Azeite	q.b.
Principal	
Abobrinha italiana	1 unid.
Berinjela	1 unid.
Cenoura	1 unid.
Aspargo fresco	3 unid.
Tomate cereja	10 unid.
Temperos e aromáticos	
Sal	q.b.
Rendimento aproximado: 4 porções	

MODO DE PREPARO

Pré-preparo

1. Separe os ingredientes que serão utilizados na receita, bem como os seguintes equipamentos e utensílios: balança, bowls, chapa ou grelha abaulada, faca de cozinha, faca de legumes, mandolim, pinça, pincel, tábua.

2. Higienize os aspargos, corte os talos e divida esses vegetais em 3 partes.

3. Higienize os tomates e corte ao meio.

4. Higienize a cenoura, a abobrinha italiana e a berinjela e, com o mandolim, faça fatias finas.

Preparo

1. No fogo ou em uma churrasqueira, aqueça a chapa ou a grelha e passe uma fina camada de azeite com o pincel.

2. Adicione os ingredientes com a pinça, temperando com sal os dois lados.

3. Deixe dourar até os vegetais ficarem com a marca da chapa ou da grelha.

4. Vire os vegetais e repita o processo do outro lado.

Finalização

1. Sirva imediatamente como acompanhamento nas produções conforme desejado.

CAPÍTULO 21

Pratos principais

Braseado de lagarto com vegetais grelhados e arroz 7 grãos

Para um bom braseado, precisamos atentar a dois pontos: a selagem da carne (ver página 163), que vai garantir a caramelização, trazendo intensidade de cor e sabor, e ao líquido do cozimento, que deve conter aromáticos e um ácido. O resultado é melhor quando feito com carne que contenha gordura e tecido conjuntivo (essa característica facilita o fatiamento da carne após a cocção).

Braseado de lagarto	
Ingrediente	Quantidade
Gordura	
Óleo vegetal	30 g
Base aromática	
Cebola	100 g
Salsão	100 g
Cenoura	100 g
Principal	
Lagarto (peça)	800 g
Líquido de cozimento	
Fundo escuro	500 g
Vinho tinto seco	50 g
Temperos e aromáticos	
Tomilho	1 ramo pequeno
Louro	1 unid.
Sal	q.b.
Pimenta-do-reino preta moída	q.b.
Rendimento: 4 porções	

MODO DE PREPARO

Pré-preparo

1. Separe os ingredientes que serão utilizados na receita, bem como os seguintes equipamentos e utensílios: balança, bowls, colher de silicone, faca de fiambre, facas de cozinha, filme plástico, panela funda com tampa, papel absorvente, pinça, tábuas (para carnes e para hortifrúti).

2. Higienize e descasque a cenoura, a cebola e o salsão (para formar o mirepoix) e corte em brunoise (ver página 60).

3. Caso o lagarto esteja muito gorduroso, retire um pouco da gordura externa.

Preparo

1. Faça uma marinada líquida com o vinho tinto, o sal, a pimenta-do-reino, as folhas de tomilho e o louro.

2. Coloque a carne em um bowl com a marinada, cubra com filme plástico e deixe em refrigeração por aproximadamente 2 horas.

3. Retire a carne da marinada e seque com papel absorvente. Essa etapa visa facilitar a selagem. Reserve a marinada.

4. Na panela funda, aqueça o óleo e sele a carne por todos os lados (ver página 163).

5. Retire a carne e deglaceie (ver página 164) a panela com a marinada e o mirepoix (cebola, salsão e cenoura).

6. Recoloque a carne na panela e adicione o fundo escuro.

7. Tampe a panela e deixe estufar em fogo baixo até estar macia e cozida por completo.

Finalização

1. Retire a carne da panela e corte fatias pequenas.

2. Faça um molho (por redução) com os ingredientes resultantes da panela.

3. Ajuste os temperos do molho, se necessário.

4. Sirva a carne fatiada com o molho acompanhada de vegetais grelhados e arroz 7 grãos.

Camarão à grega com arroz à grega

Servido em todo o litoral brasileiro, este prato admite variações no empanamento do camarão, que pode aparecer na versão recheada com queijo cremoso, e nos legumes do arroz, os quais variam de região para região.

Camarão à grega	
Ingrediente	Quantidade
Gordura	
Óleo vegetal	900 g
Principal	
Queijo prato	360 g
Farinha de trigo	400 g
Ovo	400 g
Farinha Panko	400 g
Camarão cinza ou rosa limpo	800 g
Temperos e aromáticos	
Salsa	q.b.
Sal	q.b.
Pimenta-do-reino preta moída	q.b.
Rendimento aproximado: 4 porções	

MODO DE PREPARO

Pré-preparo

1. Separe os ingredientes que serão utilizados na receita, bem como os seguintes equipamentos e utensílios: balança, bowls, centrífuga de folhas, escumadeira, espátula de silicone, faca de legumes, garfo, panela média funda, papel absorvente, ramequins, recipiente para empanados, refratário para o serviço, refratários para empanar, tábuas (para laticínios, para hortifrúti e para pescados), tacho ou fritadeira.

2. Higienize, seque e pique finamente a salsa (ver página 64).

3. Corte o queijo prato em cubos regulares e leve ao refrigerador para que fiquem bem gelados.

4. Prepare a mistura para empanamento, separando farinha de trigo e farinha Panko em refratários separados e batendo os ovos com um garfo ou fouet em outro refratário.

Preparo

1. Tempere os camarões com sal e pimenta-do-reino.

2. Empane os camarões, passando primeiro na farinha de trigo; depois, nos ovos batidos, e, por último, na farinha Panko.

3. Empane o queijo prato pela mesma sequência (farinha de trigo, ovo batido e farinha Panko). Repita a sequência, para garantir que o queijo não escorra para fora da massa de empanamento.

4. Aqueça o tacho com óleo e frite os camarões por imersão, colocando-os delicadamente em óleo quente com auxílio da escumadeira. Retire-os assim que estiverem dourados, colocando em recipiente forrado com papel absorvente.

5. Frite os cubos de queijo prato empanados, colocando-os com cuidado no óleo quente, com auxílio da escumadeira. Retire-os assim que estiverem dourados, colocando em recipiente forrado com papel absorvente.

Finalização

1. Salpique salsa sobre os empanados. Disponha os camarões e os queijos empanados no refratário para serviço.

2. Sirva os camarões e o queijo empanados acompanhados de arroz à grega.

Cheese burger com fritas

A base desta receita possui apenas 3 ingredientes: pão, hambúrguer e queijo. Por isso, admite muitas variações: o tipo de carne – que pode ser uma mistura (por exemplo, fraldinha e ponta de peito bovino) –, o tipo de queijo (os amarelos são favoritos) e os acompanhamentos (como picles e molhos, que podem ser de tipos diversos mas não devem descaracterizar a produção).

Cheese burger	
Ingrediente	Quantidade
Gordura	
Gordura bovina	160 g
Óleo vegetal	20 g
Principal	
Fraldinha bovina	640 g
Cebola	1 unid.
Picles de pepino	3 unid.
Queijo gruyère em fatias	200 g
Pão de hambúrguer	4 unid.
Temperos e aromáticos	
Ketchup	60 g
Mostarda em pasta	60 g
Sal	q.b.
Pimenta-do-reino preta moída	q.b.
Rendimento aproximado: 4 unidades	

OBSERVAÇÕES

A gordura indicada na receita contribui para o sabor do hambúrguer, porém sua função principal é auxiliar na emulsificação da carne, dispensando assim o uso de ingredientes como clara de ovo e farinha de trigo.

Caso vá congelar os hambúrgueres modelados, armazene-os em saquinhos plásticos individuais e leve ao freezer.

MODO DE PREPARO

Pré-preparo

1. Separe os ingredientes que serão utilizados na receita, bem como os seguintes equipamentos e utensílios: aro redondo de 12 cm, balança, bowl grande, chapa ou grelha, espátula de silicone, espátula de metal, faca de cozinha, faca serrilhada, filme plástico, moedor de carne, ramequins, refratário para os hambúrgueres, pincel, pratos para o serviço, tábuas (para carnes, para pão e para hortifrúti).

2. Descasque a cebola e corte em rodelas.

3. Corte cada um dos picles em 3 partes, no sentido do comprimento.

4. Corte cada um dos pães ao meio.

5. Passe a fraldinha e a gordura juntas no moedor. Repita a operação.

Preparo

1. Divida a carne em 4 partes e modele com o auxílio do aro cortador, para obter os hambúrgueres.

2. Aqueça a chapa ou grelha em fogo alto e pincele com óleo.

3. Com auxílio da espátula de metal, toste rapidamente as rodelas de cebola e reserve.

4. Acomode os hambúrgueres na chapa quente e, quando as bordas estiverem douradas, vire com a espátula.

5. Chapeie até o ponto desejado e tempere com sal e pimenta-do-reino ao final do cozimento.

6. Divida as fatias de gruyère entre os hambúrgueres com a chapa ainda quente, para que o queijo possa derreter.

7. Toste a parte interna dos pães na chapa ou grelha, utilizando a espátula de metal.

Finalização

1. Nos pratos para serviço, acomode a metade inferior de cada um dos pães e, sobre cada um deles, coloque o hambúrguer com queijo, a cebola tostada, os picles, ketchup e mostarda.

2. Coloque a tampa do pão sobre o lanche e sirva acompanhado de fritas.

Estrogonofe

De origem russa (o nome original é "stragonov"), o estrogonofe é um dos pratos mais populares nos restaurantes brasileiros. A base é carne (geralmente, filé-mignon ou contrafilé, mas existem opções com frango) servida em molho de cor rosé (pelo fato de ser finalizado com creme de leite e pápricas ou molho de tomate). No Brasil, várias adaptações da receita original vêm ocorrendo ao longo do tempo: por exemplo, utilização de conhaque no lugar da vodca no momento de flambar; béchamel em vez do creme de leite; condimentos como mostarda e ketchup como substituição das pápricas originais. O nome "estrogonofe" também é aplicado em confeitaria, para produções em que os ingredientes são servidos em algum tipo de molho doce (por exemplo, o estrogonofe de nozes consiste em nozes com molho/calda de chocolate).

Estrogonofe	
Ingrediente	Quantidade
Gordura	
Manteiga clarificada	40 g
Base aromática	
Cebola	100 g
Alho	1 dente
Principal	
Filé-mignon limpo (peça)	600 g
Cogumelo-de-paris	200 g
Vodca ou conhaque	80 g
Extrato de tomate	40 g
Creme de leite UHT	350 g
Temperos e aromáticos	
Mostarda dijon	20 g
Sal	q.b.
Pimenta-do-reino preta moída	q.b.
Rendimento: 4 porções	

MODO DE PREPARO

Pré-preparo

1. Separe os ingredientes que serão utilizados na receita, bem como os seguintes equipamentos e utensílios: balança, bowls, espátula de silicone, facas de cozinha, filme plástico, prato, sauteuse, tábuas (para carnes e para hortifrúti).
2. Descasque a cebola e o alho e corte em brunoise (ver página 60).
3. Corte o filé-mignon em émincé (ver página 60).
4. Higiene e seque os cogumelos. Corte em fatias finas.

Preparo

1. Marine a carne com sal e pimenta-do-reino moída (em um bowl, envolva os pedaços com os temperos, cubra com filme plástico e leve ao refrigerador por 30 minutos).
2. Aqueça uma sauteuse com a manteiga clarificada em fogo médio e salteie a cebola e o alho até dourar, com auxílio da espátula de silicone.
3. Adicione a carne aos poucos. A cada salteado, vá reservando as carnes.
4. Na mesma sauteuse, salteie os cogumelos.

5. Adicione todas as carnes já salteadas na sauteuse com os cogumelos e flambe com vodca ou conhaque (ver técnica na página 165).
6. Adicione o extrato de tomate com a mostarda dijon, e com a espátula de silicone incorpore ao salteado de carne.
7. Adicione o creme de leite, incorporando com espátula de silicone.
8. Acerte com sal e pimenta-do-reino moída se necessário.

Finalização

1. Sirva ainda quente com arroz branco.

Feijoada

Há quem diga que a feijoada teve origem nas senzalas e há os que afirmam que é uma variação do cozido português. O fato é que não existe um prato que melhor represente o Brasil. Muito pedida nos restaurantes, dos mais simples aos mais sofisticados, é servida completa com arroz, couve refogada, farofa, laranja e torresmo. Para acompanhar, uma boa caipirinha feita com limão e cachaça.

Feijoada	
Ingrediente	Quantidade
Gordura	
Óleo vegetal	50 g
Base aromática	
Cebola	150 g
Alho	4 dentes
Principal	
Feijão-preto	500 g
Rabo de porco salgado	½ unid.
Orelha de porco salgada	½ unid.
Pé de porco salgado	½ unid.
Carne-seca	400 g
Costeleta de porco defumada	400 g
Língua defumada	½ unid.
Lombo salgado	300 g
Paio	100 g
Linguiça portuguesa	80 g
Bacon	150 g
Laranja pera	400 g
Líquido de cozimento	
Água	q.b.
Temperos e aromáticos	
Louro	2 folhas
Cachaça	80 g
Sal	q.b.
Pimenta-do-reino preta moída	q.b.
Rendimento aproximado: 1 caldeirão para 8 pessoas	

MODO DE PREPARO

Pré-preparo

1. Separe os ingredientes que serão utilizados na receita, bem como os seguintes equipamentos e utensílios: balança, bowls, caldeirão grande, concha, escorredor de cereais, escumadeira, espátula de silicone, faca de cozinha, faca de legumes, panela grande funda, pegador de alimentos, refratário ou cumbucas para servir, tábuas (para embutidos e para hortifrúti).

2. Deixe o rabo, a orelha, o pé, o lombo e a carne-seca de molho em água em bowls cobertos com filme plástico, em refrigerador, 12 horas antes de serem colocados para cozinhar. Durante esse período, troque a água pelo menos 6 vezes. O lombo e a carne-seca podem ficar juntos em um mesmo bowl. O rabo, a orelha e o pé podem ficar juntos em outro recipiente.

3. Hidrate o feijão por 6 horas (ver página 112).

4. Após o tempo de molho, corte todas as carnes e os embutidos em porções menores ou fatias, para facilitar o cozimento.

5. Descasque a cebola e o alho e corte em brunoise (ver página 60).

6. Descasque as laranjas.

Preparo

1. No caldeirão, refogue o bacon, a linguiça e o paio na própria gordura.

2. Acrescente o feijão e 2 folhas de louro, e adicione água até que se obtenha o dobro do volume do feijão com os embutidos.

3. Em outra panela, leve água para ferver e escalfe as carnes demolhadas por 2 minutos para retirar o excesso de sal e gordura. Repita o processo 3 vezes, trocando a água.

4. Leve ao caldeirão as carnes afervenadas, incorpore a língua e as costeletas, e cozinhe tudo em fogo baixo, com o caldeirão tampado, até que as carnes e o feijão estejam igualmente macios. Acrescente mais água fervente se necessário.

5. Em uma sauteuse à parte, faça um refogado com óleo, cebola e alho, com auxílio de uma espátula de silicone. Adicione a medida de 3 conchas de feijão cozido ao refogado, amassando com as costas da concha para engrossar o caldo. Em seguida, retorne o refogado ao caldeirão e incorpore bem, mexendo com a espátula de silicone.

6. Acrescente a cachaça e as laranjas e ferva por mais alguns minutos. Este passo tem o objetivo de quebrar a intensidade de sabor de gordura de feijoada. Retire as laranjas com a escumadeira e descarte.

7. Tempere com sal e pimenta-do-reino moída.

Finalização

1. Desligue o fogo e coloque a feijoada em refratário ou cumbucas.

2. Sirva com os acompanhamentos (arroz branco, couve refogada, torresmo à pururuca e banana-nanica empanada e frita).

Filé de peixe com aspargos com molho holandês

O pescado ganha sofisticação com o clássico molho holandês, que sempre ficará mais saboroso se feito com ovos orgânicos frescos. Os aspargos também devem ser frescos.

Filé de peixe com aspargos com molho holandês	
Ingrediente	Quantidade
Gordura	
Óleo de soja	450 g
Principal	
Linguado ou de pescada	1 kg
Suco de limão taiti	100 g
Farinha de trigo	500 g
Aspargo fresco	500 g
Molho holandês	300 g
Líquido de cozimento	
Água	q.b.
Temperos e aromáticos	
Sal	q.b.
Pimenta-do-reino preta moída	q.b.
Rendimento aproximado: 4 porções	

MODO DE PREPARO

Pré-preparo

1. Separe os ingredientes que serão utilizados na receita, bem como os seguintes equipamentos e utensílios: itens para fazer o molho holandês (ver página 221), balança, bowls, escumadeira, espátula de silicone, espremedor de cítricos, faca de legumes, facas de cozinha, panela média, papel-manteiga, pegador de alimentos, tacho ou fritadeira, tábuas (para pescados e para hortifrúti), tacho ou fritadeira.

2. Higienize os aspargos e corte a base deles, eliminando a parte fibrosa. (Ao segurar o aspargo nas duas extremidades e tentar dobrá-lo, ele quebrará exatamante na parte fibrosa.)

3. Limpe e corte o peixe em filés (ver página 87).

4. Tempere os filés com sal e pimenta-do-reino moída.

5. Passe os filés na farinha de trigo com auxílio de um pegador de alimentos.

6. Com o espremedor, obtenha o suco de limão.

Preparo

1. Na panela, ferva água e escalfe os aspargos por 5 minutos.

2. Retire os aspargos e coloque em um bowl com água gelada, para dar um choque térmico e interromper a cocção (e, assim, garantir a coloração).

3. Aqueça o óleo no tacho ou na fritadeira em fogo médio.

4. Com a escumadeira, coloque os filés de peixe empanados no tacho ou na fritadeira, fritando por imersão até que fiquem levemente dourados.

5. Retire os filés da gordura e deixe que escorram sobre papel-manteiga em um refratário.

6. Prepare o molho holandês (ver página 221). Mantenha o molho pronto à temperatura de 60 °C.

Finalização

1. Monte o prato colocando peixe e os aspargos. Regue os aspargos com o molho.

Filé-mignon à parmegiana com arroz e fritas

De inspiração italiana (porém de criação brasileira), este prato substancioso é um dos campeões na preferência dos apreciadores de carne. Existem versões que trocam o filé-mignon por outros cortes bovinos ou mesmo por frango e peixe. Há também parmegianas para o público vegetariano, com berinjela, casca de banana e bife de glúten empanado.

Filé mignon à parmegiana	
Ingrediente	Quantidade
Gordura	
Óleo vegetal	1 ℓ
Principal	
Filé-mignon (peça)	800 g
Farinha de trigo	300 g
Farinha de rosca	300 g
Ovo	250 g
Molho de tomate	1 kg
Muçarela fatiada	300 g
Queijo parmesão (peça)	150 g
Temperos e aromáticos	
Sal	q.b.
Pimenta-do-reino preta moída	q.b.
Rendimento aproximado: 4 porções	

MODO DE PREPARO

Pré-preparo

1. Separe os ingredientes que serão utilizados na receita, bem como os seguintes equipamentos e utensílios: itens para fazer o molho de tomate (ver página 228), balança, bowls, escumadeira, faca de cozinha, martelo de carne, pegador de alimentos, ralador, refratário para servir, refratários para empanar, sacos plásticos, tábuas (para carnes e para laticínios), tacho ou fritadeira.

2. Faça o molho de tomate (ver página 228).

3. Rale o parmesão (ralador fino).

4. Limpe a carne e faça filés (ver página 74).

5. Na tábua para carnes, entre dois sacos plásticos, coloque os filés e com o martelo bata até que tenham aproximadamente 0,3 cm de espessura.

6. Nos refratários para empanamento, separe a farinha de rosca, a farinha de trigo e os ovos (ligeiramente batidos).

7. Preaqueça o óleo do tacho ou da fritadeira até 160 °C.

Preparo

1. Tempere os filés com sal e pimenta-do-reino moída.

2. Com auxílio do pegador de alimentos, empane os filés individualmente, passando primeiro na farinha de trigo, depois na mistura de ovos e, por último, na farinha de rosca. Retire o excesso e reserve.

3. Com auxílio da escumadeira, frite os filés empanados por imersão até que fiquem dourados e crocantes. Retire e coloque no refratário para servir.

4. Com todos os filés fritos, arrume-os no refratário e coloque muçarela, molho e parmesão.

Finalização

1. Gratine em forno ou salamandra.

2. Retire com auxílio de luvas térmicas assim que a superfície estiver dourada.

3. Sirva acompanhado de arroz branco e batatas fritas.

Frango à passarinho

Presente nos cardápios dos bares de todo o país, tem como característica ser cortado em pedaços bem pequenos e servido com lâminas de alho frito. As variações ficam nos molhos que acompanham o frango e no tipo de gordura utilizada na fritura.

Frango à passarinho	
Ingrediente	Quantidade
Gordura	
Óleo vetegal	900 g
Azeite de oliva extravirgem	20 g
Principal	
Frango	1 unid.
Limão taiti	2 unid.
Temperos e aromáticos	
Vinho branco seco	200 g
Alho	16 dentes
Salsa	q.b.
Páprica picante	q.b.
Páprica doce	q.b.
Sal	q.b.
Pimenta-do-reino preta moída	q.b.
Rendimento aproximado: 1 porção para 4 pessoas	

MODO DE PREPARO

Pré-preparo

1. Separe os ingredientes que serão utilizados na receita, bem como os seguintes equipamentos e utensílios: balança, bowl grande, centrífuga de folhas, escumadeira, faca de cozinha, faca de legumes, filme plástico, frigideira, papel absorvente, pegador de alimentos, refratário para serviço, tábuas (para aves e para hortifrúti), tacho ou fritadeira.

2. Corte o frango à passarinho (ver página 100).

3. No bowl grande, tempere o frango com as pápricas, sal e pimenta-do-reino moída. Acrescente o vinho e cubra a marinada com filme plástico. Deixe em refrigeração por 40 minutos.

4. Higienize os limões e corte em 4.

5. Descasque o alho e corte em lâminas.

6. Higienize, seque e pique finamente a salsa (ver página 64).

7. Leve o tacho ou a fritadeira para aquecer a 160 °C com o óleo vegetal.

Preparo

1. Retire o frango do refrigerador e, com auxílio do pegador de alimentos, frite os pedaços até que estejam totalmente cozidos, dourados e crocantes.

2. Retire o frango da gordura, colocando em refratário, e repita a operação até que todas as peças tenham sido fritas. Se necessário, utilize a escumadeira para mexer o frango enquanto está sendo frito.

3. Leve a frigideira com azeite ao fogo médio. Assim que aquecer, coloque o alho laminado e, com o auxílio da espátula de silicone, frite o alho até que fique dourado.

4. Retire o alho da frigideira com a espátula de silicone e coloque em refratário com papel absorvente para escorrer o excesso de gordura.

Finalização

1. Salpique alho laminado no frango frito.

2. Salpique a salsa.

3. Sirva com os limões.

Moqueca baiana com arroz, pirão e farofa

Moqueca é um guisado que leva temperos característicos: alho, cebola, tomate, cheiro-verde e pimenta-de-cheiro. A versão capixaba é conhecida por utilizar o badejo como ingrediente principal e azeite de urucum como gordura. Aqui apresentamos a versão baiana, geralmente feita com cação e marcada pelos sabores do coentro, do azeite de dendê e do leite de coco.

Moqueca baiana	
Ingrediente	Quantidade
Gordura	
Azeite de dendê	50 g
Azeite de oliva extravirgem	50 g
Base aromática	
Alho	2 dentes
Principal	
Cebola	300 g
Cação em posta	600 g
Tomate	300 g
Pimentão verde	50 g
Pimentão vermelho	50 g
Suco de limão taiti	100 g
Leite de coco	150 g
Temperos e aromáticos	
Coentro	q.b.
Cebolinha	q.b.
Sal	q.b.
Pimenta-do-reino preta moída	q.b.
Rendimento aproximado: 4 porções	

OBSERVAÇÕES

Para fazer azeite de urucum, execute a técnica de aromatização apresentada na página 208. Ou seja, faça uma infusão das sementes de urucum no azeite de oliva extravirgem, na proporção de 100 g de semente para 1 litro de azeite.

Como a moqueca é bastante aromática, a farofa que acompanha deve ser bem neutra: basta fritar a farinha de mandioca na manteiga. Para esta produção, use 200 g de manteiga para 500 g de farinha.

MODO DE PREPARO

Pré-preparo

1. Separe os ingredientes que serão utilizados na receita, bem como os seguintes equipamentos e utensílios: balança, bowls, centrífuga de folhas ou papel absorvente, espátula de silicone, espremedor de cítricos, faca de cozinha, faca de legumes, filme plástico, panela média funda, tábuas (para pescados e para hortifrúti).
2. Descasque o alho e corte em brunoise (ver página 60).
3. Higienize e seque a cebolinha e o coentro.
4. Pique o coentro finamente (ver página 64).
5. Corte a cebolinha em chiffonade (ver página 63).
6. Descasque a cebola e corte em rodelas finas.
7. Higienize o tomate e os pimentões e corte em rodelas finas.
8. No bowl, coloque o peixe e tempere com sal, pimenta-do-reino moída, azeite de oliva e coentro. Cubra com filme plástico e leve ao refrigerador por 1 hora.
9. Com o espremedor, obtenha o suco de limão.

Preparo

1. Na panela funda, forme camadas sobrepostas de tomate, cebola, pimentões e peixe (adicione o pescado por último), polvilhando com alho e cebolinha. Repita o processo até que os ingredientes tenham acabado.
2. Regue com azeite de dendê, leite de coco e suco de limão.
3. Tampe a panela e leve ao fogo médio até que o peixe fique macio e totalmente cozido.

Finalização

1. Sirva a moqueca acompanhada de arroz branco, pirão e farofa.

Pato com purê de raízes e tubérculos

O pato possui uma carne mais escura e rija que o frango convencional. Por isso, ela exige um cozimento mais lento e úmido, para que fique suculenta. A marinada exerce um papel muito importante, pois, além de temperar a carne, ajuda na manutenção da umidade.

Pato	
Ingrediente	Quantidade
Gordura	
Manteiga clarificada	120 g
Base aromática	
Cebola	200 g
Principal	
Magret de pato	4 unid.
Temperos e aromáticos	
Vinho branco seco	200 g
Vinagre balsâmico	40 g
Limão taiti	2 unid.
Salsa	q.b.
Sal	q.b.
Pimenta-do-reino preta moída	q.b.
Rendimento: 4 porções	

OBSERVAÇÃO
Magret é o peito de pato gordo. É encontrado em butiques de carnes e açougues especializados em proteínas exóticas.

MODO DE PREPARO
Pré-preparo
1. Separe os ingredientes que serão utilizados na receita, bem como os seguintes equipamentos e utensílios: balança, bowls, faca de cozinha, faca de legumes, filme plástico, fouet, papel absorvente, pinça, prato, sauteuse, tábuas (para aves e para hortifrúti).
2. Descasque a cebola e corte em brunoise (ver página 60).
3. Faça cortes na diagonal na gordura do magret. Reserve.
4. Em um bowl, faça uma marinada líquida com cebola, sal, pimenta-do-reino, vinagre balsâmico e vinho branco seco. Misture com o fouet.

5. Coloque o pato na marinada, cubra com filme plástico e deixe em refrigeração por 2 horas.
6. Higienize o limão e corte em rodelas.
7. Higienize e seque um ramo de salsa (para a decoração).

Preparo
1. Retire o magret da marinada e seque com papel absorvente. Reserve a marinada.
2. Aqueça a manteiga clarificada na sauteuse em fogo médio.
3. Coloque o magret com a gordura virada para baixo e faça o salteado frigido (ver página 132).
4. Vire com a pinça do outro lado assim que a gordura do peito esquentar.

5. Assim que a lateral do peito estiver dourada, retire e reserve.
6. Coloque a marinada reservada na sauteuse ainda sobre o fogo e deglaceie.

Finalização
1. Fatie o magret e sirva com o purê de raízes e tubérculos e o deglaceado da marinada.
2. Decore com o limão e a salsa.

Picanha com farofa e molho campanha

Esta produção pode ser servida como aperitivo e acompanhada de arroz, como prato principal. A carne deve estar selada de forma que mantenha a umidade interna e fique macia, seja em uma frigideira, seja em churrasqueira.

Picanha com farofa e molho campanha	
Ingrediente	Quantidade
Gordura	
Óleo vegetal	150 g
Azeite de oliva extravirgem	100 g
Principal	
Picanha (peça)	1 kg
Cebola	100 g
Tomate concassé	300 g
Pimentão verde	150 g
Vinagre de vinho branco	200 g
Temperos e aromáticos	
Pimenta-de-cheiro	20 g
Salsa	15 g
Sal	q.b.
Pimenta-do-reino preta moída	q.b.
Rendimento aproximado: 4 porções	

MODO DE PREPARO

Pré-preparo

1. Separe os ingredientes que serão utilizados na receita, bem como os seguintes equipamentos e utensílios: itens para fazer o tomate concassé (ver página 61), balança, bowls, chapa ou grelha, centrífuga de folhas ou papel absorvente, espátula de silicone, faca de legumes, facas de cozinha, filme plástico, fouet, ramequins, refratário para servir, tábuas (para carnes e para hortifrúti).
2. Corte a picanha em bifes (ver página 76).
3. Descasque a cebola e corte em brunoise (ver página 60).
4. Higienize o pimentão, corte a parte superior e as partes internas brancas, retire as sementes e corte em brunoise.
5. Higienize a pimenta-de--cheiro e corte ao meio.
6. Higienize, seque e pique finamente a salsa (ver página 64).
7. Faça o tomate concassé (ver página 61).

Preparo

1. Coloque o vinagre, o azeite, o sal e a pimenta--do-reino moída em um bowl e, com o fouet, bata a mistura até que fique emulsionada.
2. Acrescente a cebola, o tomate, o pimentão, a pimenta e a salsa. Misture bem, obtendo o molho campanha. Cubra o molho com filme plástico e leve ao refrigerador.
3. No fogo, aqueça a grelha ou chapa e pincele com óleo.
4. Tempere os bifes de picanha com sal e pimenta-do-reino moída e, com o auxílio de um pegador de alimentos, leve à grelha ou à chapa.
5. Repita o processo do outro lado do bife, até o ponto desejado (ver página 133).

Finalização

1. Retire a carne do fogo e deixe descansar em refratário coberto por 3 minutos antes de servir.
2. Sirva a picanha acompanhada do molho campanha e farofa.

PRATOS PRINCIPAIS

Polenta com ragu

Vindo da Itália, este prato de farinha de milho é consumido de norte a sul do Brasil. A versão cremosa (também conhecida como angu) pode acompanhar, além de ragu, galinha ao molho, carne-de-sol refogada e molho de cogumelos. Na versão mais sólida, pode ser frita e acompanhada de queijo e molho de tomate.

Polenta com ragu	
Ingrediente	Quantidade
Gordura	
Manteiga, para a polenta	50 g
Manteiga, para o ragu	80 g
Base aromática	
Cebola roxa	100 g
Cenoura	50 g
Salsão	50 g
Principal	
Fubá	200 g
Coxão mole	500 g
Vinho tinto seco	300 g
Tomate concassé	100 g
Queijo parmesão (peça)	80 g
Líquido de cozimento	
Fundo de vegetais ou água, para a polenta	1,5 kg
Fundo bovino, para o ragu	1 kg
Temperos e aromáticos	
Manjericão	q.b.
Sal	q.b.
Pimenta-do-reino preta moída	q.b.
Rendimento: 4 porções	

MODO DE PREPARO

Pré-preparo

1. Separe os ingredientes que serão utilizados na receita, bem como os seguintes equipamentos e utensílios: itens para fazer o tomate concassé (ver página 61), itens para o preparo da polenta (ver página 186), balança, bowls, centrífuga de folhas ou papel absorvente, colher de silicone, faca de cozinha, pinça, prato, sauteuse, tábuas (para carnes e para hortifrúti).
2. Higienize e descasque a cenoura, a cebola e o salsão (para formar o mirepoix) e corte em brunoise (ver página 60).
3. Higienize e seque o manjericão. Corte em chiffonade (ver página 63).
4. Rale o parmesão (ralador fino).
5. Retire o excesso de gordura do coxão mole e corte em pequenos cubos.
6. Faça o tomate concassé (ver página 61).

Preparo

1. Aqueça a sautesse com a manteiga em fogo médio e salteie todos os pedaços de carne. Reserve em um prato.
2. Na mesma sauteuse refogue o mirepoix (cebola, cenoura e salsão), mexendo com uma colher de silicone.
3. Após saltear, reserve o mirepoix com a carne.
4. Deglaceie a sauteuse com um pouco de vinho e reserve o resultado do deglaceado.
5. Aqueça a panela com a manteiga para o ragu em fogo médio e refogue o tomate concassé.
6. Adicione o fundo, o deglaceado, o restante do vinho e a carne com o mirepoix.
7. Cozinhe em fogo baixo por aproximadamente 1 hora. Se secar durante o cozimento, acrescente mais fundo.
8. Tempere com manjericão, sal e pimenta-do-reino moída.
9. Faça a polenta (ver página 186).

Finalização

1. Faça a montagem do prato com o ragu e parmesão ralado.

Polvo à Luciana

Bons ingredientes fazem bons pratos. Com polvo fresco e bem limpo, azeitonas graúdas e macias, tomates maduros e um azeite de oliva de qualidade, a perfeição apenas dependerá do talento do cozinheiro para a cocção perfeita do molusco.

Polvo à Luciana	
Ingrediente	Quantidade
Gordura	
Azeite de oliva extravirgem	120 g
Principal	
Tomate concassé	500 g
Polvo limpo	1 unid.
Azeitona preta	150 g
Pão italiano	8 fatias
Temperos e aromáticos	
Alho	2 dentes
Pimenta calabresa	½ colher de café
Salsa	q.b.
Sal	q.b.
Rendimento aproximado: 4 porções	

MODO DE PREPARO

Pré-preparo

1. Separe os ingredientes que serão utilizados na receita, bem como os seguintes equipamentos e utensílios: itens para fazer o tomate concassé (ver página 61), balança, bowls, centrífuga de folhas ou papel absorvente, escumadeira, espátula de silicone, faca de legumes, faca de peixe, panela média funda, panela média funda com tampa, pegador de alimentos, refratário para o serviço, tábuas (para pescados e para hortufrúti).

2. Corte o polvo em cubos de 2 cm × 2 cm. Reserve.
3. Descasque o alho e faça lâminas.
4. Faça o tomate concassé (ver página 61).
5. Dessalgue a azeitona (ver página 111) e corte em rodelas.
6. Higienize, seque e pique grosseiramente a salsa.

Preparo

1. Aqueça a panela funda com azeite em fogo alto e refogue o alho com o auxílio da espátula de silicone.

2. Adicione a pimenta calabresa, os tomates, o polvo e as azeitonas.
3. Deixe cozinhar em fogo brando, com a panela tampada, por aproximadamente 1 hora e 30 minutos.
4. Desligue o fogo e deixe o polvo esfriar dentro da panela com o molho.
5. Tempere com sal, se necessário.

Finalização

1. Finalize salpicando a salsa.
2. Coloque em refratário para o serviço, sobre as fatias de pães.

Risotó de camarão

Neste prato clássico tudo faz diferença: um bom caldo, o tipo de arroz, a guarnição que vai dar característica de sabor ao risoto. Encontrado em infinitas versões, nas mais populares não podem faltar cebolas picadas, vinho, manteiga e queijo parmesão.

Risoto de camarão	
Ingrediente	Quantidade
Gordura	
Manteiga	80 g
Azeite de oliva extravirgem	25 g
Base aromática	
Cebola	30 g
Vinho branco seco	100 g
Principal	
Camarões cinza ou rosa limpos	800 g
Arroz arbóreo	400 g
Queijo parmesão (peça)	200 g
Líquido de cozimento	
Fundo de peixe ou de camarão	1 ℓ
Temperos e aromáticos	
Salsa	q.b.
Sal	q.b.
Pimenta-do-reino branca moída	q.b.
Rendimento aproximado: 4 porções	

MODO DE PREPARO

Pré-preparo

1. Separe os ingredientes que serão utilizados na receita, bem como os seguintes equipamentos e utensílios: balança, bowls, caçarola média funda, centrífuga de folhas ou papel absorvente, concha, espátula de silicone, faca de cozinha, faca de legumes, panela grande funda, pratos para serviço, sauteuse, tábuas (para pescados e para hortifrúti).
2. Descasque a cebola e corte em brunoise.
3. Higienize, seque e pique finamente a salsa (ver página 64).

Preparo

1. Coloque o fundo de peixe ou de camarão na caçarola média e leve ao fogo brando.
2. Aqueça a panela funda com o azeite em fogo alto e refogue a cebola sem dourar, mexendo com a espátula de silicone.
3. Acrescente o arroz e mexa com a espátula de silicone, cobrindo todos os grãos de arroz com o refogado.
4. Acrescente o vinho branco seco e mexa com a espátula de silicone até que todo o líquido evapore.
5. Vá adicionando o fundo até que o arroz esteja al dente, mexendo constantemente com a espátula de silicone para liberar o amido.
6. Leve a sauteuse ao fogo e salteie os camarões com metade da manteiga. Tempere com sal e pimenta-do-reino branca moída.
7. Quando os camarões estiverem rosados, acrescente a salsa picada e apague o fogo.
8. Adicione os camarões salteados ao risoto.

Finalização

1. Finalize o risoto adicionando o restante da manteiga e o parmesão ralado.

Salmão com molho de maracujá

Neste prato popular, o salmão é salteado de forma que não fique seco, e o molho é acrescentado no momento de servir. Este peixe admite muitas variações de molhos; os mais ácidos e leves (como é o caso do molho de maracujá) são os mais recomendados, já que o salmão contém bastante gordura em sua carne.

Salmão com molho de maracujá	
Ingrediente	Quantidade
Gordura	
Azeite de oliva extravirgem	100 g
Principal	
Salmão	600 g
Vinho branco seco	200 g
Açúcar	80 g
Maracujá (polpa da fruta)	200 g
Suco concentrado de maracujá	100 g
Temperos e aromáticos	
Endro/dill	q.b.
Sal	q.b.
Pimenta-do-reino branca moída	q.b.
Rendimento aproximado: 4 porções	

MODO DE PREPARO

Pré-preparo

1. Separe os ingredientes que serão utilizados na receita, bem como os seguintes equipamentos e utensílios: balança, bowls, centrífuga de folhas ou papel absorvente, espátulas de silicone, faca de legumes, facas de cozinha, fôrma refratária com tampa, refratário para servir, sauteuse, tábuas (para pescados e para hortifrúti).

2. Higienize e seque o endro/dill.

3. Corte o salmão em postas de 150 g.

Preparo

1. Tempere o salmão com endro/dill, sal e pimenta-do-reino branca moída.

2. Aqueça a sauteuse com azeite em fogo médio e salteie as postas, começando pelo lado da pele, com o auxílio de uma espátula de silicone. Assim que o lado da pele estiver dourado e crocante, vire o salmão para frigir o outro lado. Reserve em fôrma refratária tampada para manter o calor.

3. Na mesma sauteuse, descarte o excesso de gordura e qualquer elemento queimado.

4. Adicione o açúcar e, com o auxílio de uma espátula de silicone, deixe caramelizar.

5. Acrescente o vinho branco seco para dissolver o caramelo presente na sauteuse, mexendo levemente com a espátula de silicone.

6. Adicione a polpa de maracujá e o suco concentrado na sauteuse e tempere com sal e pimenta-do-reino branca moída.

Finalização

1. Coloque o salmão no refratário para servir e guarneça com o molho. Sirva com purê de batatas.

Glossário

Ácido lático: ácido formado principalmente a partir da fermentação da lactose ou do suco de carnes e plantas. Auxilia na conservação dos alimentos e intensifica o sabor de acidez nas produções em que está presente.

Ácidos graxos: componentes de formação das gorduras (que podem ser saturadas ou insaturadas). As saturadas consistem na gordura que se mantém sólida em temperatura ambiente. As insaturadas permanecem líquidas (óleos).

Aglutinador: aquilo que unifica. Elemento aglutinador nas emulsões é aquele que permite a homogeneidade da produção (por exemplo, a gema de ovo).

Alvéolos: estruturas circulares formadas no miolo do pão produzidas pelos gases oriundos do processo fermentativo, mantidos pela gelificação do amido e pela coagulação das proteínas durante o processo de forneamento.

Amilose e amilopectinas: componentes formadores do amido. A amilose é solúvel, porém a amilopectina é insolúvel. A quantidade desses itens na composição dos amidos determina o quanto poderão ser com maior ou menor facilidade em água.

Anvisa: Agência Nacional de Vigilância Sanitária; é o órgão federal responsável por proteger e promover a saúde dos brasileiros. Atua em diversas áreas e diversos processos, como hospitais, cozinhas e portos, entre outros.

Brioche: pão de origem francesa, surgiu na Normandia e tem a característica de ser extremamente macio por levar grande quantidade de manteiga e ovo em sua composição. Classificado como viennoiserie (denominação dada pelos franceses aos produtos como croissant), era relacionado à nobreza pela lenda – questionada pelos historiadores – segundo a qual Maria Antonieta teria dito ao povo faminto: "Se não têm pão, que comam brioches!".

Caprino: produto oriundo de cabra ou bode.

Chucrute: produção de alto consumo entre os alemães, é composto por tirinhas de repolho que passam por processo de fermentação. É comum acompanhar embutidos.

Cocção: o mesmo que cozimento. Pode ser realizado de diversas formas, levando sempre em consideração a fonte de calor utilizada, bem como os métodos e técnicas empregados.

Coifa: equipamento utilizado em cozinhas profissionais para controle do ar, agindo em sua exaustão e filtração.

Crème brûlée: sobremesa francesa que consiste em um creme à base de creme de leite e ovos coberto por uma camada fina e crocante de açúcar.

Culinária: arte ou conjunto de métodos e técnicas de cozinha. Pode identificar características históricas, culturais e sociais de uma região.

Desnaturação: alteração na formação das ligações das proteínas.

Doença celíaca: doença que traz intolerância ao glúten em sua absorção no organismo.

Ebulição: passagem de um líquido ao estado de vapor.

Embutido: alimento feito geralmente à base de carne moída que é temperada e ensacada em tripa.

Enokitake: tipo de cogumelo com fio longo e branco.

Esterilização: processo de eliminação de microrganismos em locais de armazenamento para alimentos.

Gastronomia: estudo relacionado aos conhecimentos e práticas da cozinha.

Gordura saturada: definição de gordura que tem ligação apenas de carbono, não permitindo a presença de outras ligações.

Hidrossolúveis: que se solubilizam (dissolvem) em água.

Hipoclorito de sódio: produto químico popularmente conhecido como água sanitária. Na cozinha, é utilizado principalmente na higienização dos alimentos, diluído em água.

Hortifrúti: produto oriundo de hortas, pomares e granjas.

Inox: aço inoxidável, que não enferruja.

Lactose: açúcar presente no leite.

Lipídeos: compostos químicos com diferentes funções no organismo humano, como a energética.

Lipossolúveis: que se solubilizam (dissolvem) em gordura ou óleo.

Macarrão chop suey: produção de origem oriental parecida com o yakisoba.

Marrom-glacê: doce feito à base de açúcar e castanhas. No Brasil, existem versões com batata-doce.

Microrganismos patogênicos: microrganismos que causam doenças.

Molho à bolonhesa: "molho de Bolonha" (Itália), que possui em sua composição diferentes carnes e tomate.

Nata: gordura do leite que se forma por decantação após esse líquido ser fervido.

Ômega 3: tipo de ácido graxo importante no desenvolvimento dos seres vivos.

Pasteurizado: processo em que o alimento é elevado a temperaturas nas quais ocorre a eliminação de microrganismos e, em seguida, é resfriado. Esse processo não altera as propriedades do alimento.

Polietileno e polipropileno: tipos de plástico utilizados nas tábuas para cortes de alimentos.

Polvilho: farinha obtida da mandioca.

Proteína: nutriente composto por sequência de aminoácidos, presente em diversos alimentos (principalmente nas carnes).

Rancificar: alteração que ocorre na gordura em contato por longo tempo com oxigênio, causando danificação em suas características.

Reações enzimáticas: reações químicas que ocorrem no organismo humano.

Rizoma: caule geralmente subterrâneo.

Sabor acre: sabor acentuado, que pode ter bastante presença de acidez.

Sashimi: corte fino oriundo da cozinha japonesa.

Vácuo: que não contém ar.

Vapor: estado gasoso da água.

Bibliografia

AGÊNCIA NACIONAL DE VIGILÂNCIA SANITÁRIA. *Cartilha sobre boas práticas para serviços de alimentação*. Disponível em http://portal.anvisa.gov.br/documents/33916/389979/Cartilha+Boas+Práticas+para+Serviços+de+Alimentação/d8671f20-2dfc-4071-b516-d59598701af0. Acesso em 25/8/2017.

_____. Resolução CNNPA nº 12, de 1978. Disponível em http://www.anvisa.gov.br/anvisalegis/resol/12_78_cereais.htm. Acesso em 20/3/2017.

_____. Resolução RDC nº 93, de 31 de outubro de 2000. Disponível em http://www.anvisa.gov.br/anvisalegis/resol/2000/93_00rdc.htm. Acesso em 26/3/2018.

BRAGA, Roberto M. M. *Gestão da gastronomia: custos, formação de preços, gerenciamento e planejamento do lucro*. São Paulo: Senac São Paulo, 2008.

COURTINE, Robert J. *The Concise Larousse Gastronomique: the World's Greatest Cookery Encyclopedia*. 3ª ed. Londres: Hamly, 2003

DAVIS, Jenni. *Guia prático do cozinheiro moderno*. São Paulo: Quarto, 2016.

DICIONÁRIO HOUAISS, 2009. Disponível em https://houaiss.uol.com.br/pub/apps/www/v3-3/html/index.php. Acesso em julho de 2007.

GISSLEN, Wayne. *Panificação e confeitaria profissionais*. 5ª ed. São Paulo: Manole, 2011.

GOMES, Carlos Alexandre Oliveira & SILVA, Fernando Teixeira. *Recomendações técnicas para o processamento de conservas de cogumelos comestíveis*. Rio de Janeiro: Embrapa Agroindústria de Alimentos, 2000. Disponível em https://www.agencia.cnptia.embrapa.br/Repositorio/doc43-2000_000gc3pz05102wx50k01dx9lc4v5s9cd.pdf . Acesso 29/4/2017.

GUARNASCHELLI GOTTI, Marco. *Grande enciclopedia illustrata della gastronomia*. Milão: Mondadori, 2005.

HAZAN, Marcella. *Fundamentos da cozinha italiana clássica*. São Paulo: Martins Fontes, 1997.

INSTITUTO AMERICANO DE CULINÁRIA. *Chef profissional*. 9ª ed. São Paulo: Editora Senac São Paulo: 2017.

INSTITUTO BRASILEIRO DE GEOGRAFIA E ESTATÍSTICA. *Censo 2010*. Rio de Janeiro: IBGE, 2010. Disponível em https://censo2010.ibge.gov.br/. Acesso em 26/3/2018.

INTERNATIONAL FOOD INFORMATION SERVICE. *Dicionário de ciência e tecnologia dos alimentos*. São Paulo: Roca, 2009.

LÉVI-STRAUSS, Claude. "O triângulo culinário". Em: SIMONIS, Yvan. *Introdução ao estruturalismo: Claude Lévi-Strauss ou "a paixão do incesto"*. Lisboa: Moraes, 1979.

MARTINS, Beatriz Tenuta; BASÍLIO, Márcia Cristina; SILVA, Marco Aurélio. *Nutrição aplicada e alimentação saudável*. São Paulo: Editora Senac São Paulo, 2014.

MAINCENT-MOREL, Michel. *Le cuisine de référence*. Clichy: Edition BPI, 2015.

MCGEE, Harold. *Comida & cozinha: ciência e cultura da culinária*. 2ª ed. São Paulo: Martins Fontes, 2014.

MESTRE CUCA LAROUSSE. São Paulo: Larousse do Brasil, 2007.

MINISTÉRIO DA SAÚDE. *Guia alimentar para a população brasileira*. 2ª ed. Brasília: Ministério da Saúde, 2014.

MONTANARI, Massimo & FLANDRIN, Jean-Louis. *História da alimentação*. São Paulo: Estação Liberdade, 1998.

MONTEBELLO, Nancy de Pilla & ARAÚJO, Wilma M. C. *Carne & cia*. 2ª ed. Distrito Federal: Editora Senac DF, 2009.

MYHROLD, Nathan; YOUNG, Chris; BILLET, Maxime. *Modernist Cuisine: The Art and Science of Cooking*. S/l.: The Cooking Lab, 2011.

O QUE É CURA? Disponível em https://amigodochef.com/2016/08/22/cura/. Acesso em 26-3-2018.

ORMOND, José Geraldo Pacheco. *Glossário de termos usados em atividades agropecuárias, florestais e ciências ambientais*. Rio de Janeiro: BNDES, 2006. Disponível em http://www.mma.gov.br/estruturas/sqa_pnla/_arquivos/glossrio_bndes_texto-doc_46.pdf. Acesso em 26-3-2018.

ORNELLAS, Lieselotte Hoeschl. *Técnica dietética: seleção e preparo de alimentos*. 8ª ed. Atualizada por Shizuko Kajishima e Marta Regina Verruma-Bernardi. São Paulo: Atheneu, 2007.

SILVA, Deonísio da. *De onde vêm as palavras*. 17ª ed. Rio de Janeiro: Lexikon, 2014.

SILVA, Larissa Morais Ribeiro da et al. "Processamento de bolo com farinha de quinoa (*Chenopodium quinoa Wild*): estudo de aceitabilidade". Em *Revista Brasileira de Produtos Agroindustriais*, 12 (2), Campina Grande, 2010.

SILVA, Sandra M. Chemin S. da & MARTINEZ, Sílvia. *Cardápio: guia prático para a elaboração*. 2ª ed. São Paulo: Roca, 2008.

Sobre os autores

FELIPE SOAVE VIEGAS VIANNA

Graduado em tecnologia em gastronomia pelo Senac São Paulo e especialista em alimentação escolar e gestão de operação em cozinhas, como buffet/catering. Realizou projetos de assessoria em diversas frentes da área de alimentação por mais de quinze anos e participou do Prêmio Educação Além do Prato, organizado pelo Departamento de Alimentação Escolar (DAE) da Secretaria Municipal de Educação – Prefeitura de São Paulo (2014). Possui experiência com eventos de pequeno e grande porte nas áreas de gestão de cozinha, pesquisa de mercado, elaboração de cardápio, posicionamento de marca e operação. Atuou em diversos restaurantes no Brasil, principalmente no estado de São Paulo, bem como fora do país. No Senac São Paulo, coordenou a área de desenvolvimento em gastronomia por cinco anos, estabelecendo estratégias para o segmento e contribuindo para o portfólio dos cursos. Atuou no Projeto Práticas Inovadoras na Alimentação, que estabeleceu uma conexão entre as áreas de alimentação do Senac e propôs um novo formato para os ambientes de aprendizagem – os chamados laboratórios de alimentação –, desenvolvendo situações de aprendizagem inovadoras que possibilitam a participação ativa dos alunos na construção do conhecimento. É coautor do livro *Sanduíches especiais: receitas clássicas e contemporâneas*, publicado pela Editora Senac São Paulo.

GABRIEL BRATFICH PENTEADO

Graduado em tecnologia em gastronomia pelo Senac São Paulo, tem pós-graduação em gestão empresarial. É também técnico em nutrição e dietética e realizou diversos cursos na área de alimentos e bebidas. Possui experiência no gerenciamento de cozinhas profissionais e também atua como consultor de empreendimentos gastronômicos com foco na operação de alimentos e bebidas. Participa de eventos de instituições filantrópicas na organização de processos de cozinha e possui experiência como avaliador em bancas de concursos de gastronomia. É docente do Senac São Paulo, na capital e no interior, e atua na gerência de desenvolvimento de cursos como consultor na elaboração de materiais didáticos dos cursos livres e dos técnicos das áreas de cozinha, confeitaria e panificação.

JÚLIA DELELLIS LOPES

Graduada em gastronomia pelo Senac São Paulo, é também bacharel em nutrição pelo Centro Universitário São Camilo. Realizou curso de aprimoramento em transtornos alimentares pelo Instituto de Psiquiatria (Ipq) do Hospital das Clínicas da Faculdade de Medicina da Universidade de São Paulo (HCFMUSP), é pós-graduada em gastronomia funcional pela Famesp e prescrição de fitoterápicos e suplementação nutricional clínica e esportiva pela Estácio de Sá, além de máster em cozinha e enologia italiana pelo Italian Culinary Institute for Foreigners (Icif, Itália). Atua como nutricionista no setor de Lípides, Aterosclerose e Biologia Vascular na Universidade Federal de São Paulo (Unifesp), no ambulatório de Transtornos Alimentares (Ambulim) da HCFMUSP e em consultório particular. Desenvolve ainda atividade como revisora técnica em livros de gastronomia e nutrição e como consultora em serviços de alimentação, palestrante e docente no ensino superior e na pós-graduação.

VINICIUS CAMOEZI CASSAROTTI

Graduado em tecnologia em gastronomia pelo Senac São Paulo, é também pós-graduado em gestão de negócios em serviços de alimentação, tendo se especializado como *sommelier* de vinhos e cervejas. Obteve certificação internacional com o título Prochef pelo Culinary Institute of America (CIA). Possui experiência como *chef* de cozinha e atua como consultor de grandes empresas no âmbito nacional. É docente do Senac São Paulo.

Índice de receitas

Arroz 7 grãos, 326
Arroz à grega, 327
Azeite aromatizado, 208
Beurre blanc/beurre rouge, 222
Braseado de lagarto com vegetais grelhados e arroz 7 grãos, 336
Caldinho de feijão, 280
Caldo verde, 282
Camarão à grega com arroz à grega, 338
Canja de frango, 284
Capeletti in brodo, 286
Carpaccio de lagarto com molho mostarda, 260
Casquinha de siri, 262
Ceviche, 264
Cheese burger com fritas, 339
Consommé, 206
Couve refogada, 328
Coxinha de frango, 302
Creme de milho, 288
Empada de camarão , 304
Escabeche, 266
Escondidinho de carne-seca, 290
Espaguete à carbonara , 307
Estrogonofe, 341
Farofa, 329
Feijoada, 342
Filé de peixe com aspargos com molho holandês, 346
Filé-mignon à parmegiana com arroz e fritas, 347

Frango à passarinho, 348
Fumet, 202
Fundo claro de ave, 200
Fundo claro de vegetais, 201
Fundo escuro bovino, 203
Gaspacho, 292
Maionese, 220
Massa choux, 235
Massa de churro, 235
Massa de cookie, 239
Massa de coxinha, 235
Massa de crepe, 237
Massa de empada, 239
Massa de macarrão, 248
Massa de panqueca, 237
Massa de pastel, 248
Massa de quiche, 239
Massa de rissole, 235
Massa folhada, 242
Molho bechamel, 223
Molho de tomate, 228
Molho espanhol, 225
Molho holandês, 221
Molho pesto genovês, 219
Moqueca baiana com arroz, pirão e farofa, 351
Nhoque ao sugo, 308
Panachê de legumes, 330
Pato com purê de raízes e tubérculos, 352
Picanha com farofa e molho campanha, 355
Pirão, 297
Pizza margherita, 312
Polenta com ragu, 356

Polvo à Luciana, 359
Purê de batatas, 294
Purê de raízes e tubérculos, 296
Quiche de alho-poró, 317
Quiche Lorraine, 316
Risoto de camarão, 360
Rissole, 303
Salada Caesar, 268
Salada caprese com molho pesto genovês, 270
Salmão com molho de maracujá, 362
Salpicão de frango defumado, 272
Suflê de queijos, 319
Talharim com frutos do mar, 321
Tartare de salmão, 274
Terrine de cogumelos, 276
Vegetais grelhados, 331
Velouté, 224
Vichyssoise, 298
Vinagrete, 218
Vol-au-vent com recheio de creme de cogumelo, 322

Índice geral

A evolução da alimentação e seus aspectos sociais, 12
Abreviaturas-padrão, 51
Acompanhamentos, 325
Açúcar, 234
Aeração/espumas, 170
Afiação, 27
Agentes de fermentação, 234
Água e outros líquidos, 233
Alimentação e industrialização, 12
Amarrar, 101
Amidos, 168
Aplicações e detalhamentos, 60
Armazenamento e conservação, 22
Aromáticos, 106
Arroz, 182
Arroz 7 grãos, 326
Arroz à grega, 327
Assadeira (lisa e furada), 35
Assar, 150
Auxiliar em serviços de alimentação, 16
Aves, 96
Balança, 36
Banha de porco, 122
Banho-maria, 178
Bardear, 162

Batedeira planetária, 30
Beurre blanc/beurre rouge, 222
Beurre manié (manteiga com farinha de trigo), 214
Bibliografia, 367
Boas práticas de higiene e segurança, 19
Boleador, 29
Bouquet garni, 106
Bovinos, 72
Bowl (tigela), 37
Branquear, 173
Brasa, 154
Braseado de lagarto com vegetais grelhados e arroz 7 grãos, 336
Brasear, 147
Breve histórico da gastronomia, 11
Brunoise, 60
Caldinho de feijão, 280
Caldo verde, 282
Caldos, 207
Camarão à grega com arroz à grega, 338
Canelone, 250
Canja de frango, 284
Capeletti in brodo, 286

Carpaccio de lagarto com molho mostarda, 260
Casquinha de siri, 262
Cebola brûlé, 107
Cebola piqué, 107
Ceviche, 264
Chapa, 33
Chapear ou grelhar, 134
Char broiler, 33
Cheese burger com fritas, 339
Chef de cozinha, 16
Chiffonade, 63
Churrasqueira, 31
Churrasqueiro, pizzaiolo e sushiman, 16
Cocção com casca, 189
Cocção de ovos, leguminosas e cereais, 181
Cocção sem casca, 189
Com recheio (torta aberta/quiche), 246
Com recheio (torta fechada), 246
Como abrir as massas quebradiças, 244
Como forrar a fôrma, 245
Composição de pratos e cardápios, 257
Concassé, 61

Conceitos gerais de cocção de alimentos, 119
Confit, 177
Contaminação cruzada, 22
Cortar à passarinho, 100
Cortar nas juntas, 99
Cortes, 57
Couve refogada, 328
Coxinha de frango, 302
Cozinheiro, 16
Cremagem, 239
Creme de milho, 288
Cura, 175
Data de validade e qualidade do produto, 22
Defumar, 174
Deglaçar, 164
Descascador de legumes, 28
Desossar, 98
Despelar (pimentão), 66
Dessalgue, 111
Do surgimento dos restaurantes à gastronomia nos dias de hoje, 13
Elaboração de massas, 231
Empada de camarão, 304
Empanamento, 113
Emulsão (espessamento por gotícula), 167

Entradas e saladas, 259
Equipamentos para processamento de alimentos, 30
Equivalência de pesos e medidas, 50
Erros de produção em massas quebradiças, 247
Escabeche, 266
Escalfar, 142
Escalfar partindo do líquido fervente, 143
Escalfar partindo do líquido frio, 142
Escalfar partindo do líquido quente, 142
Escondidinho de carne-seca, 290
Espaguete à carbonara, 307
Espátula, 38
Espessantes, 211
Estrogonofe, 341
Estufar, 141
Evisceração (no exemplo, pescada), 84
Faca, 26
Faca cutelo, 27
Faca de cozinha, 26
Faca de desossar, 26
Faca de legumes, 26
Faca serrilhada, 27
Farinhas, amidos e féculas, 232
Farofa, 329
Fatiadora, 29
Fazer bifes batidos (no exemplo, filé-mignon), 77
Fazer bifes em tiras (no exemplo, picanha), 76
Feijoada, 342
Feijões, ervilhas e outras leguminosas, 186
Fermentação, 176
Ficha técnica, 45
Ficha técnica e receituário, 45
Filé de peixe com aspargos com molho holandês, 346
Filé-mignon à parmegiana com arroz e fritas, 347
Filme plástico, papel absorvente e papel--alumínio, 39
Flambar, 165
Fogão, 31
Fogo, 156
Formas corretas de cocção, 246
Forno combinado, 31
Fouet, 39
Frango à passarinho, 348
Frigideira, 34
Fritadeira, 32
Fritar, 136
Fritura por imersão × fritura rasa, 137

Frutos do mar, 88
Fundos, 199
Garfo trinchante, 39
Gaspacho, 292
Géis e proteínas, 168
Glaçar ou glacear, 166
Glossário, 365
Glúten, 232
Gordura, 233
Gordura hidrogenada, 124
Gratinar, 166
Guisar, 146
Higienização, 56
Índice de cocção (IC), 46
Índice de parte comestível (IPC) ou fator de correção (FC), 46
Julienne, 62
Lardear, 162
Lardear e bardear, 79
Lasanha, 250
Leguminosas e cereais, 182
Limpeza da lula, 92
Limpeza da proteína animal, 72
Limpeza de carne bovina (no exemplo, filé-mignon), 74
Limpeza de lagostim/ lagosta, 91
Limpeza de mexilhão, 94
Limpeza de ostra, 95
Limpeza do camarão, 90
Limpeza do polvo, 93
Liquidificador, 30
Líquidos aromatizados, 197
Macarrão, 188
Maionese, 220
Maître e chefe de fila, 17
Mandolim, 29
Manteiga, 125
Manteiga clarificada, 126
Manteiga: uma emulsão para emulsionar, 167
Manual de boas práticas, 20
Máquina de vácuo, 32
Marcar, 164
Margarina e creme vegetal, 124
Marinar, 160
Massa da torta encruada após a cocção, 247
Massa da torta encolheu após a cocção, 247
Massa elástica após o preparo ou massa muito dura, 247
Massa folhada, 242
Massa muito quebradiça, 247
Massas, 301
Massas alimentícias, 248
Massas cozidas, 235
Massas curtas, 250
Massas fermentadas, 252
Massas líquidas, 237
Massas longas ou de fio, 250
Massas quebradiças, 239

Massas recheadas, 250
Método de cocção por condução: definição e técnicas associadas, 129
Método de cocção por convecção: definição e técnicas associadas, 139
Método de cocção por radiação: definição e técnicas associadas, 153
Método misto de cocção, 151
Mezzaluna, 27
Mirepoix, 108
Mise en place, 42
Mixer, 30
Moedor de carne, 30
Moer, 78
Molho béchamel, 223
Molho de tomate, 228
Molho espanhol, 225
Molho holandês, 221
Molho pesto genovês, 219
Molhos, 217
Moqueca baiana com arroz, pirão e farofa, 351
Nhoque ao sugo, 308
No forno, 66 VF
Normas e apresentação pessoal dos manipuladores, 20
Normas para a manipulação e conservação de alimentos, 22
Normas para a utilização de equipamentos e utensílios, 21
Nota do editor, 7
Óleos vegetais, 123
Omelete, 190
Organização do ambiente de trabalho, 41
Orientações para a segurança, 34
Os ingredientes das massas e suas funções, 232
Outros pré-preparos, 105
Outros utensílios e equipamentos, 36
Ovo, 102, 234
Ovo frito e ovo estalado, 189
Ovo mexido, 190
Ovo poché, 191
Ovos, 189
Ovos (peso aproximado), 50
Padeiro e confeiteiro, 16
Panaché de legumes, 330
Panela, 33
Panela de pressão, 33
Panela de vapor, 33
Para agregar sabor, cor e textura, 160
Para aromatizar líquidos, 172
Para conservar alimentos, 173

Para controlar a temperatura, 178
Para espessar, 167
Para fazer filés (no exemplo, salmão), 85
Para fazer postas (no exemplo, pescada), 84
Para fazer sashimi (no exemplo, salmão), 86
Pato com purê de raízes e tubérculos, 352
Pectina, 168
Pedras, 156
Peixes, 82
Peneira e chinois, 38
Pescados, 82
Pesos e medidas, 49
Picado areia, 64
Picanha com farofa e molho campanha, 355
Pinça, 38
Pirão, 297
Pizza margherita, 312
Plano de ataque, 44
Polenta, 186
Polenta com ragu, 356
Polvo à Luciana, 359
Ponto de fumaça e a degradação do óleo, 127
Por que cobrir alguns alimentos, 151
Pratos principais, 335
Prefácio, 9
Pré-preparo de cogumelos comestíveis, 67
Pré-preparo de costela e de pernil suíno, 81
Pré-preparo de filé de peixe achatado (no exemplo, linguado), 87
Pré-preparo de peixe redondo, 84
Pré-preparo de proteínas de origem animal, 71
Pré-preparo de vegetais, 53
Processador de alimentos, 30
Profissionais da cozinha, 15
Proteínas, 168
Purê de batatas, 294
Purê de raízes e tubérculos, 296
Quiche Lorraine, 316
Ralador, 29
Ramequim, 38
Receituário, 47, 255
Recomendações de conservação, 127
Redução e concentração, 172
Refogar, 134, 165
Refratário, 38
Reidratação, 112
Resistência, 155
Risoto, 184

Risoto de camarão, 360
Roux, 212
Sablagem, 241
Sachet d'épices, 109
Sal, 234
Salada Caesar, 268
Salada caprese com molho pesto genovês, 270
Salamandra, 34
Salmão com molho de maracujá, 362
Salpicão de frango defumado, 272
Saltear, 130
Sauteuse, 35
Selar, 163
Singer (farinha de trigo polvilhada), 214
Slurry (pasta de amido), 214
Sobre a chama, 66

Sobre as gorduras, 122
Sobre o escurecimento dos alimentos, 121
Sobre os autores, 369
Somente a base, 246
Sopas, cremes e purês, 279
Sous vide, 145
Suar, 165
Subprodutos dos fundos, 206
Suflê de queijos, 319
Suínos, 80
Suporte para assados ou espeto, 35
Tabelas de conversão, 49
Tábua, 37
Talharim com frutos do mar, 321
Tartare de salmão, 274
Técnicas auxiliares de cocção, 159

Técnicas de cocção por micro-ondas, 154
Técnicas de cocção por ondas largas (infravermelhas), 154
Técnicas de preparo, 235
Tecnólogo em gastronomia, 16
Temperar, 160
Temperatura do forno, 50
Tempo e temperatura de cocção, 151
Termocirculador, 32
Termômetro culinário, 37
Terrine de cogumelos, 276
Tesoura, 29
Tostar, 164
Trabalhadores no atendimento em estabelecimentos de serviços de alimentação, bebidas e hotelaria, 17

Ultrarresfriador (ultracongelador), 36
Usando os índices culinários FC e IC, 47
Utensílios e equipamentos, 25
Utensílios e equipamentos de corte, 26
Utensílios e equipamentos para cocção, 31
Vapor, 143
Vegetais grelhados, 331
Velouté, 224
Vichyssoise, 298
Vinagres, azeites e óleos aromatizados, 208
Vinagrete, 218
Vol-au-vent com recheio de creme de cogumelo, 322
Wok, 35
Zester, 29